Ullrich Mies (Hg.)

SCHÖNE NEUE WELT 2030

Bibliografische Information der Deutschen Bibliothek:
Die Deutsche Bibliothek verzeichnet diese Publikation
in der Deutschen Nationalbibliografie.
Detaillierte bibliografische Daten sind im Internet
über http://dnb.ddb.de abrufbar

2., unveränderte Auflage 2021
© 2021 Promedia Druck- und Verlagsgesellschaft m.b.H., Wien
Alle Rechte vorbehalten

Druck: CPI – Clausen & Bosse, Leck
Printed in Germany
ISBN: 978–3–85371–491–1

Fordern Sie die Kataloge unseres Verlags an:
E-Mail: promedia@mediashop.at
Web: www.mediashop.at
          www.verlag-promedia.de

Ullrich Mies (Hg.)

SCHÖNE NEUE WELT 2030

Vom Fall der Demokratie und
dem Aufstieg einer totalitären Ordnung

DIESES BUCHES IST GEWIDMET

dem »Demokratischen Widerstand«, der Stiftung Corona-Ausschuss, den zahllosen Online-Medien, die sich der Aufklärung und echter Demokratie verpflichtet fühlen, unter ihnen *Rubikon, KenFM, Multipolar, OVALmedia, NachDenkSeiten* und den wegen ihrer Vielzahl hier nicht genannten fremdsprachigen Online-Plattformen und deren Mitstreiterinnen und Mitstreiter.

Es ist ferner gewidmet den hunderttausenden wunderbaren Menschen der Demokratiebewegung, die seit Beginn des Jahres 2020 unter großen Entbehrungen der aufziehenden Diktatur im Weltmaßstab die Stirn bieten.

INHALT

GLOBALER TIEFER STAAT

DIE GROSSE TRANSFORMATION

EPILOG

ALDOUS HUXLEYS »SCHÖNE NEUE WELT« ... IST LÄNGST WIRKLICHKEIT

»Natürlich muss der neue Totalitarismus nicht unbedingt dem alten gleichen. Das Regieren mit Knüppeln und Exekutionskommandos, mit künstlichen Hungersnöten, Massenverhaftungen und -deportationen ist nicht nur inhuman (das kümmert ja keinen mehr sonderlich), sondern erwiesenermaßen ineffizient – und im Zeitalter der Hochtechnologie ist Ineffizienz Sünde wider den Heiligen Geist. Der wahrhaft effiziente totalitäre Staat wäre der, in dem eine allmächtige Exekutive von Politbossen und ihr Heer von Managern eine Bevölkerung aus Sklaven kontrolliert, die man zu nichts zwingen muss, weil sie ihr Sklavendasein liebt. Sie dazu zu bringen, es zu lieben, ist in den heutigen totalitären Staaten die Aufgabe von Propagandaministerien, Zeitungsredakteuren und Lehrern.«[1]

»Im Großen und Ganzen scheint uns Utopia also viel näher, als es irgendwer vor nur 15 Jahren sich hätte denken können. Damals habe ich mein Utopia 600 Jahre voraus in der Zukunft angesiedelt, heute könnte man meinen, der Horror holt uns womöglich bereits innerhalb der nächsten 100 Jahre ein. Vorausgesetzt natürlich, wir können es uns in der Zwischenzeit verkneifen, uns mitsamt unserem Planeten zu pulverisieren. Faktisch bleiben uns, wenn wir uns nicht zur Dezentralisierung und dazu durchringen können, die angewandten Wissenschaften nicht als Zweck und uns selbst als ihr Mittel zu betrachten, sondern umgekehrt erstere als Mittel, die dem Zweck dienen, eine Menschheit freier Individuen zu schaffen, nur zwei Möglichkeiten: entweder eine Reihe nationalistischer, militarisierter totalitärer Regime, deren Fundament der Terror der Atombombe und Folge der Vernichtung der Zivilisation wäre (beziehungsweise bei begrenzten Konflikten, die Perpetuierung des Militarismus), oder ein totalitäres, aus dem rasanten technologischen Fortschritt im Allgemeinen und der Atomrevolution im Besonderen erwachsenes supranationales Gebilde, das um der erforderlichen Effizienz und Stabilität willen die Gestalt der Wohlfahrts-Tyrannei von Utopia annähme.«[2]

---

1 Aldous Huxley, Schöne neue Welt. Ein Roman der Zukunft, 4. Aufl., Frankfurt 2020; Englische Originalausgabe: »Brave New World«, London 1932, S. 351f
2 Ebd., S. 355f

»Heute ist die Kunst des Gedankenbeherrschens auf dem besten Weg, eine Wissenschaft zu werden. Die Praktiker dieser Wissenschaft wissen, was sie tun und warum sie es tun. Sie werden bei ihrer Arbeit von Theorien und Hypothesen geleitet, welche fest auf einer soliden Grundlage experimentellen Materials ruhen. Dank der neuen Einsichten und der durch diese ermöglichten Verfahren wird der Albtraum, der ›in Hitlers autoritärem System nahezu verwirklicht‹ wurde, bald völlig realisierbar sein.«[3]

3   Aldous Huxley, Wiedersehen mit der Schönen neuen Welt, Essay, München 2017, Englische Originalausgabe: »Brave New World Revisited«, London 1959, S. 42f

VORWORT: WELT – WOHIN?

HANNES HOFBAUER

Wir schreiben den 17. Juli 2021. Gestern verkündete der französische Präsident Emmanuel Macron einen Gesetzesentwurf für eine erweiterte Impfpflicht ganzer Berufsgruppen sowie die Möglichkeit zur Verhängung von Gefängnisstrafen für alle Gastwirte und Hoteliers, Sport-, Reise- und Kulturveranstalter sowie Busfahrer und Bahnangestellte, die die Kontrolle des seit 1. Juli EU-weit eingeführten »grünen Passes« vernachlässigen. In Deutschland und Österreich mehren sich die Stimmen, Lehrerinnen und Lehrer, Soldaten und Krankenhausangestellte mit Anti-Covid-19-Spritzen verpflichtend zu impfen; insbesondere Ärztevertreter und Ethikrat-Mitglieder tun sich dabei hervor. Auf regierungsamtlicher Ebene obwiegen im Sommer 2021 in Berlin und Wien Aufrufe, Geimpfte zu privilegieren und Ungeimpften den Zugang zum gesellschaftlichen Leben zu versagen; mithin für einen indirekten Impfzwang eintreten.

Seit nahezu eineinhalb Jahren können interessierte Bürgerinnen und Bürger beobachten, wie anfangs ahnungslose politische Verantwortliche Zug um Zug in die Rolle von Seuchentreibern hineingewachsen sind. Die Verbreitung von Angst ist generell zum Geschäftsmodell geworden, aus dem führende Pharma-Konzerne sowie die Kontrollindustrie ihre Megagewinne erzielen. In puncto Faktenlage wurde die anfängliche Ahnungslosigkeit durch ein nicht nachvollziehbares Wirrwarr sich ständig ändernder Verordnungen und Gesetze ergänzt. Zur Gewissheit ist mittlerweile auch geworden, dass dieser Zustand nach Drucklegung des Buches weiter anhalten wird.

»Schöne Neue Welt 2030« überschreibt Herausgeber Ullrich Mies sein neues Werk. Als er mich Ende 2020 gebeten hat, dazu ein Vorwort zu verfassen, wünschte ich mir insgeheim, der mittlerweile lang andauernde autoritäre Charakter des sogenannten Corona-Managements in unseren Staatlichkeiten würde sich bis zum Erscheinen des Buches im Herbst 2021 aufgelöst oder zumindest abgeschwächt haben. Dies hätte dem Buchtitel auch eine andere als die an Aldous Huxleys Roman angelehnte Aussagekraft gegeben. Die Welt hätte schön und neu sein können. Die Wirklichkeit hat mich enttäuscht, mehr als enttäuscht: sie macht mich fassungslos, mein Gemütszustand pendelt zwischen zerschlagen und zornig.

DIE TRIEBKRAFT IST DAS KAPITAL

Die Dystopie, in der wir alle seit März 2020 leben, hat eine reale Grundlage. Es ist die Triebkraft unseres Wirtschafts- und Gesellschaftsmodells – das ständig Anlage suchende und nach Profit strebende Kapital. Daran hat sich seit Jahrzehnten, wenn nicht seit Jahrhunderten, nichts geändert. Was sich geändert hat, ist die unglaubliche Konzentration dieses Kapitals, eine Konzentration in immer weniger Händen. Die schiere Quantität privat angehäufter Geldmacht nimmt einem den Atem, umso mehr, wenn man sich ansieht, in welcher Rasanz diese Akkumulation passiert. Führte im Jahr 2017 der in vielen Branchen investierte Microsoft-Gründer Bill Gates noch mit 75 Mrd. US-Dollar die Liste der weltweit reichsten Männer an, so steht nur vier Jahre später, am Stichtag des 13. Juli 2021, Amazon-Erfinder Jeff Bezos mit 212 Mrd. US-Dollar an der Spitze dieser obszönen Liste.[4] Gates konnte in den vergangenen vier Jahren sein Vermögen von 75 Mrd. auf 129 Mrd. US-Dollar steigern, Bezos profitierte mit seiner um ein Versandhaus gruppierten Konzerngruppe von den staatlich verordneten Lockdowns am allermeisten. Er verfünffachte seine Werte auf 212 Mrd. US-Dollar. Damit verfügt er über mehr Mittel als die Jahreseinnahmen von Staaten wie Norwegen, Österreich, der Türkei oder Saudi-Arabien bzw. über zehn Mal so viel wie Slowenien, Bulgarien oder Uruguay. Auch Figuren wie Bernard Arnault (u. a. Luxusgüter-Konzern Moët Hennessy – Louis Vuitton), Elon Musk (u. a. Tesla, PayPal) und Mark Zuckerberg (Facebook) können ihr Vermögen mit staatlichen Budgetrahmen messen, die die Jahreseinnahmen von Israel oder Taiwan übersteigen. Entsprechend groß ist ihr wirtschaftlicher und eben auch ihr politischer Aktionsradius. Jenseits der Milliardäre erweisen sich die großen Kapitalsammelstellen wie BlackRock, Vanguard etc. als die Big Player. Allein BlackRock verfügt 2021 über eine Investitionspower von 9,5 Billionen US-Dollar. Alle zusammen über mindestens 100 Billionen.

Die ewige Sorge der Superreichen gilt der Vermehrung ihres Reichtums bzw. wie sie es bewerkstelligen können, dass ihr Kapital – zynisch und

---

4   https://de.statista.com/statistik/daten/studie/181482/umfrage/liste-der-top-25-milliardaere-weltweit/

menschenverachtend gesprochen – profitabel »arbeitet«. Da traditionelle Märkte zunehmend »verstopft« sind (wir bleiben bei der Diktion ihrer Kreise und Medien), herkömmliche Industriezweige keine entsprechende Rendite abwerfen, ja selbst die Null-Zins-Politik der Zentralbanken Investitionen in alte Branchen nicht lukrativ erscheinen lässt, bleiben zwei Auswege aus dieser strukturellen Verwertungskrise: die Spekulation auf den Finanzmärkten und ein neuer, Gewinn versprechender Akkumulationszyklus. Ersteres – also die Spekulation – bildet Blasen, die in immer kürzeren Abständen platzen – zuletzt 2008 – und deshalb hoch riskant sind. Ein neuer Zyklus hingegen stellt einen mittel- bis langfristigen Weg aus der Verwertungskrise des Kapitals dar. In der Geschichte brachten solche strukturellen Krisen bisher immer neue Leitsektoren in Verbindung mit bestimmten Technologien, Antriebssystemen und Arbeitsregimen hervor. Die Arbeitskräfte sowie jene Unternehmer, die der »schöpferischen Zerstörung« der jeweils neuen Kapitalakkumulation zum Opfer fielen, sahen sich sozialen Verwerfungen ausgesetzt, die dem kapitalistischen Wirtschaftsmodell seit je immanent sind; dazu kamen zuletzt kulturelle und ökologische Störungen, die die Gesellschaft als Ganzes bedrohen.

Ein erster solcher sogenannter »Kondratieff«-Zyklus, benannt nach dem russischen Ökonomen Nikolai Kondratieff (1892–1938), brachte in den 1780er-Jahren das Fabriksystem mit textiler Massenproduktion hervor. Es folgten die Zeitalter der Eisenbahn (mit ihrem Höhepunkt in den 1870ern), der Elektro- und Nahrungsmittelindustrie (1910er), des Automobils und der Petrochemie nach dem Zweiten Weltkrieg und der IT-Branche in den 1990ern.

Nun scheint sich ein neuer Konjunkturzyklus mit Investitionen in kybernetische Sektoren Bahn zu brechen. Dabei geht es um Steuerung und Selbstoptimierung mit Hilfe neuer Technologien wie der Künstlichen Intelligenz, Nano- und Biotechnik. Die Herstellung eines neuen Wachstumszyklus zwecks Überwindung einer tiefen Krise der Kapitalverwertung benötigt – wie immer in der Geschichte – eine enge Allianz von Kapital und Staat. Und genau diese formierte sich rund um das Gesundheitsregime im Zuge der Corona-Krise, das die Pharmaindustrie zu einer der neuen Leitbranchen prädestiniert. Exemplarisch vorgeführt wurde diese enge Partnerschaft von der zukünftigen Hegemonialmacht China Anfang des Jahres 2020. Im Umgang mit dem Corona-Virus ließ die Führung in Peking ganze Millionenstädte abriegeln und rollte landesweit ein per App zwangsinstalliertes Kontrollsystem aus, das jeden Menschen einer digitalen Zugangskontrolle für öffentliche Einrichtungen unterwirft. Nur wenn der Gesundheitscode auf dem Handy den grünen Punkt zeigt, darf man sich am gesellschaftlichen Leben beteiligen. Da jeder Mensch mit diesem System ausgestattet sein muss und selbst als Bewegungsmelder (neben Millionen von Kameras) fungiert, kann sich die Farbe des eigenen Gesundheitscodes beispielsweise auf dem Weg zur U-Bahn ändern, wenn man neben einer als erkrankt definierten Person für kurze Zeit zum Stehen gekommen ist. In einem solchen Fall wird einem die Benutzung der U-Bahn verwehrt. Dieses Gesundheitspunkte-System, wie auch die fallweise Abschottung von Städten, wurde im Übrigen nach dem Abklingen der Pandemie aufrechterhalten.

Verglichen mit dem industriellen Akkumulationsmodell ändern sich im kybernetischen Zeitalter auch die Ausbeutungsstrukturen, oder besser gesagt: Sie werden erweitert. Zusätzlich zur menschlichen Arbeitskraft sind nun auch Körper, Bewusstsein und Erfahrung Objekte der Kapitalverwertung und damit der Ausbeutung.

DIE LINKE IST ABGEMELDET

Das Erschreckende an der im Corona-Notstandsregime sichtbar gewordenen Parallelität von wirtschaftlichen Interessen und dem Aufbau politisch-autoritärer Staatsstrukturen ist das weitgehende Fehlen linker Kritik. Von der Sozialdemokratie linkswärts finden ihre führenden Köpfe nichts Anstößiges am kybernetischen Akkumulationsmodell. Dies ist einerseits dem Verkennen der Funktion des Ausnahmezustandes geschuldet und andererseits der Einschätzung, es handele sich beim Corona-Regime um Maßnahmen, die zum Wohle der Volksgesundheit erlassen werden. Die Einschätzung, der Umgang mit dem Virus könnte als Instrument dienen, um die oben beschriebene Verwertungskrise zu überwinden – wirtschaftlich im Sinne neuer Leitsektoren mit neuen Investitionsfeldern und politisch um zumindest Teile des Ausnahmezustands zur Norm zu machen – ist in der Linken nur marginal vorhanden.

Das erstaunt umso mehr, als dass Kriegsregime von Linken in den vergangenen Jahrzehnten heftig (und zurecht) kritisiert wurden und dagegen auch protestiert wurde; und zwar auch dann, wenn zu ihrer Rechtfertigung beispielsweise im NATO-Krieg gegen Jugoslawien der Schutz der kosovarischen Minderheit bzw. der Kampf gegen Slobodan Milošević als Wiedergänger Adolf Hitlers oder wenn im Afghanistan-Einsatz die fehlenden Frauenrechte als Gründe für die Intervention ins Feld geführt wurden. Diese Behauptungen aus den Mündern von Präsidenten, Außenministern und Kanzlern wurden korrekterweise von Linken als Propaganda und Ablenkungsmanöver enttarnt, um die dahinterstehenden wirtschaftlichen und geopolitischen Interessen zu verbergen.

Beim Gesundheitsregime rund um den nun bereits eineinhalb Jahre andauernden Ausnahmezustand im Inneren unserer Gesellschaften lassen sich viele vormals kritische, wachsame Geister von angeblich hehren Motiven der Herrschenden täuschen. Da unterstellen vor allem die Medien der konservativ-liberalen deutschen Kanzlerin Angela Merkel oder dem Österreicher Sebastian Kurz, sie würden die Gesundheit ihrer Bevölkerung über alles andere stellen; und sogar der EU-Kommission wird vertraut, wenn sie an einem neuartigen digitalen Gesundheitspass bastelt. Und das, obwohl jeder halbwegs aufmerksame Beobachter der vergangenen EU-Politik (und ihrer willigen Ausführenden in den meisten Nationalstaaten) sich noch daran erinnern muss, wie hartnäckig über Jahrzehnte hinweg Sparmaßnahmen gerade im Gesundheits- und im Sozialbereich eingefordert wurden; Länder wie Spanien und Italien haben diese Art von »Gesundheitspolitik« im Zuge der Corona-Krise bitter zu spüren bekommen.

Die Idee, dass das Gesundheitsargument nur vorgeschoben sein könnte, wird von vielen als ungeheuerlich hastig verworfen. Wobei allein ein Blick auf die Praktiken der Pharma-Konzerne genügen würde, um zu erkennen, dass es dort nicht um die Volksgesundheit, sondern ums Geschäft geht. So wie der militärisch-industrielle Komplex für seinen Einsatz die Sicherung von Frieden und Demokratie nur rechtfertigend im Munde führt, wird im Bereich von Big Pharma mit allen Mitteln gearbeitet, um zum geschäftlichen Erfolg zu kommen. Weil die Pharma-Riesen im Durchschnitt nur 10 % ihres finanziellen Aufwandes für die Forschung verwenden – für die Grundlagenforschung stehen öffentliche Gelder zur Verfügung –, bleibt genug übrig für das Werbe- und Bestechungsbudget. Diese Tatsache findet in der aktuellen Auseinandersetzung mit den Hintergründen unserer Misere keinerlei Niederschlag, und gilt in den Mainstream-Medien als Verschwörungstheorie. Noch vor wenigen Jahren war die viel gefährlichere Verschwörungspraxis im Bereich der Pharmaunternehmen Gegenstand von Recherchen und Reportagen, auch in führenden Medien. So sendete das *ZDF*-Magazin »Frontal 21« im Jahr 2008 die Reportage »Das

Pharma-Kartell – Wie Patienten betrogen werden«.[5] Wer sich diesen Film heute ansieht, versteht viel über den aktuellen Ausnahmezustand, die Impfkampagne und warum die anfänglich ahnungslose politische Kaste ein Corona-Regime aufgebaut hat. Im ZDF-Magazin von 2008 geht es – nicht zufällig – um die zwei US-Pharma-Riesen Pfizer und Lilly und wie sie in den deutschen Markt für Antidepressiva drängten. Sie taten dies mit brachialer Gewalt. Studien, die über Nebenwirkungen wie erhöhtes Selbstmordrisiko Aufschluss gaben, wurden hintangehalten; Fachzeitschriften mit als redaktionelle Beiträge getarnter Werbung überschwemmt etc. etc. Wo es aber richtig gruselig in der ZDF-Reportage wird, ist die Stelle, an der der damalige Bundesminister für Ernährung, Landwirtschaft und Verbraucherschutz eine sogenannte Positivliste auflegen wollte, die die Krankenkassen verpflichten sollte, nur noch nachweislich wirksame Medikamente zu bezahlen. »Es kann nicht sein, dass eine Positivliste danach bestellt wird, wer die stärkste Lobby hat, sondern sie muss nach wissenschaftlich sauberen Kriterien gemacht werden und dies war (…) nicht möglich«, meinte Horst Seehofer. Auf die Nachfrage der Journalistin, ob dies heiße, dass die Pharmalobby gegen die Politik so stark sei, dass der Bund die Positivliste zurückziehen musste, antwortete der Bayer knapp mit: »Ja. Das ist so seit dreißig Jahren.«

Wie kriminell die Machenschaften der Pharma-Unternehmen sind, wird dann noch in einem Interview der ZDF-Reporterin mit Leonhard Hansen, dem damaligen Chef der Kassenärztlichen Vereinigung Nordrhein klar. Er berichtet darüber, wie einzelne Vorstände und Mitarbeiter der Konzerne ihm gedroht haben, nachdem er die Ärzte in seinem Einflussbereich dazu verpflichten wollte, immer das kostengünstigste Medikament zu verschreiben und auf Generika zu setzen. Die Pharma-Industrie empfand das als Kampfansage und reagierte mit Drohungen. »Das war für mich dann schon erschreckend«, sagte Hansen ins ZDF-Mikrophon, »wie einzelne Vorstände dieser Firmen wirklich jede Contenance verloren haben und unverhohlen gedroht haben und Mitarbeiter gesagt haben ›Pass auf, dass nicht irgendwann ein Reifen vom Auto auf der Autobahn fliegt‹«.

Damals, 2008, ging es um den Markt für Antidepressiva in Deutschland, heute um einen vielfach größeren Kuchen am Test- und Impfmarkt weltweit.[6] Man kann natürlich der Meinung sein, dass sich die Pharma-Industrie in den vergangenen zwölf Jahren vollständig gewandelt und ihr Geschäftsmodell dem Wohle und der Gesundheit der Völker unterworfen hätte. Wer nur ihre Hochglanzprospekte liest, die Mainstream-Medien konsumiert und dem deutschen Gesundheitsminister zuhört, wird diese Wandlung vom Saulus und Paulus glauben; ein historisches Gedächtnis und ein kritischer Blick auf die heutige Wirklichkeit verbieten allerdings eine solche Leichtgläubigkeit.

BESORGNIS UND HOFFNUNG

Das Corona-Angstregime mit seinen Test- und Impfzwängen sowie seinen Ausgangs- und Zugangsbeschränkungen ist erschreckend schnell in die Köpfe einer Mehrzahl von Bürgerinnen und Bürger eingedrungen. So wie die Triebkraft dafür vom Kapital und die Umsetzung von der Politik ausgegangen ist, sickerte der als »neue Normalität« propagierte Zustand in rasender Geschwindigkeit in Richtung gesellschaftlicher Basis zu den mehr oder weniger einfachen Leuten. Es herrschen Angst und Misstrauen. Diese Entwicklung ist von allen die besorgniserregendste. Wir kennen sie unter völlig anderen Vorzeichen aus faschistischen Regimen, wenn von oben Verordnetes kritiklos unten nicht nur zur Kenntnis genommen, sondern weitergetragen, ja eingefordert wird. Die Folge ist eine von Blockwart-Mentalität durchdrungene Gesellschaft, in der die Denunziation all jener, die nicht mitmachen, nicht dem Mainstream zustimmen, an der Tagesordnung ist. Soweit sind wir – den kritischen Geistern in vielen Bereichen sei es gedankt – im Sommer 2021 noch nicht. Wenn allerdings der liberal-konservative britische Premier Boris Johnson den 19. Juli 2021 zum »Freedom day« erklärt und um Null Uhr fast alle Maßnahmen der Corona-Politik aufhebt, dann kommt der Gegenwind bereits von unten. Abgesehen davon, dass Wales und Schottland den Freiheitstag spontan ablehnten, sahen ihn einer Umfrage des Meinungsforschungsinstitutes YouGov zufolge 55 Prozent als »bedrohlich und verfrüht« an und nur 31 Prozent der BritInnen standen

---

6   Anfang August 2021 hob Pfizer im Liefervertrag mit der Europäischen Union den Preis für eine Impfdose von 15,50 Euro auf 19,50 Euro; Moderna bekommt für sein Vakzin 23 Euro pro Shot. (*Die Presse* vom 1. August 2021). Das deutsche Kontingent aus dem EU-Impftopf beträgt 165 Millionen Dosen. Es geht um Milliardenbeträge.

den Öffnungen positiv gegenüber.[7] Der Druck auf die Gesellschaften, der durch ökonomische Interessen und autoritäre politische Maßnahmen von oben aufgebaut worden war, strahlt nun von unten zurück. Das ist die schlechte Meldung. In Kenntnis dieser Tatsache löst vor allem der auf EU-Ebene (und darüber hinaus) ausgerollte Kontrollwahn große Besorgnis aus. Der sogenannte »grüne Pass« ist als permanenter Aufenthalts- und Bewegungsmelder geplant. Die Basis dafür bildet der QR-Code, also die »schnelle Antwort« (»quick response«), mit der sich der einzelne einer digitalen Überwachung aussetzt. Vorderhand wird damit in Form einer Beweislastumkehr der Träger des QR-Codes gezwungen, seine Gesundheit bzw. das, was als »positiv« oder »negativ« bei Covid-19-Testungen herauskommt oder als Impfstatus unterstellt wird, zu protokollieren. Einmal in Kraft getreten und gesellschaftlich akzeptiert, ist die Erweiterung der Kontrolle von Gesundheitsdaten um politische Willfährigkeit und Wohlverhalten nur ein kleiner technischer Sprung. Und die Frage wird sein, ob sich einer solchen, am chinesischen Sozialkreditsystem angelehnten Totalkontrolle auch hierzulande eine Mehrheit der Menschen fügen wird.

Nach Ullrich Mies nutzen die zahlreichen Akteure des »Globalen Tiefen Staates« die vielfältigen Facetten des Corona-Regimes als Zeitfenster, um – so der Herausgeber dieses Bandes – den »Kapitalismus, wie wir ihn kennen durch ein neues Profit-Regime zu ersetzen, die Demokratie abzuschaffen« und »ihren Anspruch auf Weltherrschaft in einer ›Neuen Weltordnung‹ auf der Grundlage einer »Global Governance« zu verwirklichen.« Die Widerstandskräfte dagegen sind allerdings bei weitem nicht erlahmt und insofern ist sein Buch auch eine Mahnung und ein Auftrag, diese Kräfte zu stärken. Sie finden sich quer zu allen politischen Lagern und gesellschaftlichen Klassen. Und das gibt Hoffnung.

---

7   https://twitter.com/YouGov/status/1417058701295464450

ABSCHIED VOM MENSCHEN – ALPTRÄUME EINES GEISTERSEHERS

MATTHIAS BURCHARDT

»Wir wollen den Krieg verherrlichen – diese einzige Hygiene der Welt.«
Filippo Tommaso Marinetti: Manifest des Futurismus (1909)[8]

Was steht auf dem Spiel? Alles steht auf dem Spiel, denn Herrschaftseliten haben einen Weltkrieg entfesselt, einen Weltkrieg gegen das Wesen des Menschen. Spätestens mit der Errichtung des autoritären Hygieneregimes dürfte dies für jeden, der zu sehen bereit und in der Lage ist, offenkundig sein. Auch wenn bislang noch kein Schuss gefallen ist, so handelt es sich doch um einen totalen Krieg.

Die bevorzugten Waffen stammen aus dem Arsenal der Biopolitik, der Propaganda (»info wars«), der Sozialtechnologie, der Digitalisierung (»cyber wars«), der psychologischen, kulturellen, ökonomischen und pharmazeutischen Kriegsführung. Dieser Krieg wird mit aller Vehemenz geführt, das Schlachtfeld ist der gesamte Erdball. In diesem Krieg gibt es keinen Unterschied zwischen Militärs und Zivilisten, zwischen Front und Etappe, er dringt in den letzten Winkel der Welt vor, kennt keine Schutzzonen. Er richtet sich gegen die gesamte Menschheitsfamilie und jedes einzelne Mitglied, gegen unsere Körper und Seelen.

KRIEG GEGEN DAS MENSCHSEIN

Niemand hat diesen Krieg offiziell erklärt. Ihn beim Namen zu nennen, ist den Verzweifelten in der Kampfzone untersagt. Die Warlords verlangen Gehorsam, verlangen absolute Konformität der Einstellungen und des Verhaltens, verlangen, dass die Geschundenen absurdes Theater spielen, gute Miene zum

---

8   Nachdruck: Filippo Tommaso Marinetti, Manifeste des Futurismus, Berlin 2018

17

bösen Spiel machen, wie die Kapelle auf der sinkenden Titanic. Und während wir Schauspieler Masken tragen müssen und Theater spielen sollen, haben die Mächtigen entschieden, dass selbst die Fiktion der Demokratie verzichtbar geworden ist. Alles gerät in den Mahlstrom der sogenannten kreativen Zerstörung: Wirtschaft, Gesundheitswesen, Wissenschaft, Bildungswesen, Medien, Rechtsstaatlichkeit, Kirchen, Gewerkschaften, Wohlfahrt, Sport, Kultur, Brauchtum, kritische Infrastrukturen und die innere Sicherheit. Rom soll brennen! Doch was wird bleiben, außer verbrannter Erde?

Der Angriff gilt dem Menschen und der Menschlichkeit. Er richtet sich gegen unsere Existenz und Essenz gleichermaßen. Alles Gegebene muss weichen. Was geworden ist, soll durch Gemachtes ersetzt werden. Herkunft und Tradition sind längst dem Furor der Hyperkritik zum Opfer gefallen. Die regulativen Ideen des Guten oder der Wahrheit wurden ausradiert, das Realitätsprinzip als Limes unserer Phantasmen liquidiert. Wir wandeln auf schwankendem Boden unter einem unbestirnten Himmel ohne Sittengesetz in uns, das Gemüt von jeglicher Bewunderung und Ehrfurcht entleert. Die Kraftquellen der Liebe, Erotik, Familie und Gemeinschaft sind unter die Räder der Dekonstruktion geraten. Aus einer soziologischen Analyse und Kritik von tradierten Lebensmodellen wurde das politische Programm einer faktischen Zerstörung elementarer Orte der Menschlichkeit. Das Kind wurde mit dem Bade ausgeschüttet. Längst schon sind wir bloß noch Masse und nicht mehr Gemeinschaft, sind wir nur noch Sonderlinge statt Individuen.

Zeit und Raum sind gestern gestorben. Wir leben bereits im Absoluten, denn wir haben schon die ewige, allgegenwärtige Geschwindigkeit erschaffen, schreibt Filippo Tommaso Marinetti.[9] Der Krieg totalisiert eben nicht nur den Raum und hebt ihn damit auf, er totalisiert auch und gerade die Zeit. Das Mantra der Selbstfindungsrhetorik eines Lebens »im Hier und Jetzt« ist als Herrschaftsmittel in Erfüllung gegangen, führt aber nicht zur Selbstfindung, sondern zum Selbstverlust. Die Verlassenen zwischen allen Kreuz- und Querfronten sind nicht nur von ihrer Vergangenheit abgeschnitten, sondern auch von jeder möglichen Zukunft.

---

9   Ebd.

DIE »NEUEN NUTZLOSEN«

Der disruptiven Entwertung aller biographischen und historischen Errungenschaften entspricht die Vernichtung jeglicher Planbarkeit durch die Ungewissheitsökonomie einer permanenten Revolution, die alle Pläne und schließlich das Planen selbst ad absurdum führt. Und so verendet unsere – von der Aufklärung apostrophierte – Geschichtsmächtigkeit in der jämmerlichen Schwundform des Wartens. Doch im Unterschied zur Adventszeit erwarten wir nicht die Ankunft des Erlösers. Wir warten ins Nichts:

»Unterschied zwischen dem Sklaven und dem Bürger [...]: der Sklave ist seinem Herren, der Bürger den Gesetzen unterworfen. Wobei übrigens der Herr sehr milde und die Gesetze sehr hart sein können: das ändert nichts. Alles liegt in dem Abstand zwischen Willkür und Regel. Warum ist die Unterordnung unter die Willkür Sklaverei? Der letzte Grund liegt in dem Zusammenhang zwischen der Seele und der *Zeit*. Wer der Willkür unterworfen ist, hängt am Faden der Zeit; er *wartet* (die demütigendste Lage), was der nächste Augenblick bringen wird. Er verfügt nicht über seine Augenblicke; die Gegenwart ist für ihn kein Hebel mehr, der auf die Zukunft wirkt.«[10]

Mit Dietmar Dath wäre zu ergänzen, dass der Herr dem Sklaven immerhin zu essen gibt, selbst wenn er aktuell keine Arbeit für ihn hat. Davon kann die Heerschar der Impflinge nur träumen. Sie sind weder Bohème noch Prekariat. Als »Neue Nutzlose« werden sie bestenfalls mit einem besinnungslosen Grundeinkommen, Netflix und legalisierten Drogen abgespeist.

Die trübe Ursuppe des 20. Jahrhunderts muss bis zum letzten Tropfen ausgelöffelt werden: Der böse Traum von Euthanasie und Eugenik webt sich in die biopolitischen Diskurse. Die Reduktion der Erdbevölkerung wird unter dem Euphemismus des globalen Populationsmanagements betrieben. Der Lockdown in Europa treibt Not und Hunger um die Welt. Und auch bei uns drohen neben dem Kollaps des Einzelhandels, der Gastronomie, des Mittelstandes letztlich die De-Industrialisierung und die De-Agrarisierung.

Besiedelt von kybernetischen Parasiten irren die Spaltprodukte der Gesellschaft durch die Ruinen ihrer Lebensform, ungebildet und unvermögend, die Kultur, von der sie gezehrt haben, aus eigener Kraft zu erhalten, geschweige

---

10   Simone Weil, Schwerkraft und Gnade, Berlin 2020, S. 168, Hervorhebungen im Original

denn zu restituieren. Wird die unstoffliche und ortlose Digitalisierung unsere Seelen komplett absorbieren? Werden fortan Algorithmen die Aggregatzustände des fassungslos entgrenzten Gemeinwesens temperieren, uns sedieren oder in den Bürgerkrieg peitschen?

Ob nun als transhumanistische Übermenschen oder als bestialische Unmenschen: Am Ende wird der Krieg verloren sein. Materiell enteignet und der Menschlichkeit beraubt, werden wir jegliche Freiheit als Last empfinden und den kritischen Vernunftgebrauch als müßig. Unsere Sprache wird zum Kommunikationsgeräusch verkümmern, zur Echolalie[11] im Gatter der herrschenden Narrative hysterisiert oder entartikuliert zum herdenaffirmativen Blöken. Unsere Leiber werden zu öffentlichen Körpern, zu Test- und Versuchsobjekten, über deren Befindlichkeit wir uns erst zu äußern getrauen, nachdem wir auf ein Display geschaut haben. Wir sind das Datenmaterial. Wir sind die Targets der sozialen Steuerung. Wenn das Private politisiert und das Politische privatisiert ist – gibt es weder Politik noch Privatsphäre. Dann gehört unser Intimbereich dem allmächtigen Blick und die Hautbarriere wird fallen. Injektionen und Implantate kontrollieren bald unser lebensbedrohliches Leben. Psychomacht dringt in unsere Seelen, Biomacht penetriert unsere Körper.

MEIN TRAUM

Ich möchte aus diesem Alptraum erwachen, möchte meiner kleinen Tochter einen Kuss auf das duftende Haar legen und das Pendel der alten Wanduhr anstoßen, meinen Fuß zu einem Tango von Astor Piazolla vor die Tür setzen, dem Postboten zuwinken, während die Blüten des Quittenbaumes in den Frühlingshimmel leuchten und ein Windhauch das Kleid meiner Frau bauscht. Am Kiosk lachen die Schüler, die Alten tratschen im Café. Der Bürgermeister fährt mit dem Daimler zum Rathaus. Kirchenglocken läuten auch am Montag und der Weg zur Arbeit ist ein Gang der Freude. Im Restaurant liegt das Besteck auf der feinen Tischwäsche, an den Gläsern sammelt sich Tau und im Wein funkelt ein übermütiger Sonnenstrahl. Wir prosten uns zu, der Wirt macht einen Scherz, auf der Straße kläfft ein Hund, alle sind ausgelassen und sprechen über das herrliche Wetter. Die Frau am Nebentisch niest, wir lachen und rufen »Gesundheit!«

---

11 Sinnlos-mechanisches Nachplappern vorgegebener Wörter und Sätze.

EINLEITUNG

ULLRICH MIES

Autoren und Herausgeber des vorliegenden Buches begreifen die Corona-»Pandemie« als *inszeniertes Zeitfenster* – »window of opportunity«:[12] Corona als Ausstiegs-, Umstiegs- und Disruptionsszenario sowie eine False-Flag-Operation,[13] weil die »*Globalisten*« erkannten, dass sie mit ihrem globalistischen Kapitalismusmodell den Planeten »an die Wand« fahren würden und selbst zu Opfern der herbeigeführten Zustände werden könnten. Aus unserer Sicht sind die eigentlichen Ziele der Corona-»Pandemie« ganz andere, als – wie vorgeblich behauptet – die Gesundheit der Menschen vor einem tödlichen Virus zu schützen. Die Autorinnen und Autoren schließen sich der wissenschaftlichen Expertise an, die hunderte von drangsalierten, denunzierten und aus ihren Berufen gedrängte internationale medizinische Kapazitäten vertreten.[14] Diese Experten gelangten zu Ergebnissen, die in diametralem Gegensatz zur öffentlichen Propaganda, den Regierungen und den weisungsgebundenen Behörden stehen.[15] Die »Stiftung Corona-Ausschuss«[16] hat in Dutzenden mehrstündigen Sitzungen Licht in ein gigantisches Verbrechen gebracht, indem sie weit über 100 Experten zu Wort kommen ließ.[17]

Die im April 2020 gegründete Wochenzeitung *Demokratischer Widerstand*[18] und eine Vielzahl herrschaftskritischer deutschsprachiger Medien unter ihnen *Rubikon, KenFM, Multipolar* und *NachDenkSeiten* sowie zahllose, hier nicht genannte ausländische Medien des englischsprachigen Raumes waren von Beginn

---

12 https://www.weforum.org/focus/the-great-reset; Philip Inman, Pandemic is chance to reset global economy, says Prince Charles, *Guardian*, 03.06.2020: https://www.theguardian.com/uk-news/2020/jun/03/pandemic-is-chance-to-reset-global-economy-says-prince-charles

13 Flo Osrainik, Das Corona Dossier. Unter falscher Flagge gegen Freiheit, Menschenrechte und Demokratie, Neuenkirchen 2021

14 https://www.nichtohneuns.de/virus/

15 https://t.me/coronaDaten

16 Der »Corona-Ausschuss« ist eine von den RechtsanwältInnen Reiner Füllmich, Viviane Fischer, Justus Hoffmann und Antonia Fischer geleitete Initiative, die in Form eines Tribunals die Vorgänge rund um das deutsche Corona-Regime analysiert.

17 Stiftung Corona Ausschuss: https://corona-ausschuss.de/sitzungen/

18 https://www.nichtohneuns.de/zeitung/

an davon überzeugt, dass mit dieser »Pandemie« grundsätzlich etwas nicht stimmte, weil Widersprüche, Willkür und Regierungsterror mit voranschreitender Zeit immer offensichtlicher wurden. Seit dem Frühjahr 2020 sind zahllose Bücher erschienen, die sich fachlich-inhaltlich mit der sogenannten Pandemie auseinandersetzen. Allein diese Werke beweisen, dass die Corona-»Pandemie« und die mit ihr verbundenen Lockdowns ein gigantisches Betrugsmanöver, eine PSYOP – psychologische Operation – sowie ein »Putsch von oben« sind. Das beabsichtigte Sekundärprodukt dieser PSYOP ist die totale Spaltung der Gesellschaft in feindliche Lager. Der Herausgeber selbst geht noch weiter und identifiziert die planvoll herbeigeführte Corona-Krise als multiple Kriegsoperation gegen die Völker.

Da innerhalb der »Schönen Neuen Welt«, die sich vor unseren Augen wie im Zeitraffer entfaltet, auch vom Verfassungs- und Rechtsstaat nur noch Ruinen übriggeblieben sind, ist ein Selbstreinigungsprozess innerhalb der (deutschen) Politik, Institutionen und Medienlandschaft bei realistischer Sicht völlig ausgeschlossen, denn das deutsche Justizsystem ist weitgehend zerrüttet und von korrupten Parteikadern infiltriert. Die Träger der Macht werden jede Aufklärung zu verhindern versuchen und ihren medialen Einfluss weiter dazu missbrauchen, ein gleichgeschaltetes Meinungsklima zu erzeugen, da andernfalls ein Bürgerkrieg kaum zu vermeiden wäre. Umso erfreulicher ist, dass zum Redaktionsschluss dieses Buches aus den USA etwas Bewegung in den »cover-up« kommt. Der US-Senat[19] nimmt sich des gigantischen Skandals an, und einige Medien untersuchen nun die Rolle Anthony Faucis[20] im Rahmen des Corona-Regimes. Zudem sind zahllose Prozesse mit Milliardenklagen in den USA und Kanada anhängig.

In früheren Publikationen bezeichnete ich das gigantische Machtkartell als »finanzkapitalistisch-staatsterroristisch-militärisch-industriellen Kommunikationskomplex« (FSMIKK), wobei Sicherheitsindustrie und Geheimdienste grosso modo unter »staatsterroristisch« subsumiert wurden.[21] Um dieses antidemokratische Gesamtkartell einschließlich korrupter Wissenschaft, Think Tanks inklusive »*Deep & Corrupt Governments*« angemessen fassen und in

---

19   https://www.bitchute.com/video/4gf6JNAMgqPg/
20   https://www.bitchute.com/video/Fe5EfSaNJzLG/; https://de.wikipedia.org/wiki/Anthony_Fauci
21   Ullrich Mies, Gehirn Verschmutzung im Zeitalter der Gegenaufklärung, in: Ders. (Hg.), Mega-Manipulation. Ideologische Konditionierung in der Fassadendemokratie, Frankfurt 2020, S. 73–86

toto als Komplott wider die Lebensinteressen der Völker begreifen zu können, hat sich der Begriff des »*Tiefen Staates*«[22] etabliert. Nach dieser Sichtweise ist der »*Tiefe Staat*« die eigentliche Regierung[23] – der »*Dunkle Staat*«[24] oder die »*Schattenregierung*« – die langfristig orientiert arbeitet, die weder wählbar noch abwählbar ist, und darum spielen Wahlen auch keine oder allenfalls eine untergeordnete Rolle. Die Völker sind die Geiseln des »*Tiefen Staates*«. Die Völker haben – wie stets in der Geschichte – nichts zu sagen und den Macht-, Plünderungs- sowie nach innen und außen gerichteten Wahn der herrschenden Klassen und ihrer Funktionseliten in Regierungen, Polizei, Militär und Behörden – von Willkür und Zensur bis hin zu Unterdrückung und Krieg – zu finanzieren und zu erleiden.

Damit nicht genug: Der globalisierte Kapitalismus – maßgeblich seit dem Wegfall der Systemkonkurrenz und dem Zusammenbruch der UdSSR – fügte die Macht-»Eliten« der Welt in immer stärker verzahnten Netzwerken zusammen, sodass wir aktuell von einer transnationalen kapitalistischen Klasse (Transnational Capitalist Class = TCC) sprechen können.[25] William Robinson schreibt in seinem Buch »Global Capitalism and the Crisis of Humanity«,[26] 500 Jahre Kapitalismus hätten zu einer globalen Epochenverschiebung geführt, in der alle menschlichen Aktivitäten in Kapital umgewandelt wurden. Die ganze Welt sei zu einem einzigen Markt geworden. Die globale Zirkulation des Kapitals sei der Kern der internationalen Bourgeoisie der »*Transnational Capitalist Class*«, die in oligopolistischen Clustern auf der ganzen Welt operiere. Diese Elitencluster bildeten durch Konzernfusionen und Konzernübernahmen strategische transnationale Allianzen mit dem Ziel, Reichtum und Kapital noch stärker zu konzentrieren. Dieser Prozess schaffe hegemoniale Eliten. Die Überakkumulation von Kapital führe zu spekulativen Investitionen und letztlich zu Kriegen. Die »*Transnational Capitalist Class*« schützt ihre Interessen durch globale Organisationen wie die Weltbank, den Internationalen Währungsfonds,

22 Mike Lofgren, The Deep State. The Fall of the Constitution and the Rise of a Shadow Government, New York 2016; Peter Dale Scott, The American Deep State. Wall Street, Big Oil and the Attack on U. S. Democracy, London 2015

23 Siehe hierzu: Mike Lofgren, Kernelemente des Tiefen Staates der USA, In Ullrich Mies, Jens Wernicke (Hg.) a. a. O., 97–110

24 Bernd Hamm, Ende der Demokratie wie wir sie kennen, in: Ulrich Mies, Jens Wernicke (Hg.), Fassadendemokratie und Tiefer Staat. Auf dem Weg in ein autoritäres Zeitalter, Wien 2017, S. 27–46

25 William I. Robinson, Global Capitalism and the Crisis of Humanity, New York 2014

26 Ebd.

die Gruppe der Sieben (G7), die Gruppe der Zwanzig (G20), das Weltwirt-
schaftsforum/Davos, die Trilaterale Kommission, die Bilderberg-Gruppe, die
Bank für Internationalen Zahlungsausgleich sowie zahllose Think Tanks und
andere transnationale Vereinigungen.[27]

Wenn die Corona-Krise eines deutlich machte, dann die Tatsache, dass
die transnationale Kapitalistenklasse und ihre globalen Funktionseliten maßgeblich in den Regierungen (Transnational Power Elites, TPE) tief vernetzt
zusammenwirken. Der »*Tiefe Staat*« der USA bestimmt im gesamten Westen die Richtlinien der Politik. Daher verwende ich für dieses Buch synonym
die Begriffe: »*Globaler Tiefer Staat*«, »*Globalisten*«, »*Welt-Macht-Kartell*« oder
aber – wenn es sich um den nationalen Kontext dieser Machtagglomeration
handelt – Herrschafts-»Eliten«. Der militärische Gewaltarm der westlichen
Kapitalistenklassen ist die NATO. Das aggressive Militärbündnis sichert die
ökonomischen Interessen und Expansionsgelüste der westlichen Kapitalistenklasse ab. Die Corona-Krise begreife ich als weltumspannende Kriegsoperation nach außen und nach innen und die tatsächliche Umwelt-Krise,[28] die die
Globalisten in den letzten 50 Jahren maßgeblich herbeiführten, wollen sie nun
nutzen und als Geschäftsmodell kapitalisieren, um ihre totalitäre »New World
Order« zu verwirklichen.

WAS AUF DEM SPIEL STEHT

Worum es in den kommenden Jahren im Kern geht, fasst Claudia von Werlhof
eindrucksvoll zusammen. Auch sie ist davon überzeugt, dass es sich bei der
aufgezwungenen »Pandemie« um ein gigantisches Ablenkungsmanöver und
einen Menschendressurakt des »*Globalen Tiefen Staates*« handelt: »Heute ist
zu beobachten, dass wir uns weltweit mitten in einem von »Oben« durchge-
setzten und mit einem Pandemie-Notstand begründeten Kollaps der Moderne
befinden – dem Kollaps ihres Geldsystems, ihres freien Unternehmertums
und Wachstumszwangs, ihrer Arbeitsplätze, ihres politischen Systems und

27 Siehe hierzu: Peter Phillips et. al., Selling Empire, War, and Capitalism. Public Relations Propaganda Firms
    in Service to the Transnational Capitalist Class, in: Mickey Huff, Andy Lee Roth, Censored 2017, Fortieth
    Anniversary Edition, New York, Oakland, 2016, S. 285–315, hier S. 293f
28 Siehe hierzu: Ullrich Mies, Planetarer Supergau, in: Jens Wernicke, Dirk Pohlmann (Hg.), Die Öko-Katas-
    trophe. Den Planeten zu retten, heißt die herrschenden Eliten zu stürzen, 2. Auflage, Mainz 2019, S. 263–275

der Freiheits- und Menschenrechte ihrer Bevölkerungen. Vom Kollaps aus-
genommen sind nur manche Konzerne und ihre Techniken, insbesondere die
»neuen« Technologien der sogenannten 4. Industriellen Revolution (KI-Digi-
talisierung, Gentechnik, synthetische Biologie, Nanotechnik, Geoengineering
und ›Mind Control‹).«[29]

Nach von Werlhof handelt es sich um einen gezielt »inszenierten Zusammenbruch der Moderne«. Und diesem Zusammenbruch soll eine totalitäre
Neuordnung der Welt auf der Grundlage eines sogenannten »Green New Deal«
folgen. Das kapitalorientierte Kriegssystem soll jedoch beibehalten bzw. ausgebaut werden und die Menschheit nach den Fantasien der Techno-Fetischisten
umgebaut werden. Dabei werde die Menschheit »transhumanisiert« und damit
»auf Funktionen und Bestandteile innerhalb der Maschinerie« reduziert.

»POLITISCHE PANDEMIE«

Spätestens seit Februar 2020 haben wir es im Westen mit einer Pandemie der
besonderen Art zu tun, nämlich mit einer polit-medialen Pest. Diese schwere
alles durchdringende und zersetzende politische Krankheit markiert das End-
stadium des westlichen Katastrophen-Kapitalismus und den Übergang in eine
»New World Order«. Als »Deep & Corrupt Governments« exekutieren die
Regierungen als Abrissbirnen der Demokratie den Willen von Globalisten und
NATO-Kriegstreibern, wobei die Mainstream-Medien zur volksverhetzenden
Propagandaindustrie verkommen sind.

Die aufgeklärten Menschen der Demokratiebewegungen durchschauen
die Polit-Propaganda, die der Welt mit der Corona-Krise übergestülpt wurde.
Ihnen ist klar, dass es sich um eine »*politische Pandemie*« handelt, ein weltweit
orchestriertes Komplott. Mit Corona hat sich der »Globale Tiefe Staat« das für
die Zerrüttung der Welt notwendige Zeitfenster selbst geschaffen.

Im vorliegenden Buch geht es darum, dem »*Welt-Macht-Kartell*«, das diese
»*politische Pandemie*« zu verantworten hat, nachzuspüren und zu ergründen,
welche Ziele es verfolgt und wie unsere Welt im Jahre 2030 – und wegen der
Schnelligkeit der ablaufenden Prozesse möglicherweise schon früher – aussehen könnte.

---

29   https://keinzustand.at/claudia-von-werlhof/menschendaemmerung/

Da die Globalisten noch lange nicht am Ende ihrer perversen Welt angekommen sind und sich in der Bevölkerung zunehmender Widerstand regt, könnten die schlimmsten Katastrophen noch abgewendet werden. Zudem halte ich eine Korrektur der Zustände auf der Grundlage des herrschenden Systems für völlig ausgeschlossen, also geht dies nur über einen radikalen Neuanfang. Auf Deutschland bezogen gehören dazu aus meiner Sicht:

- Auflösung der Parteien in ihrer bisherigen Form und Funktion,
- Auflösung der korrumpierenden Lobby-Komplexe,
- Auflösung der Geheimdienste, zumindest deren massive Reduzierung,
- Kündigung aller Verträge mit der internationalen Anwalts- und Beraterindustrie, die in den Ministerien seit Jahrzehnten Gesetze gegen die Interessen der Bevölkerung schreiben,
- Neugründung der Europäischen Union als »Europa der Völker«, nicht der Konzernwirtschaft und Machteliten,
- Austritt aus der NATO, Kündigung aller Truppenstationierungsverträge,
- Austritt aus Weltbank, Internationalem Währungsfonds als Unterdrückungsprojekte des internationalen Finanz- und Anlagekapitals,
- Reduktion des Militärs auf die Landesverteidigung,
- Aufarbeitung des Corona-Plots, indem die dafür Verantwortlichen in Politik und Medien angeklagt und vor ein Tribunal gestellt werden,
- Stärkung der direkten Demokratie,
- Erstmalige Herstellung der Gewaltenteilung,
- Völlige Neuordnung der Medien, das heißt Unterstellung unter volksdemokratische Kontrolle,

Ullrich Mies
Aachen, im August 2021

DAS ENDE DER DEMOKRATIE

DER AUSNAHMEZUSTAND ALS REGEL

ANSELM LENZ/ULLRICH MIES

»Souverän ist, wer über den Ausnahmezustand entscheidet.«[30]
»Denn nicht jede außergewöhnliche Befugnis, nicht jede polizeiliche Notstands-
maßnahme oder Notverordnung ist bereits Ausnahmezustand. Dazu gehört
vielmehr eine prinzipiell unbegrenzte Befugnis, d. h. die Suspendierung der
gesamten bestehenden Ordnung. Ist dieser Zustand eingetreten, so ist klar, dass
der Staat bestehen bleibt, während das Recht zurücktritt. Weil der Ausnahmezustand immer noch etwas anderes ist als Anarchie und Chaos, besteht im juristischen Sinne immer noch eine Ordnung, wenn auch keine Rechtsordnung.«[31]
»Der Ausnahmefall offenbart das Wesen der staatlichen Autorität am klarsten.
Hier sondert sich die Entscheidung von der Rechtsnorm, und (um es paradox
zu formulieren) die Autorität beweist, dass sie, um Recht zu schaffen, nicht
Recht zu haben braucht.«[32]

Carl Schmitt

*Das Corona-Regime hat die schändlichen Absichten der herrschenden Regierungen
ans Licht gezerrt und sie als Vollzugsorgane des »Globalen Tiefen Staates«[33] ent-
larvt. Die westlichen Regierungen haben sich im Rahmen der Corona-Krise durch
Ausnahmezustand, Sondergesetze und Sonderverordnungen, Ausgangssperren
etc. außerhalb der verfassungsmäßigen Ordnungen gestellt, unter fadenscheinigen
Vorwänden wesentliche Grundlagen der bürgerlichen Demokratie abgeschafft und
den Zivilgesellschaften den Krieg erklärt.*

*Vor allem ist zu sehen, wie der erklärte Ausnahmezustand zur Regel wird. Kaum
jemals wurden repressive Gesetze von denjenigen, die sie erlassen haben, zurück-
genommen. So haben beispielsweise der Patriot Act der USA vom 26. Oktober 2001*

30 Carl Schmitt, Politische Theologie. Vier Kapitel zur Lehre von der Souveränität, 11. korrigierte Auflage,
    Berlin 2021, S. 13
31 Ebd., S. 18
32 Ebd., S. 19
33 Siehe hierzu in diesem Band: Ullrich Mies, Die Diktatur des »Globalen Tiefen Staates«

29

als Folge von 9/11 und die Errichtung eines »zweiten Pentagon« nach innen – des De-
partment of Homeland Security – weite Teile der Bürgerrechte in den USA bis heute
außer Kraft gesetzt. Mit der zum Regime mutierten Regierung unter Merkel wandelt
sich Deutschland nach Nazi-Herrschaft und SED-Staat in Richtung dritter Diktatur.

Kurz nachdem die WHO am 11. März 2020 eine Pandemie ausgerufen hatte, versetzte die Merkel-Regierung am 28. März 2020 mit dem »Gesetz zum Schutz der
Bevölkerung bei einer epidemischen Lage von nationaler Tragweite«[34] Deutschland in den *Ausnahmezustand,* der die politische und ökonomische Situation
bestimmt und durch mehrere »Infektionsschutzgesetze« nachträglich legitimiert
werden sollte. Das »4. Bevölkerungsschutzgesetz« trat als »Viertes Gesetz zum
Schutz der Bevölkerung bei einer epidemischen Lage von nationaler Tragweite«
am 21. April 2021 in Kraft.[35]

Auffallend an all diesen Gesetzen ist allein schon die Sprachregelung, die
in mancher Hinsicht an die düstersten Zeiten der deutschen Geschichte erinnert. De facto handelt es sich bei dem »4. Bevölkerungsschutzgesetz« um
ein Ermächtigungs- und Willkürgesetz, das die Menschen- und Bürgerrechte
einschließlich des Rechtes auf körperliche Unversehrtheit und den Schutz der
Wohnung einschränkt beziehungsweise aushebelt. D. h. wir haben es mit einer
Entrechtung der Menschen im breiten Sinne zu tun. Das neue Ermächtigungsgesetz ermöglicht ferner die permanente und willkürliche Fortsetzung von
Lockdowns und damit die Drangsalierung und Terrorisierung der Bevölkerung
sowie die Implementierung von Impf-Regimen. Die zeitliche Beschränkung
des »4. Bevölkerungsschutzgesetzes« ändert überhaupt nichts daran, dass das
Regime nunmehr über ein Instrumentarium verfügt, das es jederzeit wieder
aktivieren kann, wenn es eine epidemiologische oder pandemische Lage vermutet. Das Regime verfügt im Parlament jederzeit über die ausreichende Anzahl
an Statisten, die der Exekutive zu Kreuze kriechen.

»Der Ausdruck ›Vollmacht‹, mit dem man manchmal den Ausnahmezustand charakterisiert, bezieht sich auf die Ausdehnung der Regierungsbefugnisse

---

34   »Gesetz zum Schutz der Bevölkerung bei einer epidemischen Lage von nationaler Tragweite« vom
     27. März 2020: (BGBl. I S. 587); https://de.wikipedia.org/wiki/Gesetz_zum_Schutz_der_Bevölkerung_
     bei_einer_epidemischen_Lage_von_nationaler_Tragweite
35   https://www.bundesgesundheitsministerium.de/fileadmin/Dateien/3_Downloads/Gesetze_und_
     Verordnungen/GuV/B/4_BevSchG_BGBL.pdf

und insbesondere darauf, dass der Exekutive die Befugnis zu Erlassen erteilt wird, die Gesetzeskraft haben.«[36]

»De facto ist die fortschreitende Zersetzung der Legislativkraft des Parlaments, das sich heute oft darauf beschränkt, Anordnungen der Exekutive durch Erlasse mit Gesetzeskraft zu ratifizieren, seit der damaligen Zeit zu einer gängigen Praxis geworden. [...] Einer der wesentlichen Züge des Ausnahmezustandes – die vorübergehende Abschaffung der Unterscheidung zwischen Legislative, Exekutive und Jurisdiktion – zeigt hier die Tendenz, sich in eine ständige Praxis des Regierens zu verwandeln.«[37]

»Daraus folgt, dass all diese Institutionen Gefahr laufen, sich in totalitäre Systeme zu verwandeln, wenn sich die Bedingungen dafür als günstig erweisen.«[38]

ALLMÄCHTIGE EXEKUTIVE

Im Schlagschatten des Ausnahmezustandes vom 28. März 2020 geht das Merkel-Regime in Salamitaktik weiter vor und zerstört das deutsche Grundgesetz scheibchenweise immer weiter. Es hebelt die Verwaltungsgerichtsbarkeit aus, es unterwandert Staatsanwaltschaften und Gerichte, besetzt sie mit ihren Ideologen oder hatte sie bereits mit ihnen besetzt – ebenso wie alle entscheidenden Verwaltungsposten in den Bürokratien – und zerstört den Föderalismus als wesentliche Grundlage des deutschen Grundgesetzes.

Die De-facto-Ausrufung des Ausnahmezustandes am 28. März 2020 in Deutschland kann auch als ein Staatsstreich gesehen werden, der hinter dem Theatervorhang einer vorgegaukelten Pandemie begangen wurde.

Aufschlussreich dazu die Einschätzung des bekannten Philosophen Giorgio Agamben, was einen Ausnahmezustand betrifft: »Kaum hatte Hitler die Macht ergriffen (oder, wie man genauer sagen müsste, kaum hatte man ihm die Macht anvertraut), da erließ er am 28. Februar 1933 die Notverordnung »zum Schutz von Volk und Staat«, die alle Artikel der Weimarer Verfassung, die sich auf die individuellen Freiheitsrechte bezogen, außer Kraft setzte. Die

---

36   Giorgio Agamben, Ausnahmezustand, Frankfurt 2004, S. 12
37   Ebd., S. 14
38   C. J. Friedrich, Constitutional Government and Democracy, 2. revidierte Auflage, Boston: Ginn 1950, S. 828, zit bei: Giorgio Agamben, a. a. O., S. 14

Notverordnung wurde nie widerrufen, so dass man das Dritte Reich vom juristischen Standpunkt aus als Ausnahmezustand betrachten kann, der sich zwölf Jahre lang hinzog.«[39]

Die Hitler-Faschisten richteten ihr von den begeisterten Massen getragenes, verbrecherisches Regime vor allem gegen spezifische Bevölkerungsgruppen, wie Juden, Sinti und Roma sowie politische Dissidenten aller Art. Diese wurden drangsaliert, terrorisiert, in Lager verfrachtet und viele von ihnen wurden in Konzentrationslagern ermordet oder anderweitig umgebracht. Zudem zettelte das Hitler-Regime den Zweiten Weltkrieg an. Im Unterschied dazu geht das Merkel-Regime andere Wege und beschränkt sich auf die innere Lage. Ein direkter Vergleich verbietet sich also. Kennzeichnend für beide Regime ist allerdings die Übertragung der Volkssouveränität auf die Exekutive. Hier hat das Merkel-Regime aus den vielfältigen Erfahrungen des »war on terror« und dem Patriot Act der USA gelernt, um die ohnehin defizitäre parteienbasierte Demokratie zu schleifen und die Bürgerinnen und Bürger zu entrechten. Die Herrschaftscliquen des Westens haben mit »war on terror« und (Corona-) Ausnahmezustand eine Lage geschaffen, »… in welcher der Notfall zur Regel geworden ist und in der eben jene Unterscheidung zwischen Frieden und Krieg (und zwischen Krieg nach außen und weltweitem Bürgerkrieg) sich als unmöglich erweist«.[40]

WELTWEITES VERBUNDPROJEKT

Der neue Totalitarismus entfaltet sich jedoch nicht nur in Deutschland, sondern erfolgt in enger Kooperation mit den maßgeblichen Playern des »Globalen Tiefen Staates«. Gemeinsam wollen sie eine (totalitäre) »New World Order« als weltweites Verbundprojekt realisieren, wobei das Angriffsziel des transnationalen staatsterroristischen Komplotts[41] via Impfterror nunmehr unterschiedslos alle Bevölkerungsschichten sind. Auffallend bei dieser transnational abgestimmten Kooperation ist *auch* die Zerstörung der gesamten Rechtskultur,

---

39 Giorgio Agamben, Ausnahmezustand, Frankfurt 2004, S. 8
40 Ebd., S. 32
41 Siehe Ullrich Mies: Transnationaler Staatsterrorismus, Gesundheitsdiktatur und Staatsterrorismus sind die Markenzeichen der kollabierten Demokratie, Rubikon, 27.03.2021: https://www.rubikon.news/artikel/transnationaler-staatsterrorismus-2

d. h. sobald Gerichte Praktiken der Exekutive für rechtswidrig erklären, schlägt die Exekutive sofort erneut zu. Entweder schert sie sich gar nicht um die Urteile, passt die Gesetze anschließend »an«, um Gerichtsurteile auf diese Weise auszuhebeln,[42] oder terrorisiert gleich, wie in Deutschland geschehen, Richter mit staatsanwaltschaftlichen Ermittlungen.[43]

Tatsächlich haben wir es mit einem Klassenkrieg zu tun und dieser bedient sich aller Formen psychologischer Operationen. Wer lediglich über symbolische Repräsentation »in den Medien« verhandelt – zum Beispiel in Form zahlloser »Geschlechtsidentitäten«, die letztlich die um sich greifende Asexualität kaschieren und folglich Kinder- und Jugendfeindlichkeit offenbaren –, der verhandelt nicht mehr über faktische (materielle, militärische) Macht: Eigentum, Beteiligungen, demokratischen Ausgleich, Löhne und Arbeitszeitverkürzung. Gesucht werden für den neuen Obrigkeitskult nun geschlechtslose, kinderlose, unfruchtbare Diener, flexibel und auch noch im »Home Office« dienstbar. Im Feudalismus waren das Eunuchen, Gaukler und Hofschranzen; kurzfristige Erleichterung durch Masturbation und permanente Verfügbarkeit fallen dabei in dasselbe Reiz-Reaktions-Schema, in die gleiche räumliche und soziale Sphäre, bildlich, Gesinden ähnlich, Kerkermeister, Lustknaben, Konkubinen und Schweizer Garde. Die hofstaatliche Entwürdigung – Degradierung des autonomen Subjekts zur herrschaftlich verfügten Verwaltungsdrohne –, mittels derer die Herrschaft nicht mehr nur auf die mechanistische »Ware Arbeitskraft« gerichtet ist, sondern auf den ganzen Körper und das ganze *Sein*, ist im Corona-Regime wirksam. Dabei soll der letzte Freiheitsgrad zerstört werden, nämlich jener, zumindest nicht mitmachen zu müssen und sich, unter Opferung manch materiellen Wohlstands, zumindest noch in für das Kapitalregime unproduktive Nischen verkriechen zu können.

Das fundamental Neue der Merkel'schen dritten Diktatur – und unter diesem Namen könnte sie in die Geschichte des Widerstandes eingehen – ist das jederzeit aktivierbare und eskalierbare Infektionsregime. Heute Covid-19, dann folgen Delta- und Lambda-Mutanten. Der 9/11-induzierte, niemals enden

---

42 Siehe hierzu: Casey Koneth, die internationale Offensive der Anwälte. Die Abschaffung der Menschenrechte geschieht weltweit nach den immer gleichen Mustern, Demokratischer Widerstand, No. 47, 15. Mai 2021, Seite 5

43 https://corona-transition.org/hausdurchsuchung-bei-weimarer-familienrichter; Siehe hierzu auch: Giorgio Agamben, An welchem Punkt stehen wir?, a. a. O., S. 55f

wollende »war on terror« nach außen[44] und zahllose False-Flag-Operationen in Europa[45] (und weltweit) wurden im Februar/März 2020 um den weltweiten »war on infection« *in die Gesellschaften hinein* erweitert.

Der zusätzlich ins Spiel gebrachte »Terrorist«, der nun das Spektrum des »Anti-Terrorkampfes« massiv erweitert, ist das Virus, um die Gesellschaften fortgesetzt unter Angst-Stress zu halten. Dieser erweiterte »Anti-Terrorkampf« richtet sich gegen die Menschheit insgesamt. Der Krieg gegen das Killer-Virus ist ein Krieg der Machtzentren gegen die Völker, ein Klassenkrieg. Covid-19 ist der ausgerufene Bürgerkrieg im Weltmaßstab.

Und nochmals Agamben: »Es wundert nicht, dass man in Bezug auf das Virus von einem Krieg spricht. Die Notmaßnahmen zwingen uns de facto, unter Bedingungen der Ausgangssperre zu leben. Nur ist ein Krieg mit einem unsichtbaren Feind, der sich in jedem Menschen einnisten kann, der absurdeste aller Kriege. Es ist in Wahrheit ein Bürgerkrieg.«[46]

Der Angriff der Regierungen auf die Bevölkerungen zielt jedoch jenseits der »Virus-Abwehrschlacht« in Verbindung mit dem Impfterror auf die körperliche Unversehrtheit der Menschen. Denn es handelt sich bei dem »4. Bevölkerungs-schutzgesetz« zusätzlich um ein Projekt zur Schwächung der »Volksgesundheit«: durch verordneten Bewegungsmangel, soziale Distanzierung und Isolierung, Hygieneterror, Schulschließungen, psychische Unterdrückung, permanente Stresserzeugung, Verbot sozialer Kontakte, Verbot von Sportereignissen, der Unterdrückung jedweder Kultur und politischer Betätigung, kurz: aller Freuden des Lebens. Was nur eine Minderheit erkennt: Im Kern geht es auch um den Versuch zur Abschaffung des gesamten öffentlichen Raumes![47]

»Noch nie in der Geschichte – auch nicht während des Faschismus und der beiden Weltkriege – hatten die Freiheitsbeschränkungen ein solches Ausmaß an-genommen. Nicht nur werden die Menschen in ihren Häusern isoliert, aller sozialen Beziehungen beraubt und auf das rein biologische Überleben reduziert.«[48]

---

44 Inklusive seines expliziten »assassination«-Regimes! »Dies ist eine Geschichte darüber, wie die Vereinigten Staaten dazu übergingen, Attentate zu einem zentralen Bestandteil ihrer nationalen Sicherheitspolitik zu machen.«: Jeremy Scahill, Dirty Wars. The World is a Battlefield, New York 2013, S. xxiii; Siehe ferner: Ders., The Assassination Complex, New York 2017
45 Nick Kollerstrom, False Flag over Europe. A Modern History of State-Fabricated Terror, London 2018
46 Giorgio Agamben, An welchem Punkt stehen wir? Die Epidemie als Politik. Wien, Berlin 2021, S. 28
47 Ebd., S. 29
48 Ebd., S. 59, siehe auch S. 90

Im Laufe der letzten Dekaden hat sich eine transnationale, bestens vernetzte Kaste herausgebildet, die die Zivilgesellschaften insgesamt als Gefahr für ihre Macht erkannt hat. Folgerichtig und nach allem, was wir seit März 2020 wissen, scheint der Wille der Regime unabhängig von den verheerenden Injektionsprogrammen auch darauf gerichtet zu sein, die eigenen Bevölkerungen unter Dauerstress zu halten und dadurch ihr Immunsystem nachhaltig zu beschädigen. Die Ausführungen im »4. Bevölkerungsschutzgesetz« lassen diese Interpretation zu, der Mensch soll sich so wenig wie möglich bewegen.

So heißt es unter § 28b (1) 3: »Die Öffnung von Freizeiteinrichtungen wie insbesondere Freizeitparks, Indoorspielplätzen, von Einrichtungen wie Badeanstalten, Spaßbädern, Hotelschwimmbädern, Thermen und Wellnesszentren sowie Saunen, Solarien und Fitnessstudios, von Einrichtungen wie insbesondere Diskotheken, Clubs, Spielhallen, Spielbanken, Wettannahmestellen, Prostitutionsstätten und Bordellbetrieben, gewerblichen Freizeitaktivitäten, Stadt-, Gäste- und Naturführungen aller Art, Seilbahnen, Fluss- und Seenschifffahrt im Ausflugsverkehr, touristischen Bahn- und Busverkehren und Flusskreuzfahrten, ist untersagt.«

§ 28b (1) 5. bestimmt u. a.: »Die Öffnung von Einrichtungen wie Theatern, Opern, Konzerthäusern, Bühnen, Musikclubs, Museen, Ausstellungen, Gedenkstätten sowie entsprechende Veranstaltungen ist untersagt ...«

PROPAGANDISTISCH PRODUZIERTE ANGSTBEWEGUNG

Die Massenbasis des »traditionellen« Faschismus waren das begeisterte, durch national-chauvinistische Propaganda angestachelte Lumpenproletariat und die »Looser« des Klein- und Mittelstandes, die frustrierten Massen.[49] Der Führer trug die Massen, die Massen trugen den Führer(-Staat). Der Führer(-Staat) versprach der Masse die Erlösung von allen Übeln ... und neue Lebensräume im Osten, führte sie jedoch im Interesse des (Monopol-)Kapitals in Krieg und Verderben. Im Gegensatz zum Hitler-Faschismus wird die Merkel-Diktatur von *keiner* begeisterten Massenbewegung getragen, sondern von einer

---

49   Ignazio Silone, Der Faschismus. Seine Entstehung und seine Entwicklung, (Original 1934), Frankfurt 1978, hier: S. 273ff

wohlstandsdegenerierten, verdummten, eingeschüchterten, autoritätshörigen, vor allem aber propagandistisch produzierten »Angstbewegung«.

»Die Ausbreitung des Gesundheitsterrors benötigte ein lückenlos gleichgeschaltetes Mediensystem ...«[50] Die ehemals westlichen Demokratien befinden sich aus unserer Sicht auf dem Weg in einen *invertierten Faschismus*, da ihnen zwar der totalitäre Geist, ihre Kooperation mit Oligarchen und Finanzindustrie, dem *»Globalen Tiefen Staat«* und die zunehmende Anwendung unterdrückerischer stalinistischer Methoden zu eigen sind, jedoch die begeisterten Jubel-Volksmassen sowie die anzuhimmelnden Führerfiguren fehlen. Die neuen »Massenbewegungen« des *invertierten Faschismus* sind nunmehr die CORONA-PSYOP-Opfer der von Angst zerfressenen *internationalisierten* Massen. Sie wurden mithilfe der Welt-Propaganda-Agenturen,[51] den öffentlich-rechtlichen sowie Konzernmedien hergestellt. Es handelt sich um eine gezielte Tyrannei der Angst im Weltmaßstab!

»Man könnte meinen, dass die Menschen an nichts mehr glauben – außer an das nackte biologische Leben, dass es um jeden Preis zu retten gilt. Aber auf der Angst, das Leben zu verlieren, lässt sich einzig und allein eine Tyrannei errichten, der monströse Leviathan mit dem gezückten Schwert.«[52]

Offensichtlich waren die Herrschenden und ihre Ideologie-Partner bereits vor Ausbruch der Corona-Krise mit ihrer Glaubwürdigkeit am Ende. Daher bedurfte es nur noch eines winzigen Triggers, um die aufgestauten Ängste der breiten Volksmassen vor einem neuen Weltkrieg, dem Platzen der Finanzblase und der Umweltzerstörung sowie alte Traumata zu aktivieren.

Bezogen auf Deutschland gilt: Eine echte demokratische Kultur hat sich in Deutschland nach dem Zweiten Weltkrieg nie entwickelt, sie blieb stets auf Teilsegmente der Gesellschaft beschränkt. Hinzu kommt offensichtlich eine über viele Generationen eingeübte und im Tiefenbewusstsein verankerte Autoritätshörigkeit sowie Staatsgläubigkeit.

---

50   Giorgio Agamben, An welchem Punkt stehen wir? a. a. O.; S. 11f
51   Siehe hierzu: Ullrich Mies (Hg.), Mega-Manipulation. Ideologische Konditionierung in der Fassadendemokratie, Frankfurt 2021
52   Giorgio Agamben, An welchem Punkt stehen wir? a. a. O., S. 36

TECHNIK DES MODERNEN REGIERENS

Parallel zum Ausnahmezustand als *Technik des modernen Regierens* ist in allen kollabierten westlichen Demokratien die Tendenz zu beobachten, den Ausnahmezustand durch »eine beispiellose Ausweitung des Sicherheitsparadigmas als normale Technik des Regierens« zu komplettieren.[53]

»Angesichts der unaufhaltsamen Steigerung dessen, was als ›weltweiter Bürgerkrieg‹ bestimmt worden ist, erweist sich der Ausnahmezustand in der Politik der Gegenwart immer mehr als das herrschende Paradigma des Regierens. Diese Verschiebung von einer ausnahmsweise ergriffenen provisorischen Maßnahme zu einer *Technik des Regierens* droht die Struktur und den Sinn der traditionellen Unterscheidung der Verfassungsformen radikal zu verändern – und hat es tatsächlich schon merklich getan. Der Ausnahmezustand erweist sich in dieser Hinsicht als eine Schwelle der Unbestimmtheit zwischen Demokratie und Absolutismus.«[54]

Die Grenzen zwischen den Resten der Demokratie und dem totalitären Staat werden dadurch fließend. Die neoliberale Ideologie erweist sich heute, in den Jahren des versuchten Übergangs in einen totalitären Überwachungskapitalismus, als noch viel umfassender als angenommen. Es ist ein Putschprogramm mit »Schock-Strategie«, wie Naomi Klein[55] es beschrieb.

Das wirklich Neue an der Corona-Krise ist der entfachte Bürgerkrieg *im Weltmaßstab* und dass der ideologische Kampf an der Linie »nationalstaatliche Demokratisierung« versus »totalitäre Zentralisierung« ausgefochten wird. Dabei bedienen sich die Fürsprecher der Zentralisierung aller schmutzigen Manipulationstechniken und psychologischer Operationen als Teil ihrer Kriegführung.

Was Deutschland anbelangt, bleibt festzuhalten, dass ein Ziel des Corona-Regimes die Errichtung totalitärer Strukturen auf deutschem Boden unter dem Deckmantel des Gesundheitsschutzes war; mit dem übergeordneten Ziel, die »Große Transformation«, d.h. die 4. industrielle Revolution im Herzen Europas und als Treiber für Europa zu realisieren. Trotz des erheblichen Widerstandes gegen die Einschränkung der Grundrechte ist in Deutschland der Bürgerkrieg bislang nicht ausgebrochen und die Regierungspraxis nicht blutig entartet, wie

---

53 Giorgio Agamben, Ausnahmezustand, a. a. O., S. 22
54 Ebd., S. 9; Hervorhebung durch die Autoren
55 Naomi Klein, Die Schockstrategie. Der Aufstieg des Katastrophen-Kapitalismus, Frankfurt/Main 2009

es so oft in der Geschichte westlicher Regierungen geschah[56] und permanent geschieht.[57]

»Die herrschenden Mächte unserer Zeit haben die Paradigmen der bürgerlichen Demokratien mit ihren Rechten, Parlamenten und Verfassungen völlig aufgegeben, um sie durch neue Dispositive zu ersetzen, deren Umrisse wir erst erahnen und die wahrscheinlich selbst ihre Architekten noch nicht deutlich erkennen können. Die große Transformation, die sie durchzusetzen versuchen, zeichnet sich dadurch aus, dass sie nicht auf einer neuen gesetzlichen Ordnung gründet, sondern dem Ausnahmezustand, d. h. aus der vorbehaltlosen Aufhebung jeglicher verfassungsrechtlichen Garantie hervorgeht.«[58]

»Der Ausnahmezustand stellt das juristisch-politische und die Wissenschaft das religiöse Dispositiv der großen Transformation dar.«[59]

Vor allem hat die Corona-Krise gezeigt, dass die herrschenden Eliten Deutschlands aber auch des gesamten »Wertewestens« auf einen seit 1945 nicht erreichten ethisch-moralischen Verfallszustand herabgesunken sind. Sie mutierten zu integralen Playern des totalitären »Globalen Tiefen Staates« sowie zu offenen Feinden der Bürgerdemokratie und des Verfassungsstaates.

Kein noch so schlimmer Notstand – *und die Corona-Krise gehört ganz sicher nicht dazu* – rechtfertigt den Bruch mit Menschenrechten und Grundgesetz, die für genau diese Krisenfälle geschaffen wurden und nicht für wohlmeinende Fensterreden.

56 Siehe: William Blum, Zerstörung der Hoffnung. Globale Operationen der CIA seit dem 2. Weltkrieg, 2. erw. Aufl., Frankfurt a. M. 2014; Armin Wertz, Die Weltbeherrscher. Militärische und geheimdienstliche Operationen der USA, aktualisierte und erw. Neuausgabe 2017; James A. Lucas, US Has Killed More Than 20 Million People in 37 »Victim Nations« Since World War II, 24. October 2018: https://www.globalresearch.ca/us-has-killed-more-than-20-million-people-in-37-victim-nations-since-world-war-ii/5492051
57 Aktuelles Beispiel: Greg Butterfield, Colombia's blood on U. S. hands: National strike marches on, Struggle – La Lucha, 28.05.2021: https://www.struggle-la-lucha.org/2021/05/28/colombias-blood-on-u-s-hands-national-strike-marches-on/
58 Giorgio Agamben, An welchem Punkt stehen wir? Die Epidemie als Politik Wien, Berlin 2021, S. 8
59 Ebd. S. 11

CORONA ALS INSTRUMENT ZUR ERRICHTUNG EINER DIGITAL- UND FINANZ-DIKTATUR

ERNST WOLFF

Die herrschenden »Eliten« in Finanzindustrie und Politik nutzen die Corona-Krise, um den Kapitalismus neu zu konstruieren. Sie zerstören über mehrfache Lockdowns den Klein- und Mittelstand, plündern ihn aus und zerlegen die westlich-parlamentarischen Demokratien, indem sie den Ausnahmezustand verstetigen und den Bürgern sämtliche Rechte nehmen. Ziel der Herrschenden ist die Errichtung digital-finanzieller Monopolstrukturen, in denen die ganz großen Player das alleinige Sagen haben. Die Politik als gestaltende Kraft der Gesellschaft ist Geschichte. Die Corona-Krise hat gezeigt, dass die Politik ausschließlich die Interessen der großen Player vertritt. Die Herrschenden ziehen die inszenierte Krise deshalb über mehrere Lockdowns in die Länge, weil sie die Menschheit über den »Great Reset« nach Vorgaben des World Economic Forum in die neue Wirklichkeit der »Vierten Industriellen Revolution« führen wollen.

Das Jahr 2020 wird in die Geschichte eingehen, denn noch nie hat ein planvoll herbeigeführter Ausnahmezustand die Welt derart verändert wie die aktuelle Corona-Krise.

Nie zuvor wurde eine Krankheit mit solch drastischen Maßnahmen bekämpft wie COVID-19. Zum ersten Mal wurden unter dem Vorwand, die Ausbreitung eines Virus zu verhindern, Lockdowns, Versammlungsverbote und Reisebeschränkungen erlassen und gesunde Menschen gezwungen, Gesichtsmasken zu tragen. Zwischen Aufwand und Ergebnis einer Krankheitsbekämpfung bestand noch nie ein solch krasses Missverhältnis wie im Fall COVID-19: Trotz aller staatlich angeordneten Maßnahmen konnte sich das Virus fast ungehindert weltweit ausbreiten. Zu keinem Zeitpunkt in der Geschichte der Menschheit haben Maßnahmen, die offiziell dem Gesundheitsschutz der Bevölkerung dienen, derart verheerende soziale Nebenwirkungen gehabt: Nach Angaben der International Labor Organisation (ILO) haben sie allein im Jahr 2020 den Lebensstandard von 1,6 Milliarden Menschen gesenkt und 130 Millionen Menschen zum Hungern verurteilt.

Noch nie wurden durch die Bekämpfung einer Pandemie derart umfassende wirtschaftliche Schäden angerichtet, Lieferketten weltweit unterbrochen, Produktionsstätten lahmgelegt, klein- und mittelständische Betriebe zu Hunderttausenden in den Ruin getrieben und ganze Wirtschaftszweige wie Logistik, Kulturbetrieb, Gastgewerbe und Touristik weitgehend zerstört. Nie zuvor vergaben Regierungen »Rettungsgelder« in solcher Höhe und solchem Umfang wie 2020. Pumpten sie in der Krise von 2007/08 und in der Eurokrise noch hunderte Milliarden ins System, so sind es 2020 Billionenbeträge.

Schon immer profitierten einige Wenige von schweren Rezessionen. Aber noch nie gab es während einer Rezession eine derartige Aufwärtsentwicklung an den Finanzmärkten wie 2020. Während das globale Bruttoinlandsprodukt um mehr als 4 Prozent schrumpfte, haben die Aktien-, Anleihen- und Immobilienmärkte immer neue Höchststände erreicht. Das Vermögen der Ultrareichen ist niemals zuvor innerhalb eines Jahres so schnell gewachsen wie 2020. Die Milliardäre der Welt haben 3,9 Billionen Dollar hinzugewonnen; mit Elon Musk, Mitgründer unter anderem von PayPal, SpaceX und Tesla, ist zum ersten Mal ein einzelner Mensch innerhalb eines Jahres um mehr als 100 Milliarden Dollar reicher geworden.

In keinem Jahr legte der Börsenwert der Top-Digitalkonzerne derart zu wie 2020. Die Google-Mutter Alphabet wuchs um 31 Prozent, Microsoft um 43, Netflix um 67, Amazon um 76, Apple um 82 und Tesla um 743 Prozent. Die großen Vermögensverwaltungen konnten 2020 das stärkste Wachstum ihrer Geschichte verzeichnen. Allein die beiden größten, BlackRock und Vanguard, konnten einen Zuwachs von mehr als zwei Billionen US-Dollar verbuchen.

Noch nie wurden die Grundrechte der Bürgerinnen und Bürger in so umfassender Weise außer Kraft gesetzt wie 2020. Dabei hat die Welt eine neue Form der Arbeitsteilung erlebt: Während die Politik das Recht auf Reisefreiheit und das Versammlungsrecht massiv einschränkte, beschnitten Privatkonzerne wie Facebook, Google und Twitter die Meinungsfreiheit.

Die aufwändige globale Kampagne zur Verbreitung von Angst, Schrecken und Panik in 2020 übersteigt alles vorher Gekannte. Noch nie in der Menschheitsgeschichte wurde die Mehrheit der Weltbevölkerung in eine derartige

Schockstarre versetzt. Zu keiner Zeit boten Konzern- und öffentlich-rechtliche Medien Wissenschaftlern, die sich bereits früher durch Panikmache und falsche Vorhersagen diskreditiert hatten, eine solche Plattform. Die Diskrepanz zwischen der offiziellen Gesundheitspolitik mit ihren ständigen Warnungen vor medizinischen Gefahren und der tatsächlichen Gesundheitspolitik mit ihren schädlichen Empfehlungen, Privatisierungen und beständigen Einsparungen bis hin zur Schließung von Krankenhäusern und Intensivstationen war noch nie so groß.

Zieht man zudem die durch die Maßnahmen angerichteten gesundheitlichen Schäden in Betracht – die Schwächung des Immunsystems von Millionen Menschen, die Zunahme von Depressionen und Selbstmorden, die Vermeidung medizinischer Untersuchungen aus Angst vor Ansteckung, die Traumatisierung von Kindern oder die Zunahme häuslicher Gewalt –, so kann man unter dem Strich nur zu einem Ergebnis kommen: Die Behauptung, die Maßnahmen sollten Menschen gesundheitlich vor einer schweren Erkrankung schützen, ist reine Propaganda. *Hinter den Kulissen muss es eine andere Agenda geben.*

Aber welche? Und wie kann es sein, dass so viele Kräfte sie so umfassend unterstützen und mittragen? Dass Politiker und Medien rund um den Globus wie gleichgeschaltet dieselben Parolen ausgegeben und eine fast einheitliche Strategie verfolgt haben und noch verfolgen? Die Antwort lautet: Es gibt erdrückende Hinweise auf eine *völlig andere Agenda*. Sie ist aber nicht von der Politik festgelegt worden, sondern von einer Kraft, die viel stärker ist als die Politik und die in den vergangenen Jahrzehnten mehr Macht an sich gerissen hat als irgendeine Kraft in der gesamten Geschichte der Menschheit: der digital-finanzielle Komplex.

WER IST DER DIGITAL-FINANZIELLE KOMPLEX?

An der Spitze dieses Mega-Machtblocks stehen die größten IT-Konzerne unserer Zeit: Die Google-Mutter Alphabet, Microsoft, Apple, Amazon, SpaceX, Netflix und Facebook. Außerdem die Großbanken der Wall Street und die größten Vermögensverwalter der Welt wie BlackRock und Vanguard. Diese Unternehmen beherrschen zusammen mit einigen anderen die beiden Lebensadern der modernen globalen Gesellschaft: die Daten und das Geld. Zu ihren wichtigsten Helfern zählen zum einen die großen internationalen Finanzorganisationen wie die Weltbank und der Internationale Währungsfonds (IWF) und zum anderen die Zentralbanken, die seit der Krise von 2007/08 immer bedeutender geworden sind.

Darüber hinaus betreibt der digital-finanzielle Komplex kontinuierliche Lobbyarbeit und unterstützt zahlreiche Sonderorganisationen der Vereinten Nationen finanziell. Dadurch übt er unter anderem maßgeblichen Einfluss auf die Politik von WHO (Weltgesundheitsorganisation), UNESCO (Organisation für Erziehung, Wissenschaft und Kultur) und ILO (Internationale Arbeitsorganisation) aus. Außerdem beherrscht er ein riesiges Geflecht aus NGOs (Nichtregierungsorganisationen) und öffentlich-privaten Partnerschaften wie die Better-Than-Cash-Alliance zur Abschaffung des Bargeldes oder die Impfallianz GAVI.

Führende Kräfte aus dem digital-finanziellen Komplex betreiben zur Steuervermeidung eigene Stiftungen, unter denen die Bill-und-Melinda-Gates-Stiftung mit einem Finanzvolumen von fast 50 Milliarden Dollar die mit Abstand einflussreichste ist. Dutzende durch den digital-finanziellen Komplex geförderte oder finanzierte Think Tanks sowie universitätsnahe Forschungseinrichtungen sorgen für einen ständigen Fluss an Analysen und Zukunftsstrategien und zudem für beständigen Austausch und enge Kooperation auf höchsten Wirtschafts- und Regierungsebenen. Organisationen wie die Group of Thirty (G30),[60] die Bilderberg-Konferenz oder das World Economic Forum (WEF) ermöglichen kontinuierliches Networking zwischen den wichtigsten Vertretern des digital-finanziellen Komplexes und der internationalen Politik.

Schlussendlich beherrscht der digital-finanzielle Komplex rund um den Globus die Mehrheit der Medien und kann mit ihrer Hilfe die Meinung der Weltöffentlichkeit in jede gewünschte Richtung beeinflussen und, wie wir 2020 gelernt haben, kritische Stimmen in den sozialen Medien problemlos zum Schweigen bringen.

Als globale Großmacht kann der digital-finanzielle Komplex über die Steuerung von Geld-, Daten- und Informationsflüssen jedes Land innerhalb kürzester Zeit in die Knie zwingen, jede Regierung aus dem Amt treiben und sämtliche Bevölkerungen der Welt ideologisch in jede gewünschte Richtung manipulieren.

---

60   Group of Thirty: 1978 von der Rockefeller-Stiftung gegründete private Lobbyorganisation der Finanzwirtschaft mit Sitz in Washington

WIE KONNTE DER DIGITAL-FINANZIELLE
KOMPLEX SO MÄCHTIG WERDEN?

Es gibt drei Prozesse, die dem digital-finanziellen Komplex zu seiner historisch einmaligen Sonderstellung verholfen haben: die *Finanzialisierung*, die *Digitalisierung* der Wirtschaft und die »*Vierte Industrielle Revolution*«.

1. Die Finanzialisierung

Die Finanzialisierung hat Mitte der 1970er-Jahre begonnen. Nach dem 25-jährigen Nachkriegsboom geriet das wirtschaftliche Wachstum ins Stocken. Das störte vor allem die Banken, die zuvor etwa ein Vierteljahrhundert lang durch die Vergabe von Krediten immer mächtiger geworden waren. Deshalb drängten sie die Politik, ihnen neue Möglichkeiten des Geldverdienens zu eröffnen. Die Politik gab dem Druck nach und begann, den Finanzsektor durch die fortschreitende Beseitigung einengender Vorschriften zu *deregulieren*. Wichtigste Meilensteine der Entwicklung waren die Abschaffung des Trennbankensystems[61] zunächst in Großbritannien und später in den USA, die Zulassung von Hedgefonds und die Einführung immer großzügigerer Regelungen bei der Zulassung neuer Finanzprodukte.

Die Abschaffung des Trennbankensystems führte dazu, dass das Geschäft der Investmentbanken, die erheblich höhere Risiken als normale Geschäftsbanken eingehen dürfen, explodierte. Außerdem eröffnete die Zulassung von Hedgefonds eine völlig neue Ära des Finanzwesens, denn sie dürfen wie Banken arbeiten, ohne deren Regulierungen zu unterliegen. Da niemand normale Banken daran hindern konnte, eigene Hedgefonds zu gründen und so genau die Geschäfte zu betreiben, die ihnen zuvor untersagt waren, explodierte auch dieser Bereich.

Das Auflegen immer neuer Finanzprodukte erzeugte im Bereich der Derivate wahren Wildwuchs. Derivate sind nichts anderes als Wetten auf steigende oder fallende Kurse, Preise oder Zinssätze. Ihre Ausuferung führte schon bald dazu, dass der Finanzsektor zunehmend einem Casino glich. Zudem wurden die Einsätze der großen Spieler immer stärker »gehebelt«, das heißt: Es wurde

---

61 Das Trennbankensystem unterteilt die Banken im Gegensatz zum Universalbankensystem in solche, die höhere Risiken eingehen dürfen (zum Beispiel Investmentbanken) und solche, die derartige Risiken meiden müssen (Geschäftsbanken).

immer häufiger mit geliehenem Geld spekuliert. Als Folge dieser Entwicklung wurde das System immer zerbrechlicher, stand schließlich 1998 kurz vor dem Zusammenbruch und wurde nur durch die Intervention mehrerer Großbanken, die zusammen vier Milliarden US-Dollar aufbringen mussten, gerettet.

Da Investmentbanken und Hedgefonds in den 1990er-Jahren so mächtig geworden waren, dass die Politik nichts mehr gegen ihren Willen entscheiden konnte, zog die Politik aus dem Beinahe-Zusammenbruch keine Konsequenzen, sondern deregulierte sogar noch weiter. Das Ergebnis war der nächste Beinahe-Crash in den Jahren 2007/08. Diesmal zwangen die Finanzinstitutionen die Regierungen, die Steuerzahler für die von ihnen verursachten Schäden zur Kasse zu bitten. Unter dem Motto, Banken seien »too big to fail«, wurden damals riesige Löcher in die Staatshaushalte gerissen, die anschließend zur »Austeritätspolitik« führten und ganze Bevölkerungsgruppen in Not und Armut stürzten. Der Beinahe-Crash führte zu einer weiteren Machtverschiebung im Finanzsektor. Die Vermögensverwaltungen begannen, die Hedgefonds zu überflügeln oder zu übernehmen.

Dem von Larry Fink 1988 gegründeten Unternehmen BlackRock fällt mittlerweile eine Schlüsselrolle zu. Das Unternehmen verwaltet nicht nur knapp neun Billionen US-Dollar, es verfügt mit seinem Großcomputer Aladdin über ein konkurrenzloses Datenanalyse-System, das die Märkte der Welt seit mehr als 30 Jahren Tag für Tag bis ins Detail durchforstet. Darüber hinaus berät BlackRock seit dem Beinahe-Crash 2007/08 sowohl Regierungen als auch Zentralbanken, darunter die US-Zentralbank Federal Reserve (FED) und die Europäische Zentralbank (EZB). Diese Symbiose zwischen BlackRock und den wichtigsten Zentralbanken der Welt dürfte alles übertreffen, was die Menschheit in der bisherigen Geschichte an Machtkonzentration im Finanzsektor erlebt hat. Die größte private Finanzorganisation der Welt kann direkten Einfluss darauf nehmen, in welche Kanäle frisch geschöpftes Geld fließt, und sich so praktisch selbst bedienen.

2. Die Digitalisierung

Parallel zur Finanzialisierung hat in den 1970er-Jahren der zweite Prozess begonnen, der unsere Welt heute prägt: die Digitalisierung. Zwei der größten Konzerne, Microsoft und Apple, wurden 1975 und 1976 gegründet und begannen nach kurzer Anlaufzeit einen Siegeszug, dem sich 1994 Amazon, 1998

Google und 2004 Facebook anschlossen. Entwickelten die Unternehmen in der Anfangszeit hauptsächlich Computer und stellten diese her, so begann mit der Nutzung des Internets in den 1990er-Jahren und zu Beginn des neuen Jahrtausends eine neue Epoche, die der Digitalbranche zu Wachstumsraten verhalf, die die Welt bis dahin nicht gesehen hatte. Noch im Jahr 1993 machte das Internet nur etwa ein Prozent des weltweiten Informationsaustausches in der Telekommunikation aus, 2000 jedoch bereits 51 Prozent und 2007 97 Prozent.

Da die Digitalbranche innerhalb kürzester Zeit alle Wirtschaftszweige erfasste, entstand eine Nachfrage in bisher unbekanntem Ausmaß. Außerdem erhielten die Softwareunternehmen einen ebenfalls historisch einmaligen Einblick in sämtliche Datenströme der Unternehmen, die sie digitalisierten, und damit einen Informationsvorsprung gegenüber dem Rest der Wirtschaft. Zudem entstand eine neue Form der Wirtschaft: die Plattformökonomie. Bahnbrechend wirkte der zunächst als Online-Buchversand gegründete Anbieter Amazon, der sich mit der Ausbreitung des Internets zum größten Online-Versandhändler der Welt entwickelte. Aber auch in sämtlichen anderen Wirtschaftsbranchen schossen Plattformunternehmen wie Pilze aus der Erde.

Ob Uber im Beförderungsgewerbe, booking.com in der Hotellerie, Takeaway in der Gastronomie oder Airbnb in der Wohnungsvermittlung – heute existiert fast kein Bereich mehr, in dem diese Unternehmen nicht aktiv sind. Dabei ist ihr Geschäftsmodell immer das gleiche: Sie vermitteln Dienstleistungen und Waren, ohne sie selbst zu erzeugen. Auf diese Weise verdienen sie ohne großen Personalaufwand und ohne selbst große Risiken einzugehen. Gleichzeitig aber bringen sie mittelständische Unternehmen in eine fatale Abhängigkeit von sich oder treiben sie gar in die Insolvenz – so wie es Uber mit großen Teilen des Taxigewerbes getan hat.

Vor allem aber zeichnet sich diese Branche dadurch aus, dass einzelne Spieler sehr schnell versuchen, sämtliche Konkurrenten aus dem Weg zu räumen, um zu weltweiten Marktführern aufzusteigen. Die Aussicht auf eine globale Monopolstellung und extrem hohe Gewinne lockt wiederum viele große Geldgeber aus der Finanzbranche an und hat dazu geführt, dass einzelne Unternehmen – wie zum Beispiel Uber – bereit sind, jahrelang riesige Verluste hinzunehmen, um am Ende als Gewinner, das heißt, als globale Monopolisten dazustehen. Gerade in der Plattformökonomie kann man gut sehen, wie die Interessen der Digitalunternehmen zunehmend mit denen der Finanzbranche verschmelzen und wie auf diese Weise eine Kraft entstanden ist, die die Tendenz zur Macht- und Vermögenskonzentration in nie gekannter Weise vorantreibt.

3. Die »Vierte Industrielle Revolution«

Eine weitere Entwicklung wird die Macht des ohnehin weltbeherrschenden Digitalsektors zusätzlich steigern und unsere Zukunft in bisher unvorstellbarer Weise verändern: die »Vierte Industrielle Revolution«. Ging es in der dritten industriellen Revolution ab 1970 um die Einführung der Computertechnik und ab den 1990er-Jahren um die Datentransfer über das Internet, so geht es in der »Vierten Industriellen Revolution« vor allem um die Steuerung und Automatisierung von Produktionsprozessen. Durch Einsatz der Künstlichen Intelligenz (KI) werden zu einem erheblichen Teil Arbeitsroboter die menschliche Arbeit übernehmen. Die flächendeckende Einführung von 3-D-Druckern wird eine vom Standort unabhängige mobile Warenproduktion ermöglichen, die die Logistik weitgehend überflüssig machen wird. Das Internet der Dinge ermöglicht es, physische und virtuelle Gegenstände miteinander zu vernetzen und sie durch Informations- und Kommunikationstechniken zusammenarbeiten zu lassen.

Der digital-finanzielle Komplex ist damit die erste Kraft in der menschlichen Geschichte, die sich so gut wie alle entscheidenden Bereiche der Gesellschaft unterworfen hat – sowohl die Produktion von Gütern als auch deren Verteilung sowie die Geld- und Datenströme. Das aber wird sich auf den für die Mehrheit der globalen Bevölkerung wichtigsten Wirtschaftsbereich fatal auswirken, den Arbeitsmarkt: Das McKinsey Global Institute hat bereits vor der Corona-Krise geschätzt, dass bis 2030 bis zu 800 Millionen Jobs weltweit durch die Folgen der Automatisierung wegfallen.[62] Die University of Oxford hat im Jahr 2013 eine Studie veröffentlicht,[63] der zufolge in den nächsten zwei Jahrzehnten rund 47 Prozent aller Jobs verschwinden werden.

Selbst wenn diese Voraussagen nur zur Hälfte eintreffen würden, hätten sie für die Zukunft unseres aktuellen Wirtschaftssystems katastrophale Folgen. Es ist nämlich konsumgetrieben und könnte den Wegfall so vieler Konsumenten nicht verkraften. Aber das ist nicht das einzige Problem, vor dem es zurzeit steht.

---

[62]   https://www.mckinsey.com/featured-insights/future-of-work/jobs-lost-jobs-gained-what-the-future-of-work-will-mean-for-jobs-skills-and-wages#

[63]   https://www.oxfordmartin.ox.ac.uk/downloads/academic/The_Future_of_Employment.pdf?link=mktw

DAS HISTORISCHE PROBLEM DES
DIGITAL-FINANZIELLEN KOMPLEXES

Obwohl der digital-finanzielle Komplex eine in der Menschheitsgeschichte beispiellose Machtposition erobert hat, sind auch ihm Grenzen gesetzt. So wie wir alle der Schwerkraft unterliegen, ist auch er gewissen Gesetzmäßigkeiten unterworfen, auf die er keinen Einfluss hat. Auf den einfachsten Nenner gebracht lauten diese Gesetzmäßigkeiten:

- In einer endlichen Welt ist unendliches Wachstum nicht möglich.
- Permanente Geldschöpfung führt zur Entwertung des Geldes.
- Die Anhäufung von Schulden kann nicht unbegrenzt ausgeweitet werden, ohne dass die Menschen das Vertrauen in das Geldsystem verlieren.
- Negativzinsen und Bargeld können auf Dauer nicht nebeneinander existieren.
- Die fortschreitende Geld- und Machtkonzentration in immer weniger Händen lässt sich nicht mit der Herrschaftsform der parlamentarischen Demokratie vereinbaren.
- Explodierende soziale Ungleichheit führt zu gesellschaftlichem Aufruhr.

Genau diese Probleme haben in den Jahren seit dem Beinahe-Crash von 2007/08 kontinuierlich zugenommen. Wir sind Zeitzeugen der ausgiebigsten Geldschöpfung, des höchsten Schuldenbergs, der niedrigsten Zinsen, einer nie da gewesenen Machtkonzentration und einer explodierenden sozialen Ungleichheit. Wollen die Machthaber an den Hebeln der Macht bleiben, müssen sie diese Probleme angehen und lösen. Genau hier aber liegt das Dilemma: Der digital-finanzielle Komplex hat das bereits versucht und ist gescheitert.

Am besten lässt sich das am Beispiel der FED, der größten und wichtigsten Zentralbank der Welt, zeigen: Sie hatte den Leitzins im Rahmen der Krisenbekämpfung im Dezember 2008 bis auf 0,25 Prozent gesenkt. Da die Verantwortlichen sich darüber im Klaren waren, dass sie bei einer Fortführung der lockeren Geldpolitik schon bald in den Bereich von systemzerstörenden Minuszinsen geraten würden, rissen sie ab Dezember 2015 das Ruder herum, hoben den Zinssatz wieder an und trieben ihn in neun Schritten bis zum Dezember 2018 auf 2,5 Prozent – mit verheerenden Folgen. Innerhalb von wenigen Tagen nach der letzten Zinserhöhung brachen die Aktienmärkte weltweit stärker und schneller ein als je zuvor. Um einen noch schlimmeren Absturz zu verhindern, wandte sich Janet Yellen, die damalige Präsidentin der FED, an die Öffentlichkeit und versprach, die Zinsen nicht weiter anzuheben. Daraufhin stabilisierte sich die Lage, allerdings nur vorübergehend.

Obwohl Yellen ihr Versprechen einlöste und die Zinsen 2019 zweimal um jeweils 0,25 Prozent senkte, brach im September des Jahres der US-Repo-Markt in historisch einmaligem Ausmaß ein. Am US-Repo-Markt versorgen sich die großen Wall-Street-Banken über Nacht mit frischem Geld. Der Einbruch zwang die FED, die Zinsen ein weiteres Mal zu senken und über Monate mit mehreren hunderten Milliarden US-Dollar einzugreifen, um den Kollaps des Bankensystems zu verhindern. Gleichzeitig bahnte sich im Hintergrund ein noch größeres Problem an: Ab Herbst 2019 zeichnete sich eine weltweite Rezession ab, die nach zwölf Jahren ständiger Geldinjektionen und Zinssenkungen verheerendere Folgen als alle bisherigen Rezessionen erwarten ließ.

DIE STRATEGIE DES DIGITAL-FINANZIELLEN KOMPLEXES: THE GREAT RESET

Mit dem Jahreswechsel 2019/20 stand für den digital-finanziellen Komplex damit unwiderruflich fest: Die schlimmste globale Rezession aller Zeiten würde sich nicht mehr aufhalten lassen. In anderen Worten: Das globale Finanzsystem war in seiner bestehenden Form und mit den herkömmlichen Mitteln nicht mehr zu retten. Die entscheidende Frage lautete also: Was tun, wenn die bisherige Strategie nicht mehr funktioniert?

Ganz offensichtlich haben sich die führenden Kreise des digital-finanziellen Komplexes dafür entschieden, das bestehende System in einem ersten Schritt komplett einzureißen, um dann in einem zweiten Schritt auf seinen Trümmern unter dem Motto »The Great Reset« (»Der große Neustart«) ein neues System zu errichten, das vor allem einem Zweck dient: *die eigene Herrschaft aufrecht-zuerhalten.* Anders sind die Ereignisse des Jahres 2020 nicht zu erklären.

Als die Rezession im März 2020 auf die Finanzmärkte durchschlug, wurden nicht nur die Zinsen weltweit auf null oder fast auf null gedrückt und billionenschwere Rettungspakete an Großinvestoren vergeben. Es wurde auch ein in der gesamten Geschichte der Menschheit nie da gewesener globaler Lockdown verfügt, der die gesamte Weltwirtschaft vorsätzlich an die Wand fuhr. Gleichzeitig startete der digital-finanzielle Komplex eine Öffentlichkeitskampagne, wie sie die Welt bis dahin nicht gesehen hatte: Mit sämtlichen den Medien zur Verfügung stehenden Mitteln wurde den Menschen rund um den Globus eingebläut, dass es sich bei den ergriffenen Maßnahmen nicht um die Plünderung des Systems zugunsten einer winzigen Elite, sondern um die Bekämpfung eines Virus handle, dessen Gefährlichkeit das Dreigestirn aus Medien, Politik und Wissenschaft auf hysterische Weise dramatisierte.

Der Erfolg dieser Kampagne dürfte selbst ihre Initiatoren überrascht haben, denn es gelang ihnen innerhalb von wenigen Wochen, große Teile der Menschheit so stark in Angst und Schrecken zu versetzen, dass sie nicht nur völlig unfähig waren, die Plünderung des Systems zu erkennen, sondern auch jede noch so absurde Begründung für die Zerstörung ihrer Lebensgrundlagen und die fortschreitende Einschränkung ihrer Grundrechte hinnahmen.

NEUES GELD UND EIN UNIVERSELLES GRUNDEINKOMMEN

Genau diese Schockstarre hat es dem digital-finanziellen Komplex ermöglicht, die Etablierung eines neuen Geldsystems einzuleiten, das die Mehrheit der Menschen unter normalen Umständen mit Sicherheit nicht freiwillig akzeptiert hätte. Hierbei handelt es sich um nicht mehr und nicht weniger als die Beendigung des klassischen Bankensystems, wie wir es seit dem 13. Jahrhundert kennen, und die Einführung einer digitalen Währung, bei der die Geldschöpfung ausschließlich in den Händen der Zentralbanken liegt. Dieses neue digitale Zentralbankgeld (englisch: central bank digital currency oder CBDC) könnte die gesamte Menschheit dem digital-finanziellen Komplex endgültig unterwerfen, denn zum einen kann es nur mit Hilfe der großen Digitalkonzerne herausgegeben werden und zum anderen lassen sich die wichtigsten Zentralbanken der Welt bereits von BlackRock, der global größten Vermögensverwaltung, beraten und werden keine Entscheidung ohne deren Zustimmung treffen.

Für die arbeitenden Menschen würde das neue Geld die vollständige Auslieferung an den Staat und einige wenige Großkonzerne bedeuten. Diese wären in der Lage, jeden Zahlungsvorgang zu überwachen, sämtliche Ein- und Auszahlungen zu kontrollieren, Negativzinsen zu erheben, Strafzahlungen zu fordern, die Nutzung der Währung zeitlich oder örtlich einzuschränken oder einzelne Kontoinhaber ganz von allen Geldflüssen abzuschneiden. Im Grunde wäre die Einführung des digitalen Zentralbankgeldes nichts weniger als die Errichtung eines *autoritären Korporatismus* und damit die Verwirklichung von Benito Mussolinis faschistischem Lebenstraum.

Auf jeden Fall kann man bereits erkennen, dass der digital-finanzielle Komplex aus der Vergangenheit gelernt hat: Während Mussolini und seine Epigonen schlussendlich zum Mittel der Gewalt greifen mussten und ihr selbst erlagen, haben sich die aktuellen Herrscher der Welt ein weitaus raffinierteres Mittel ausgedacht. Sie haben einem Virus die Schuld am Zusammenbruch der Weltwirtschaft in die Schuhe geschoben und werden so lange abwarten, bis die Welt in einem Chaos aus Arbeitslosigkeit, Obdachlosigkeit, Hunger und Gewalt versinkt, um dann mit einem heilsbringenden Wundermittel aufzuwarten: dem universellen Grundeinkommen. Dieses wird voraussichtlich an ein digitales Zentralbankkonto gebunden sein, das dem Kontoinhaber auf einer Wallet in seinem Handy zur Verfügung stehen wird. Zudem kann es – daher der ins Auge gefasste Impfzwang – an die biometrischen Daten des Kontoinhabers gebunden sein, die er entweder als Tattoo oder per Impfung unter der Haut trägt.

EIN SYSTEM OHNE ZUKUNFT

Ob der digital-finanzielle Komplex sein Ziel erreicht und es tatsächlich schafft, die von ihm angestrebte Herrschaft mittels des digitalen Zentralbankgeldes zu verwirklichen, hängt einzig und allein von der Reaktion der Weltbevölkerung in den kommenden Monaten und Jahren ab. Sollte sie sich auch weiterhin ideologisch manipulieren lassen und nicht in der Lage sein, sich aus dem Zustand der Angst zu befreien, so steht der Errichtung der monetären Diktatur nichts mehr im Weg.

Doch auch sie würde dem digital-finanziellen Komplex das Schicksal aller bisherigen Diktaturen nicht ersparen. Digitales Zentralbankgeld trägt nämlich den Keim für den eigenen Untergang bereits in sich: Da wir in den kommenden Jahren immer mehr Arbeitsplätze an 3-D-Drucker und Arbeitsroboter verlieren, werden immer mehr Menschen vollständig von staatlichen Zahlungen abhängig werden. Das aber bedeutet, dass immer höhere Zahlungen fällig werden, die alle eines gemeinsam haben: Sie wandern direkt in den Konsum, sorgen auf diese Weise für ständig steigende Preise und erzeugen damit eine Inflationsspirale, die nicht zu stoppen sein wird.

Was dann passieren wird, steht noch in den Sternen. Eines aber lässt sich bereits jetzt mit Sicherheit voraussagen: Der Plan des digital-finanziellen Komplexes, die Weltherrschaft über digitales Zentralbankgeld auf Dauer an sich zu reißen, ist, auch wenn er kurzfristig gelingen sollte, langfristig zum Scheitern verurteilt.

DIE ZERSTÖRUNG
DES MITTELSTANDES[64]

HERMANN PLOPPA

Noch rieselt es nur leise im Gebälk. Unter dem Schutzschirm frisch gedruckten aber nirgendwo gedeckten Staatsgeldes verfaulen jene empfindlichen Pflanzen, denen die deutsche Bundesregierung bereits im März 2020 mit dem Lockdown ohne Not die Leben spendenden Wurzeln abgeschnitten hat. Die große Mehrheit der Mittelständler hüllt sich selbst im Jahr 2021 immer noch in gramvolles Schweigen. Man kann davon ausgehen, dass Angst dabei eine große Rolle spielt. Angst, Kunden zu verlieren, wenn sie etwas sagen, was dem Mainstream widerspricht, Angst, sich zu isolieren. Banken könnten dem Mittelständler Kredite verweigern, die bislang immer gewährt wurden. Da wirkt als abschreckendes Beispiel die rabiate Sanktionierung des Geschäftsführers und Inhabers des Naturkostunternehmens Rapunzel, Joseph Wilhelm. Als Wilhelm das offizielle Narrativ der tödlichen Seuche Covid-19 sehr früh schon zu hinterfragen wagte, wurden seine Produkte sofort aus den Regalen der Supermärkte verbannt und der Rapunzel-Begründer persönlich in übelster Boulevard-Manier als »Märchenerzähler« – so die pseudolinke, regierungskonform gewendete Gazette taz – diffamiert.[65] Andere Unternehmer wurden von übereifrigen Standesgenossen gemobbt, wenn sie es wagten, die vermeintlichen Weisheiten der Merkel-Coronisten zu kritisieren. Die planvolle Ruinierung des Klein- und Mittelstandes durch die Politik als Strippenzieher »höherer Auftraggeber« wird die Gesellschaft bis 2030 »nachhaltig« verändern.

Die Grundstimmung vieler mittelständischer Unternehmer ist geprägt von einer nie endenden wollenden Hab-Acht-Stellung. Sie stehen auf mit dem Gedanken

---

64 Es handelt sich um den zum Teil geänderten und um ein Schlusskapitel erweiterten Beitrag des Autors: »Entsorgter Mittelstand. Die Politik gefährdet in der von ihr ausgelösten Corona-Krise nicht nur das freie Unternehmertum, sondern das Fundament unserer Gesellschaft: Rubikon, 02.10.2020: https://www.rubikon.news/artikel/entsorgter-mittelstand

65 https://taz.de/Chef-der-Biomarke-Rapunzel-zu-Corona/!5683866/

an ihre Firma, sind sechzehn Stunden am Tag mit nichts anderem beschäftigt und träumen nachts noch von ihrer Firma. Trotz ehrbarer Arbeit stehen sie immer mit einem Bein im Gefängnis. Denn gegenüber Behörden müssen sie unablässig ihre Unschuld beweisen – eine groteske Umkehrung des Rechtsstaatsprinzips. Dazu der faktische Offenbarungseid im Dreimonatstakt beim Finanzamt. Was haben diese Mittelständler verbrochen? Zur gleichen Zeit werden multinationale Megakonzerne mit Steuerbefreiung angelockt, deren CEOs von den Regierungen hofiert und mit Verdienstorden dekoriert. Wenn der große Moderator der Superreichen, Klaus Schwab, zum Davoser Gipfel der Reichen und Mächtigen lädt, mutieren die eingeladenen »Volksvertreter« zu devoten Ministranten der marktradikalen Prediger.[66]

WAS BEDEUTET GEWERBLICHER MITTELSTAND?

Es gibt verschiedene Definitionen und viele Studien über die von Familien geführten Unternehmen.

Die meisten Definitionen sagen: Wenn ein Betrieb bis zu 500 Mitarbeiter hat und einen Umsatzerlös bis zu 50 Millionen Euro im Jahr aufweist, dann handelt es sich um ein »Klein- und Mittleres Unternehmen«, KMU.

Die Definition deckt indes nicht alle Unternehmen ab. Natürlich sind auch hier Grenzziehungen gegen Großunternehmen willkürlich. Die für das Jahr 2015 ermittelten Zahlen[67] zeigen, dass die Aktivitäten der KMUs für das Wohlergehen unserer Gesellschaft entscheidend sind: Sie stellen 99,6 Prozent aller umsatzsteuerpflichtigen Betriebe in Deutschland und 58,5 Prozent aller sozialversicherungspflichtigen Beschäftigten. Sie erwirtschaften 35 Prozent aller Umsätze und schulen circa 80 Prozent aller Auszubildenden.

Man kann aus diesen Zahlen deutlich ablesen, dass der gewerbliche Mittelstand die für das Gedeihen einer intakten Gesellschaft unerlässliche Infrastruktur fast alleine schultert (Steuerabgaben, Ausbildung des erwerbstätigen Nachwuchses), während sich die großen Unternehmen, Kartelle und Konzerne, die Rosinen (zwei Drittel der Umsätze und Gewinne) herauspicken dürfen, ohne Wesentliches zur Aufrechterhaltung der Gesellschaft beizutragen. Der

---

66 https://www.rubikon.news/artikel/der-grosse-reset
67 https://de.wikipedia.org/wiki/Mittelstand

gewerbliche Mittelstand sorgt damit auch für eine Abfederung von sozialen Härten, wie sie durch eine allzu krasse Polarisierung in Arm und Reich wie zum Beispiel in den USA erzeugt werden.

ÖFFENTLICH-RECHTLICHE UND GENOSSENSCHAFTLICHE GELDWIRTSCHAFT ALS SICHERES UMFELD DES MITTELSTANDES

Möglich wurde diese immer noch starke Stellung des gewerblichen Mittelstandes in Deutschland, im Gegensatz zu den USA, durch den hohen Stellenwert öffentlich-rechtlicher und genossenschaftlicher Strukturen. Schon vor der Reichsgründung 1871 förderte die preußische Regierung öffentliche Sparkassen. Die Sparkassen waren bewusst nicht als Universalbanken angelegt. Sie sollten das Geld, das in einer bestimmten Region erarbeitet wurde, in der Region belassen und dort den Aufbau einer Infrastruktur finanzieren. Und durch moderate Zinssätze gleichzeitig zu einer Vermögensbildung der unteren Schichten beitragen. Der Mittelständler bekam die Vorfinanzierung, die er benötigte. Denn in den Jahren und Jahrzehnten war ein Vertrauensverhältnis entstanden durch persönliche Beziehungen. Ergänzt wurde diese regionale Finanzarchitektur durch Genossenschaftsbanken: Volksbanken in den Städten und Raiffeisenbanken auf dem Land. Damit nicht internationale Konzerne und Kartelle die Wirtschaft einer ganzen Region feindlich übernehmen konnten, wurden Landesbanken eingerichtet, die Kredite an große regionale Unternehmen vergaben, damit diese Unternehmen sich ausreichend gegen die auswärtige Konkurrenz behaupten konnten. Der langjährige Chefökonom des Sparkassen- und Giroverbandes, Josef Hoffmann, hatte in der Weimarer Republik diese Aufgaben klar definiert: »Im besonderen fällt der öffentlichen Wirtschaft die Aufgabe zu, in Unterstützung der staatlichen Wirtschaftspolitik den Ausgleich gegenüber den durch die private Wirtschaftsbetätigung geschaffenen Einseitigkeiten und Härten herbeizuführen. Unter den gegenwärtigen Verhältnissen soll sie die Kräfte entwickeln, die ein Gegengewicht gegen die großkapitalistischen Monopolisierungstendenzen bilden.«[68]
Diese Aufgaben müsste die öffentliche Geldwirtschaft heute mehr denn je ausfüllen. Leider haben marktradikale Politiker, indoktriniert durch die

---

68   Josef Hoffmann: Der Weg der Sparkassenpolitik, S. 32, Stuttgart 1966

Vorgaben der öffentlichkeitsscheuen Mont-Pelerin-Gesellschaft,[69] nichts Besseres zu tun gehabt, als diese Finanzarchitektur zu zertrümmern. Die Sparkassen wurden von Direktoren in den Ruin geführt, die aus Sparkassen profitorientierte Universalbanken machen wollten. Die DZ Bankgruppe, die Zentrale der Genossenschaftsbanken, ist in eine Aktiengesellschaft umgewandelt worden und wurde jahrelang von einem ehemaligen Direktor der Deutschen Bank geführt, flankiert von einem Chefökonomen, den er von der Deutschen Bank mitgebracht hatte. Und um die Verheerung vollständig zu machen, wurde die Gültigkeit der Regelungen von Basel III nicht nur auf profitorientierte Bankhäuser angewendet, sondern auch auf öffentliche und genossenschaftliche Banken. Das bedeutet: eine extreme Verpflichtung zur Dokumentierung aller Vorgänge, was nach den Erfahrungen mit der Finanzkrise von 2009 für Privat- und Gesellschaftsbanken goldrichtig war, sich aber für öffentliche und genossenschaftliche Banken als reine Schikane erweist. Folge: Der bürokratische Mehraufwand ist bei den Sparkassen und Volksbanken so groß, dass Filialen schließen müssen. Auch diese Geldhäuser verlegen sich zunehmend auf das Online-Banking. Und büßen damit ihren Vorteil für die Menschen in der Region ein: die Erreichbarkeit, das persönliche Vertrauensverhältnis. Zudem sitzen in der Kreditvergabe zunehmend immer häufiger Milchbärte frisch aus der Ausbildung, die keine Beziehung zu den kreditnehmenden Mittelständlern aufbauen. Letztere müssen sich für jeden Kredit erst einmal finanztechnisch komplett ausziehen, um ihre Bonität zu beweisen. Diese Demütigung verbittert die Mittelständler. Die im Laufe der Jahrhunderte erschaffenen Selbsthilfestrukturen der öffentlichen und genossenschaftlichen Geldwirtschaft sind heute – politisch gewollt – weitgehend lahmgelegt. Sie existieren jedoch noch.

CORONA ALS NEUER AXTHIEB GEGEN DEN MITTELSTAND

Und nun also Corona. Als die ersten Nachrichten einer Pandemie im chinesischen Wuhan nach Deutschland drangen, hatten die Medien Personen, die auch für Deutschland ein Gefahrenpotenzial erkannten, als »Verschwörungstheoretiker« abgestempelt. Dann jedoch kam die 180-Grad-Wende. Am 22. März 2020

---

69 Hermann Ploppa: Die Macher hinter den Kulissen – Wie transatlantische Netzwerke heimlich die Demokratie unterwandern. Frankfurt/Main 2014. S. 32ff

wurde dann sogar der bundesweite Lockdown verordnet (das Wort »Ausgangssperre« war wohl politisch zu belastet). Persönliche Kontakte und Begegnungen wurden auf ein Mindestmaß heruntergefahren. Was man sich in den wildesten Alpträumen nicht vorgestellt hätte: Geschäfte und Dienstleistungsunternehmen wurden geschlossen. Um Aufstände zu vermeiden, wartete die Bundesregierung mit einem »Rettungsschirm« auf. Die nach Hause geschickten Mitarbeiter wurden mit großzügigem Kurzarbeitergeld, bis zu 87 Prozent des Gehaltes für Leistungsbezieher mit Kindern, ruhiggestellt.

Wer konnte, sollte nun von zu Hause aus arbeiten – im Home Office. Aus dem Regierungsfüllhorn in Höhe von 600 Milliarden Euro sollten die kleinen und mittleren Unternehmer 50 Milliarden Euro spendiert bekommen. Der Bundeshaushalt verschuldete sich ad hoc um 156 Milliarden Euro. Ob die adressierten Unternehmer das Füllhorn-Geld auch tatsächlich bekamen, war eher Zufallssache. Hier liegen sehr unterschiedliche Erfahrungsberichte vor. Mit einem Schlag waren Arbeiter, Angestellte und Unternehmer unverschuldet zu Bittstellern des Staatsapparats mutiert. Schon im April saßen sechs Millionen Mitbürger mit Kurzarbeitergeld zu Hause. 1,2 Millionen neue Sozialhilfeempfänger waren auf Subsistenzniveau gedrückt.

Ob es eine so geniale Entscheidung war, insolvente Unternehmen von der Anzeigepflicht über ihre Zahlungsunfähigkeit zu befreien? Normalerweise muss der Geschäftsführer eines überschuldeten oder bereits zahlungsunfähigen Unternehmens nach § 15a der Insolvenzordnung innerhalb von drei Wochen nach Feststellung dieses bei den Behörden melden. Anderenfalls droht ihm Freiheitsstrafe wegen Insolvenzverschleppung. Der Gedanke dabei ist: Ein insolventes Unternehmen kann Geschäftspartner mit in den Konkurs reißen, wenn diese weiterhin in das marode Unternehmen investieren. Im März 2020 verfügte die Bundesregierung, dass insolvente Unternehmen bis Ende September 2020 von der Anzeigepflicht befreit sind. Die private Creditreform, ein Dienstleister, der Unternehmen über die Bonität potenzieller Geschäftspartner informiert, nutzte die Gelegenheit, um Kunden in einem Schreiben vom 19. März 2020, das dem Autor vorliegt, auf die eigene Unverzichtbarkeit als Frühwarnsystem hinzuweisen:

»Insbesondere sollten Sie sich nicht durch die Tatsache, dass es vorerst keinen sprunghaften Anstieg der Insolvenzen geben wird, täuschen lassen. Der Gesetzgeber wird kurzfristig die dreiwöchige Insolvenzantragsfrist bis zum Herbst dieses Jahres aussetzen, um zahlungsunfähige oder überschuldete Unternehmen nicht sofort in die förmliche Insolvenz zu zwingen. So nachvollziehbar diese Maßnahme ist, so gefährlich ist sie für die Gläubiger. Denn sie verdeckt den eingetretenen Bonitätsverfall und kann somit weitere Kreditschäden verursachen.«

Das heißt, dass aus dem Schneeball vereinzelter Insolvenzen durch die staatlich ermunterte Insolvenzverschleppung eine wahre Lawine mitgerissener Unternehmen werden kann. Wäre es der Bundesregierung nicht um eigenen Aufschub für bessere Zeiten gegangen, hätten sich hier bestimmt andere Wege finden lassen, um notleidenden Unternehmern sozialverträglich unter die Arme zu greifen. Die Bundesregierung betätigt sich stattdessen als eifrige Initiatorin des Insolvenz-»Tsunamis«. Mittlerweile ist die Befreiung von der Anzeigepflicht teilweise verlängert worden – weit in das Jahr 2021 hinein. Dummheit, Methode oder organisierte Regierungskriminalität?

Die breite Öffentlichkeit befand sich noch im Mai 2020 in Schockstarre. Allerdings wandte sich am 1. Mai der Bundesverband Mittelständische Wirtschaft (BVMW) mit einem offenen Brief an die Bundeskanzlerin, betitelt: »Bevor es zu spät ist!«. Namentlich gezeichnet vom BVMW-Vorsitzenden Mario Ohoven[70] heißt es dort unter anderem:

»In großer Sorge um die Zukunft dieses Landes und um den Wohlstand seiner Bürger appellieren wir an die Politik: Beenden Sie die einseitige Fixierung auf eine rein virologische Sichtweise und damit das gefährliche Spiel mit den Zukunftschancen dieses Landes. Es geht um das Schicksal des deutschen Mittelstands. Heben Sie den Lockdown auf, bevor es zu spät ist! (…) Trotz eines staatlichen Rettungspakets von mehr als einer Billion Euro droht eine Pleitewelle unbekannten Ausmaßes, die die Existenz Hunderttausender Menschen binnen weniger Wochen vernichten könnte.«[71]

Dieser Brandbrief war wohl dringend nötig. Denn über drei Viertel der BVMW-Mitglieder forderten damals einen Ausstieg aus dem Lockdown bis Ende Mai 2020; ein gutes Drittel plädierte für Exit sofort. Es brodelte also damals schon heftig unter dem Topfdeckel. Die daraufhin erfolgte Reaktivierung der Wirtschaft vollzog sich sodann unter Bedingungen, die darauf angelegt sind, den Kunden die Inanspruchnahme dieser Angebote so weit wie möglich zu vergraulen. In ein

---

70 Mario Ohoven kam im Oktober 2020 unter »ungeklärten Umständen« mit seinem Bentley an einer Leitplanke zu Tode.

71 https://www.bvmw.de/news/5912/bevor-es-zu-spaet-ist/

Buchgeschäft mit Maske zu gehen, während andere Kunden draußen stehen und warten, verunmöglicht jedes entschleunigte Stöbern in Büchern – was ja wohl den Charme eines Buchladens ausmacht. Vor Restaurants Schlange zu stehen in Manier der realsozialistischen DDR-HO-Gastronomie (»Sie werden platziert!«) und dann noch Namen und Adresse in einer Liste einzutragen, bevor man von einem maskierten Kellner irgendwo hingesetzt wird, das ist einfach nur noch abstoßend. Zudem sind die Dienstleister oftmals sehr gereizt, denn die Angst, dass der Laden von der Gewerbeaufsicht wegen mangelnder Befolgung der Corona-Regeln geschlossen wird, ist erschreckend realistisch.

Kein Wunder also, wenn die großen Online-Anbieter riesige Umsatzzuwächse verzeichnen konnten, bis zu 40 Prozent bei Amazon.[72] Eine gigantische Umverteilung von unten nach oben war die Folge: Schätzungsweise 800 Milliarden Euro sind die Superreichen im Corona-Sommer 2020 reicher geworden. In derselben Zeit hat sich der öffentliche Sektor in Deutschland in eine gigantische Verschuldung begeben – ohne erkennbare Not. So schätzte der BVMW-Präsident Ohoven, dass die Staatsverschuldung dank Corona um 22 Prozent auf nunmehr 81 Prozent des deutschen Bruttoinlandsprodukts angestiegen ist: »Allein die Bundesagentur für Arbeit rechnet für das laufende Jahr bereits mit einem Defizit von mehr als 30 Milliarden Euro. Die Rentenkasse hat schon jetzt ein Loch von circa 100 Milliarden Euro.«[73]

An eine Erholung des öffentlichen Sektors und des gewerblichen Mittelstands ist unter den gegebenen Umständen überhaupt nicht zu denken. Jetzt müssen alle verbliebenen Register der Rechtsstaatlichkeit gezogen werden. Da sich die Bundesregierung und das ihr unterstellte Robert Koch-Institut als absolut beratungsresistent gegen Argumente besorgter Bürger und Experten erweisen, sind juristische Schritte unumgänglich.

SCHADENERSATZKLAGEN

Der Wirtschaftsanwalt Reiner Füllmich hat Klienten in Prozessen gegen die Deutsche Bank oder VW bereits erfolgreich zum Sieg verholfen. In Deutschland können Klagen gegen übermächtige Prozessgegner immer nur einzeln und

---

72   *Handelsblatt*, 31. August 2020, »Klagen über Amazon«
73   https://deutsche-wirtschafts-nachrichten.de/506185/Mittelstand-warnt-Zweiter-Lockdown-waere-eine-Katastrophe-fuer-Deutschland

mit extrem hohem existentiellem Risiko im Falle einer Niederlage vorgetragen werden. Ein solches Risiko geht kaum jemand ein. Das ist in den USA und Kanada anders. Dort können sich beliebig viele Teilnehmer einer Schadensersatzklage anschließen.[74]

Diese *class action* führte in den 1990er-Jahren dazu, dass die Zigarettenindustrie Milliardenbeträge als Schadensersatz an Kläger entrichten musste. Im Falle der Sammelklage von Anwalt Reiner Füllmich ist der Ansatzpunkt der Einsatz der PCR-Tests, die als Beleg einer wahrgenommenen Pandemiegefahr von der Regierung vorgeschoben werden, um die die Wirtschaft lähmenden Verordnungen zu rechtfertigen. Dieser Sammelklage können sich auch mittelständische Unternehmer anschließen. Bezahlt würde der Schadensersatz im Falle eines Klage-Erfolgs allerdings aus öffentlichen Töpfen, denn das RKI ist eine Bundesbehörde. Die zu zahlenden Milliardensummen könnten (sehr) theoretisch dem Etat des Verteidigungsministeriums entnommen werden.

WARUM HÄLT DER MITTELSTAND IMMER NOCH STILL?

Betrachten wir zunächst die Bewusstseinslage der deutschen Mittelständler. Viele von ihnen orientieren sich an größeren, noch erfolgreicheren Unternehmern, sehen sich als Kollegen der Superreichen Jeff Bezos oder Elon Musk und schauen zu ihnen auf. Die Mittelstandsvereinigung BVMW hat herausgefunden, dass 52 Prozent der befragten Mittelständler eine Erhöhung des gesetzlichen Mindestlohns auf 12 Euro pro Stunde als schädigend für die eigenen Investitionsvorhaben ansieht.[75] Nun würde es allerdings einem beträchtlichen Teil der mittelständischen Unternehmer, besonders aus der Dienstleistungsbranche, sehr entgegenkommen, wenn ihre Kundschaft, die ja zum großen Teil aus abhängig Beschäftigten besteht, mehr Geld in der Tasche hätte, um Aufträge erteilen zu können oder bei ihnen etwas einzukaufen. Die eigentlich unethische Frage, ob das Renteneintrittsalter auf 69 Jahre hochgeschraubt werden sollte, beantworten tatsächlich 36,5 Prozent der befragten Mittelständler mit »Ja«![76]

Man darf nicht vergessen, dass Unternehmer fest eingebunden sind in für sie zugeschnittene Standesorganisationen. Dort wird die Weltanschauung in

---

74   https://www.youtube.com/watch?v=CJ4gTOBPeNA
75   https://www.bvmw.de/news/4772/bvmw-umfrage-so-denkt-der-mittelstand-70/
76   https://www.bvmw.de/news/4671/bvmw-umfrage-so-denkt-der-mittelstand-68/

erkennbar sehr engen Bahnen geformt! Schaut man sich die politischen Bildungsangebote an, so findet man selten Veranstaltungen, in denen der Versuch unternommen wird, sich in die Perspektive von Arbeitern oder Angestellten hineinzuversetzen. Andere Sichtweisen als die des Marktradikalismus, und seien es auch nur die Lehren des John Maynard Keynes, kommen heute praktisch nicht mehr vor. Das Mantra vom Wirtschaftswachstum um jeden Preis ist genauso omnipräsent wie der Satz, dass das ganze Leben aus Konkurrenz besteht und dass man Konkurrenten möglichst geschickt niederringen muss. Zugleich wird aber als Gemeinsamkeit das Standesinteresse gegen andere gesellschaftliche Gruppen beschworen. Das heißt, auch im Klein- und Mittelstand herrscht der Geist eines nur dürftig kaschierten Sozialdarwinismus.

Scheitert ein Unternehmer, so schleicht er sich beschämt und unauffällig davon, auch wenn er das Opfer einer gemeinen Intrige wurde. Er deutet sein Scheitern in aller Regel als eigene Unzulänglichkeit. »Marktbereinigungen« vollziehen sich als individuelle Katastrophen und werden deshalb gesamtgesellschaftlich nicht wahrgenommen, obwohl sie meistens Alarmsignale für Fehlentwicklungen sind, auf die die Gesellschaft als Ganzes reagieren müsste.

Die Industrie- und Handelskammer (IHK) ist für alle Unternehmer jenseits des Handwerks, ob groß ob klein, seit Bestehen der Bundesrepublik die Körperschaft, der sie pflichtgemäß angehören müssen. Die kleinen Unternehmer können hier nur wenig Einfluss ausüben. Es dominieren die großen Mittelständler, die schon an der Grenze zum Großunternehmer stehen und ein entsprechendes Weltbild vertreten. Das ist in etwa so, als wären Hühner und Fuchs zusammen in ein und demselben Stall eingesperrt. Die IHK müsste eigentlich als Zwangskörperschaft politisch neutral sein. Das ist sie aber nicht. So ergreift die IHK zum Beispiel stets Partei für fossile Energien und Atomkraft.[77] Das bringt viele Unternehmer auf die Palme. Sie organisieren sich im Bundesverband für freie Kammern e. V.[78] und treten mit ihrer eigenen Zeitung, dem *Kammerjäger*, an die Öffentlichkeit.[79] Sie fordern die Abschaffung der Zwangsmitgliedschaft in der IHK.

Und so hinterlassen auch die Vorstellungen des »Bundesverbandes Mittelständische Wirtschaft« einen zwiespältigen Eindruck. In ihrem Verbandsorgan

---

77   https://www.strom-magazin.de/strommarkt/ihk-fuer-neubau-von-atomkraftwerk-in-nrw_67345.html
78   https://www.bffk.de/
79   https://www.bffk.de/wir-ueber-uns/kammerjaeger.html

Der Mittelstand[80] werden die Konsequenzen aus der Corona-Krise erörtert. Da ist sehr richtig von einer notwendigen Regionalisierung die Rede, um die als fragil erkannten globalisierten Lieferketten wieder ein Stück weit zurückzufahren. Man liest aber auch einmal mehr Forderungen nach »Flexibilisierung« der Arbeitsbedingungen. Und die Ermutigung, sich der Digitalisierung und der umstrittenen Technologie 5G mehr denn je zuvor zu öffnen. Entsprechend hat eine Umfrage der Unternehmensberatung McKinsey[81] ermittelt, was für die Mittelständler die Konsequenzen aus der Corona-Krise sind:

»37 Prozent der KMU wollen als Reaktion auf die Krise Prozesse automatisieren, 45 Prozent in 5G investieren, 36 Prozent ins Internet der Dinge (IoT) und ebenfalls 36 Prozent in Künstliche Intelligenz (KI).«

Und: »Flexible Arbeitsweisen« werden auch nach einem eventuellen Ende von Corona erhalten bleiben. Was bleibt nach derart selbstverschuldeten Transformationen eigentlich noch vom Mittelstand? »Flexible Arbeitsweisen«: das bedeutet Home Office. Isolierte Individuen führen kontaktarm zu Hause ihre schablonenhaften Routineprozesse aus. Die Löhne werden immer weiter herabgedrückt. Und als Nächstes wird dann ein anonymer Kollege aus dem indischen Mumbai zu einem Zehntel des Lohnes die Arbeit ausführen. Es bleibt die Frage: Was wird aus all den »überflüssigen« Mitarbeitern, wenn alles automatisiert wird? Keine Frage: Jene Mittelständler, die im digitalen Bereich arbeiten, werden sich behaupten können. Aber um welchen Preis? Verfügen sie noch über nachweisbare Spurenelemente einer Unabhängigkeit? Oder ergeht es ihnen nicht wie jenen Online-Händlern, die über den Amazon-Marktplatz ihre Produkte verkaufen, und von denen einige jetzt erleben mussten, dass Jeff Bezos ihnen mal eben aus fadenscheinigen Gründen den Saft abgedreht hat?[82] Mittelständler, die sich freiwillig auf diesen Weg begeben, mutieren zu rechtlosen Vasallen der digitalen Superkonzerne.

Und was geschieht den »analogen« Mittelständlern? Den Gastwirten, Handwerkern und Spediteuren? Sie werden nach allen Prognosen vom Markt verschwinden. An ihre Stelle treten voraussichtlich global-zentralisiert gesteuerte, gesichtslose Franchise-Unternehmer. In etwa wie heute schon Tankstellenpächter. Welche Qualität haben unsere Städte dann noch, mit lauter Leerständen, da

80   https://www.bvmw.de/publikationen/unternehmermagazin/
81   https://www.mckinsey.de/news/presse/mittelstandsumfrage
82   *Handelsblatt*, 31. August 2020, »Klagen über Amazon«

wo einmal Cafés und Restaurants gewesen sind? Möchte man sich zufrieden geben mit dem Monopolangebot amerikanischer Fast Food-Ketten?

WAS ALSO SOLLEN WIR TUN?

Die Befreiung der Mittelständler muss von den Mittelständlern selbst ausgehen. Die Mittelständler müssen sich vom Egoismus ihrer Standesorganisationen emanzipieren und erkennen, dass ihre natürlichen Verbündeten die Menschen sind, die ihre Dienstleistungen und Produkte kaufen. Das sind in der großen Mehrheit nicht die Superreichen, sondern Arbeiter, Angestellte, Beamte, Landwirte, andere Dienstleister oder auch Schüler und Studenten. Nur wenn der breit aufgestellte Mittelstand sich diesen Gesellschaftsgruppen gegenüber strategisch öffnet, kann eine umfassende Solidarisierung die Rettung des gewerblichen, »analogen« Mittelstandes ermöglichen. Folgende Agenda scheint mir geboten:

- Die traditionelle Finanzarchitektur öffentlicher Geldwirtschaft – strikt getrennt von den rendite-orientierten Universalbanken – mit ihren Sparkassen, Landesbanken und Genossenschaftsbanken muss wiederhergestellt, modernisiert und wesentlich gestärkt werden.
- Die hier als »analog« bezeichneten mittelständischen Gewerbe müssen vom Staat privilegiert behandelt und ihnen Vorteile gegenüber anderen Wirtschaftsbereichen eingeräumt werden. Der Vorwurf der »Wettbewerbsverzerrung« kann nicht geltend gemacht werden. Denn schon bei der Förderung regenerativer Energien hat sich diese vorübergehende politisch gewollte Wettbewerbsverzerrung hervorragend bewährt.
- Das Steuerrecht, da ist den traditionellen Mittelstandsvereinigungen recht zu geben, muss deutlich vereinfacht werden. Vor einigen Jahren schlug der CDU-Politiker und spätere BlackRock-Deutschland-Chef Friedrich Merz vor, Steuererklärungen sollten so vereinfacht werden, dass sie auf einen Bierdeckel passen würden. Etwas mehr darf es schon sein, aber die Steuererklärungen dürften gerne einfacher und transparenter sein.
- Große Konzerne und Kartelle müssen endlich wieder besteuert werden. Die Vermögenssteuer ist in Deutschland offiziell nie abgeschafft worden. Auch sie muss endlich wieder aktiviert werden, was keinerlei Aufwand erfordern würde.

- Der Konkurrenzkampf der Gemeinden untereinander um die Ansiedlung von Filialen globaler Konzerne muss aufhören. Politische Entscheidungen in dieser Richtung sind überfällig, was auch eine Reform der Raumordnung notwendig macht.
- Ein Volksentscheid sollte klären, ob die den Mittelstand gefährdenden im Top-Down-Verfahren von Brüssel heruntergereichten Verordnungen weiterhin durchgeführt werden sollen. Ob also eine weitere Mitgliedschaft in der Europäischen Union unter den gegebenen Umständen noch verantwortet werden kann.
- Die deutsche Außenpolitik muss sich nach allen Seiten öffnen. Unter den Sanktionen gegen Russland und den Iran leidet der deutsche Mittelstand erheblich.

Es geht um die Lebensqualität aller Bundesbürger. Eine bedarfsgerechte Produktion und Verteilung von Waren ist nur möglich mit einer mittelständischen Wirtschaft – einer Wirtschaft von Menschen für Menschen; keine Wirtschaft von Superreichen, die wir nicht kennen. Es kann uns nicht egal sein, ob unsere Innenstädte veröden und die Versorgung auf dem Land nicht mehr gewährleistet ist. Der intakte gesellschaftliche Mittelbau ist für eine funktionierende Demokratie essenziell notwendig. Noch können wir das Steuerrad herumdrehen. Wenn wir den erforderlichen grundlegenden Politikwechsel angehen. Da reicht es nicht, eine Handvoll besonders korrupter Politiker auszutauschen. Die Netzwerke des Marktradikalismus müssen offengelegt werden. Es geht um einen tief greifenden Paradigmenwechsel. Das wiederum ist die Sache aller Bundesbürger, nicht nur des Mittelstands.

AUSBLICK 2030

Die Auslöschung des gewerblichen Mittelstandes ist gleichbedeutend mit einer maßlosen Verödung der Soziosphäre. Die Analogie zur Verödung der Biosphäre ist darum naheliegend. So wie durch großindustrielle Anbaumethoden die Artenvielfalt beeinträchtigt wird, so verödet auch das gesellschaftliche Leben, wenn anstelle mittelständischer Gewerbetätigkeit nur noch planwirtschaftlicher Dirigismus überdimensionierter Globalkonzerne herrscht. An die Stelle kreativen Wettbewerbs kleiner und mittelgroßer Wirtschaftseinheiten träten dann allmächtige Kartelle, die Produktdesign und Preisgestaltung dirigistisch vornehmen. Zufriedenheit der Mitarbeiter und Zufriedenheit der Kunden spielen dann keine Rolle mehr.

An die Stelle der selbstständig geführten Kleinen und Mittelgroßen Unternehmen treten schon jetzt sogenannte *Start-Ups*. Wer eine innovative Idee hat, sammelt Geld ein bei Hedge-Fonds und anderen Geldwaschanlagen. Wenn sich eine Innovation auf dem Markt durchsetzt, wird das Start-Up-Unternehmen an einen Globalkonzern verkauft. Persönliche Note? Das war gestern.

Ohne gewerblichen Mittelstand wird es auch keine Lehrstellen mehr geben. Das viel gepriesene deutsche duale Ausbildungssystem wäre dann Vergangenheit. Die Schere zwischen Arm und Reich würde ohne gewerblichen Mittelstand noch weiter aufgehen. Zudem fehlt der Mittelbau politisch, denn er hat die Aktivitäten der Globalkonzerne in der Härte der Durchsetzung immer noch abgefedert.

Schließlich: Alexander Mitscherlich hat in den 1960er-Jahren die Unwirtlichkeit unserer Städte nach dem Zweiten Weltkrieg beklagt. Was allerdings Bombardierungen unserer westlichen Wertegemeinschaften und der Bauboom des nachfolgenden Wirtschaftswunders nicht vermochten, wird nachgeholt, wenn der Mittelstand wegfällt. Früher hat sich jeder lokale Unternehmer und seiner Zeit mit Gebäuden, die alle einen unverwechselbaren Stil aufwiesen, ein Denkmal gesetzt. Das ist bald vorbei. Die Architektur in einer mittelstandslosen Gesellschaft des enthemmten Globalkapitalismus sind: monotone, bedrohliche Würfel und Legefabriken aus Stahl, Blech, Plastik, Beton und Glas. Die Rohheit stalinistischer Produktions- und Unterbringungsstätten wird dann nur noch mühsam durch ein bisschen grelle Farbe kaschiert. Dazwischen eingequetscht: entwurzelte Menschen aus aller Herren Länder, beaufsichtigt von schwarzgekleideten Security-Männern. Gated Communities, wo kein echter individueller Farbtupfer der Seele Trost zu spenden vermag.

All das kommt auf uns zu, wenn wir unsere deutsche Sozialarchitektur kampflos preisgeben.

SUPERGAU DER LINKEN – EINE SPURENSUCHE BIS ZERO COVID

DANIEL SANDMANN

Im Jahr 2020 geschah etwas, was die linke Theorie fundamentaler in Frage stellte als die Karrierespielchen der Herren Blair, Schröder und Fischer. Dass bekannte linke Opportunisten im Zuge der Corona-Krise in Maskenpflicht und Abstandsparolen einstimmten, war zu erwarten. Vor allem der Rot-Rot-Grüne Senat in Berlin suchte in besonders totalitärer Manier Demokratiebewegungen zu ersticken. Dies ist nicht verwunderlich, denn Personal, das sich links geriert, war und ist längst überall Teil des Systems. In völlig neuer Dimension schwiegen aber auch Kritiker des linken Opportunismus, also keine klassischen Parteikarrieristen, oder schlugen sich aktiv auf die Seite des Systems mit »Stay-at-Home«-Parolen. Sie begehrten nach Lockdowns und wollten auch die Schwächsten der Gesellschaft impfen lassen, mit einem Impfstoff, der allein aufgrund der Fahrlässigkeit seiner Zulassung Menschen zu Versuchsobjekten degradiert. Ihre Parolen und Diffamierungsbegriffe waren und sind weitgehend identisch mit denen der Exekutive. Daniel Sandmann leuchtet in seinem Beitrag das »Links-Sein« aus, das anlässlich dieser »Pandemie« zum Ausdruck gekommen ist. Der verwendete Begriff des »linken Etwas« signalisiert, dass dabei einiges hervortritt, was viele ganz bestimmt nicht als linken Inhalt erwartet hätten.

Linke Kreise begründeten ihr Abseitsstehen beim Widerstand gegen die Corona-Maßnahmen nicht selten damit, dass dieser Widerstand auf einem neoliberalen Freiheitsbegriff basiere. Daraufhin fanden sie in diesem Widerstand allerhand »Unkraut«.[83] Ganz natürlich: Unkraut ist zu tilgen, damit das Kraut

---

83 Mit »Unkraut« referiere ich auf Ödön von Horváths Roman »Jugend ohne Gott«, erschienen 1937, der sich sehr alltagsnah mit der Wirklichkeit des Nationalsozialismus beschäftigt. Über die Metapher des Unkrauts wird dort gezeigt, wie alles, das nicht auf der Linie der Ordnung liegt, also alles Abfallende, Störende, Entartete, im Denken der Gemeinschaft, die in jenen Tagen wie nun wieder in diesen beschworen wird, als Zu-Tilgendes gedacht wird.

wachsen kann. Und die Co-Präsidentin der SPD, einer angeblich linken Partei, brachte dann den Begriff »Covidioten« ins rhetorische Kampffeld ein. Dass die Linke diesen Kampfbegriff als Abgrenzung gegen rechts verstand, ist grotesk. Wer Markus Söder rechts überholt, braucht sich um Abgrenzungen gegen rechts nicht mehr weiter zu kümmern. Im Kampf gegen das »Unkraut« kommt indes etwas zum Ausdruck, was – gerade im Hinblick auf die Würde des Menschen – der Grund für das Versagen der politischen Linken ist: Es ist ihre Unfähigkeit im Umgang mit Freiheit. Die Freiräume für das Volk, auch für Randgruppen, in den 1970er- und 1980er-Jahren,[84] entstammten keiner linken Ideologie. Spätestens mit dem Virus aber schlossen sich diese Freiräume.

DER STAAT ALS »LINKER« SCHUTZRAUM

Im »linken Etwas« fungiert der Staat als Retter. Er ist die Machtinstanz, die das Kapital besänftigen soll. Der Wunsch nach Staat resultiert aus der Hilflosigkeit und der Staat ist (bei Gefahren) die Schutzinstanz gegen die Freiheit. Und erklingt das Lied von Viren und Tod, so wird aus Hilflosigkeit Panik und der Ruf nach Schutz zu militantem Geschrei. Spätestens dann bricht jede Reflexion über Macht, also auch den Staat und seine durch bürokratische Apparate angelegte Gewalt, zusammen. Dass der Schrei nach Schutz einem Staat gilt, der im Dienst des Kapitals die Menschen diszipliniert und ausbeutet, vervollständigt ein Paradox, das von Viren- und Todesängsten überlagert wird.

Das Paradox, wie es sich aus »linker Sicht« zeigt: Damit wieder Freiheit herrschen kann, muss Virenfreiheit herrschen. Damit die Viren beherrscht werden können, muss das Kapital herrschen, das uns – über Big Pharma – die Viren nimmt. Deshalb ist das Kapital von Bill Gates das Gute im Kampf gegen das Böse. Die Viren führen dem Kapital also den Glanz des Solidarischen zu. Das Ganze vollzieht sich außerhalb jeder medizinischen Evidenz. Fragt nun einer nach dieser Evidenz, nach Wirkungsnachweisen, Nebenwirkungen bis hin zu Impf-Toten, so führt er das Böse ein, indem er den solidarischen Glanz des Kapitals in Frage stellt. Die, die sich als »links« bezeichnen, müssten sich spätestens jetzt vom Kapital lösen, also auch von der Impfung. Aber dann steht

---

84 Aus strategischen Gründen musste das angepeilte feudale Kapitalsystem in den 1970ern – auch im Hinblick auf den noch real existierenden Kommunismus – vorübergehend ein paar Freiheiten bzw. etwas mehr Demokratie zulassen.

das »linke Etwas« wieder schutzlos da, ist ihm doch die Virenfreiheit die einzig denkbare Freiheit.

Das führt nun dazu, sich gegen das Böse *blockwartmäßig* zu »verbrüdern«. Diese »Verbrüderung« indes ist in der Tat keine *fraternité*, da nicht von autonomen Subjekten in *liberté* vollzogen, sondern vielmehr von Impf-, also Pharma-Objekten. Es ist das faschistische Bündel (fascis: Rute, Bündel) aus Angst und Not. Angst und Not resultieren aus der Unfähigkeit zum freien, emanzipativen Handeln. War Solidarität im »linken Etwas« nicht einmal ein Kernmerkmal? Doch als »Virensolidarität« ist sie keine Haltung *für* den anderen, sondern ein Bund, der die eigene Unfähigkeit, autonom und emanzipiert zu handeln, kompensieren soll.

Diese Unfähigkeit zur Freiheit ist letztlich der Grund dafür, dass linke Denkmuster so nahtlos mit Militanz, Polizeistaat und Überwachung zusammengehen. Die Staatstreue wiederum steht im Bund mit der Hilflosigkeit. Eine paradoxe Staatstreue angesichts des Versagens des Staates als Instanz des sozialen Ausgleichs und mehr noch angesichts seiner führenden Rolle bei der Zerschlagung von sozialen und sozial-marktwirtschaftlichen Strukturen.

SCHULTERSCHLUSS MIT DEM GROSSKAPITAL UND JAGD AUF DIE KLEINEN

Der Staat und seine Institutionen sind die Verkörperung der Macht. Seine Macht übt er über Hierarchien, Ketten, Orders, Zuwendungen und vor allem Alimentierung der Beamtenschaft aus. Ein Staat ist eine kafkaeske Maschine, die den Unbeholfenen ein Identifikationssurrogat bietet. In staatlichen Strukturen aber werden die zu Schützenden, zu deren Gunsten sie scheinbar angelegt sind, bald zu Entmündigten, wie am Beispiel Hartz IV zu sehen. Allein das zeigt, wie funktional-materialistische staatliche Prozesse nachgerade auf die Tilgung von autonomen Subjekten zielen.

Der kapitalistische Staat schützt zuallererst das Kapital. Dies gilt selbstverständlich auch, wenn Linke im Staatsdienst arbeiten. Über die gehirnwäschemäßig ausgebreitete Virengeschichte eröffnet der Staat den Linken die Möglichkeit, im Rahmen der kapitalistischen Machtausübung auf andere einzuschlagen. So verwandeln sie AktivistInnen der Demokratiebewegung über das Instrument der »Political Correctness« in Kapitalisten, Neoliberale, Rechte, Nazis et cetera und lassen sie von Polizei, Antifa, Staatsschutz-Leuten und weiteren Schlagarmen der Staats-Maschine drangsalieren. Zu Opfern werden Ersatzkapitalisten und »Böse«, denen man einen neoliberalen Freiheitsbegriff unterstellt, um die eigene Sklavenhaltung gegenüber dem Kapital zu rechtfertigen und zu verschleiern. Das Adjektiv »neoliberal«, dem Widerstand gegen die Maßnahmen untergeschoben, soll die Tatsache maskieren, dass die Argumentations- und Handlungsweise der Linken neoliberalen Machtverhältnissen entspringt, an denen sie sich aktiv beteiligen. Eine Verdrehung um viele Ecken. Zwecks Machtverschleierung und zur Diskurseinengung sind viele solcher Ecken auch nötig, wie sie Rainer Mausfeld analysiert[85] hat. Deutlich wird diese Verdrehung spätestens, wenn aus dieser scheinbar emanzipatorisch-kritischen Analyse heraus dazu aufgerufen wird, den Fokus von der Person Gates abzuziehen.[86]

Indem man auf Ersatzkapitalisten, kleine Unternehmer, die ihre Existenz verlieren, einschlägt, wird indes mehr als bloß ein Rechtfertigungsnarrativ konstruiert. Diese kleinen Ersatzkapitalisten lassen sich nämlich *tatsächlich jagen* – kleine Kapitalisten bloß, zugegeben, Kneipenbesitzer, die Frau mit dem Stoffladen um die Ecke, eine Perserin im konkreten Fall, so viel Rassismus darf sein. Der Vorgang, der sich als Kampf anfühlt, bringt endlich linke Identität zurück: den Klassenkampf. Wo die Gates, Soros und Bezos als Jagdwild nicht erreichbar sind und auch nicht erreicht werden sollen, hetzen Linke als Jagdhunde einen erreichbaren Feind, der sich mit den Instrumenten der Political Correctness, dargereicht vom globalen Kapital, als neoliberal bezeichnen lässt.

KOMPLIZEN DER MACHT

Zusammenhänge unkenntlich zu machen, ist eine Strategie zur Machtverschleierung. Und diese wurde systematisch herbeigeführt. Daran hatte und hat die Linke nicht nur Anteil, ihr Beitrag ist vielmehr deshalb von immenser Bedeutung, weil es gerade an ihr als kapitalkritischer Instanz gelegen hätte, Macht in einem kapitalistischen System zu benennen. Dass linke Kreise sich so

---

85 Rainer Mausfeld, Das Schweigen der Lämmer, Frankfurt 2018
86 Der Abzug des Fokus von Gates in diesem Sinne wird sodann selbst zu einer Abwendung der Kritik von den Zentren der Macht, insofern die Macht bzw. das Kapital *nicht in Personen verkörpert*, sondern *strukturell auf wenige Personen* weltweit verteilt ist. Eine Forderung, sich von Gates abzuwenden, ist somit *strukturell bedingt* Teil der Machtverschleierung und führt zu vom System her gewünschten und angepeilten Ersatzhandlungen.

gut in Machtverschleierungsstrategien haben einbinden lassen, mag allerdings nur auf den ersten Blick erstaunlich sein. Die linke Unfähigkeit im Umgang mit *liberté* und der daran geknüpfte Hang, sich in den Windschatten von Autoritäten zu stellen, ist sicherlich die beste Voraussetzung für williges (und billiges) Mittun beim Verschleiern von Macht.

Mit dem durchschlagenden Erfolg der Machtverschleierung musste auch unkenntlich bleiben, wer mit der aktuellen Pandemie zu welchem Zweck über die Welt hergefallen ist. Stattdessen werden als Täter kompensatorisch kleinste Wesen ausgemacht: Viren – eine Ironie in sich. Das ist Teil des Deals. Idealerweise wäre die Machtkritik eine essenzielle Aufgabe des »linken Etwas«. Benennung ist dafür die erste Voraussetzung. Zwar wird offiziell nach Transparenz verlangt und dazu werden zuhauf Gesetze erlassen, die in der Tat mehr verbergen, als sie benennen. Information als Überflutung, bis alles in der Unkenntlichkeit ertrinkt: das sind die Muster.

Die Mehrheit der Intellektuellen stand immer auf der Seite der Macht, denn es ist in aller Regel die Macht, die sie in herausgehobene Stellungen bringt. Dass aus diesen Stellungen heraus in den 1960ern, 1970ern und auch noch 1980ern eine größere Kritik zulässig war, hat mit notwendigen freieren Zwischenetappen in der kapitalistischen Gesellschaftsentwicklung zu tun und nichts oder höchstens nur bedingt mit den Intellektuellen selbst. Gleichwohl war in jener Zeit das Spektrum des Denk- und Sagbaren wesentlich breiter und umfasste eine wahrnehmbare Macht- und Staatskritik. Im Unterschied zu heute rahmten damals noch Philosophen und Schriftsteller bedeutende Anlässe: Man denke an Friedrich Dürrenmatts Rede »Die Schweiz als Gefängnis«, die er vor dem Bundesrat und Václav Havel anlässlich dessen Besuchs in der Schweiz hielt. Diese Fundamentalkritik an der »Institution Schweiz« würde heute jedem Autor die Verlage und die Bühnen auf alle Zeit versperren. Inzwischen leiten längst Models, Fußballer und Serienschauspieler UNO-Vollversammlungen ein und traben im Rahmen von PR-Kampagnen in Den Haag als Zeugen an. Und wenn einer der Sportler, was vereinzelt vorkommt, kritische Töne anstimmt, hat er zum letzten Mal in einem Fernsehstudio gesessen, die Werbeverträge sind gestrichen. Philosophen aber sind dann zugelassen, wenn sie im Wesentlichen nichts aussagen und stattdessen vom Design her – beispielsweise wehende Haare, die irgendwie an etwas Wildes erinnern – die »Quote« aufbessern.

Spätestens nach 1990 versagten Intellektuelle als machtkritische Instanz fast gänzlich. Kritische Denker fielen aus beziehungsweise dienten der Macht, indem sie Machtfragen grundsätzlich ausblendeten, Macht begrifflich-sophistisch verwässerten oder anderswie verschleierten. Besonders missionarisch wurde und wird hierfür mit der Schablone der Verschwörungstheorie gearbeitet.[87] Dass reiner Opportunismus ein erster Antrieb für dieses Versagen ist, versteht sich. Lehrstühle im akademischen Betrieb, Professorentitel, große Konferenzen, Bedeutung: All dies reizt. Oftmals werden für das Versagen der Intellektuellen und speziell der Linken unter ihnen aber auch Geistesströmungen verantwortlich gemacht, welche das »linke Etwas« usurpiert haben sollen. Texte der Postmoderne vor allem werden genannt, indem ihnen eine prinzipielle Machtbejahung unterstellt wird. Allerdings sind diese Texte so Macht bejahend nicht. Beispielhaft soll belegt werden, weshalb die Erklärung nicht greift, linkes, womöglich marxistisches Denken sei von postmodernem Denken usurpiert worden und das hätte die ganze Malaise herbeigeführt, in der wir uns befinden und die womöglich sogar das Ende nicht nur der Zivilisation, sondern der Menschheit bedeutet.

EIN FAST SCHON PROPHETISCHER JACQUES DERRIDA

Einer der einflussreichsten Philosophen der Postmoderne in der zweiten Hälfte des 20. Jahrhunderts, Jacques Derrida (1930–2004), zielt mit seinen sperrigen Texten darauf, das Allgemeine, Zusammenfassende, jedes Narrativ zu zer-setzen, zu de-konstruieren. Das heißt in diesem Zusammenhang stets: Bei Aussagen über die Welt, über Gedanken, über Erkenntnis, Sprache und Macht nach den Bedingungen zu fragen, unter denen sie entstanden sind. Derrida lässt keinen Zweifel an der Charakterisierung der Macht, die sich nach 1990 zum Sieger ausgerufen hat. Bereits in den 1990ern hat er von einem subtilen, weichen Totalitarismus in den westlichen Demokratien gesprochen. Begriffe wie »Weltordnung«, »Hegemonie« und »Imperialismus« sind keine Begriffe zur Verschleierung der Macht, im Gegenteil. Derrida erfasst das Wuchern des

---

87   In Deutschland wird für diesen Zweck Michael Butter durchs Land bzw. die Studios gereicht. Eine Figur mit Professorenstuhl für amerikanische Literatur, für deren »Denken« das Diktum Ingeborg Bachmanns über deutsches Denken und deutsche Denker noch immer zutrifft: Ein Denken, das anderswo gar nicht *als Denken* erkannt würde.

Neoliberalismus schon in den frühen 1990ern präzise, wenn er in »Marx' Ge-spenster« schreibt: »... heute, in diesen Zeiten, versucht eine neue ›Weltord-nung‹ eine neue, notwendigerweise neue Regellosigkeit zu stabilisieren, indem sie eine Form von Hegemonie installiert, die ohne Vorläufer ist.«[88] Dass diese Hegemonie über den Marxismus siegen will, stellt Derrida ebenso heraus, wie die Tatsache, dass es ein Pyrrhussieg sein wird.

»Eine Dogmatik versucht, ihre weltweite Hegemonie zu errichten, unter paradoxen und verdächtigen Bedingungen. Es gibt heute in der Welt einen *herrschenden* Diskurs – oder vielmehr einen Diskurs, der im Begriff ist, domi-nierend zu werden – über das Werk und das Denken von Karl Marx, über den Marxismus (...), über all die vergangenen Gesichter der sozialistischen Inter-nationale und der Weltrevolution, über die (...) Zerstörung des marxistisch inspirierten Revolutionsmodells (...). Die Beschwörung wiederholt sich und ritualisiert sich (...). Im Rhythmus des Gleichschritts ruft sie: Marx ist tot, der Kommunismus ist tot, (...) mit seinen Hoffnungen, seinem Diskurs, seinen Theorien und seinen Praktiken, es lebe der Kapitalismus, es lebe der Markt, es überlebe der ökonomische und politische Liberalismus!«[89]

Dass Derrida im »Gleichschritt« schon damals das Merkmal des sogenann-ten Liberalismus sah, verleiht ihm angesichts der mit der Pandemie-Insze-nierung eingekehrten Uniformierung allen Lebens im globalen Maßstab fast schon prophetische Qualitäten. Paradoxerweise versucht diese Hegemonie zu verleugnen, »dass noch niemals, nie und nimmer zuvor in der Geschichte der Horizont über den Modellen, deren Überleben man feiert [das heißt über all den alten Modellen der kapitalistischen und liberalen Welt, D.S.], so dunkel, so bedrohlich und so bedroht war.«[90] Weiter stellt Derrida den Umstand heraus, dass Marx schlichtweg die Erfahrung nicht haben konnte, um die Bedeutung der Teletechnik für die Macht zu begreifen:

»... niemandem wird es entgehen, dass die drei Orte, Formen und Mächte der Kultur, die wir gerade identifiziert haben (der explizit politische Diskurs der ›politischen‹ Klasse, der mediale Diskurs und der intellektuelle, gelehrte oder akademische Diskurs), mehr denn je durch dieselben Apparate oder durch nicht voneinander trennbare Apparate verschweißt sind. (...) [S]ie kommunizieren

---

88   Jacques Derrida, Marx› Gespenster, 6. Auflage, Frankfurt 2019, S. 76
89   Ebd., S. 78
90   Ebd., S. 78

und zielen in jedem Augenblick auf den Punkt der größten Kraft hin, um die Hegemonie oder den Imperialismus (…) zu sichern. (…) Die politisch-ökonomische Hegemonie wie auch die intellektuelle oder diskursive Herrschaft vollziehen sich, wie sie es nie zuvor in solchem Grad noch in solchen Formen getan haben, auf dem Weg über die techno-mediale Macht (…).«[91]

DIE SELBSTUNTERWERFUNG DES ARBEITNEHMERS

In seinem Aufsatz »La condition postmoderne – est-ce qu'elle est passée? Eine Zeitdiagnose« bringt der Psychologe Klaus-Jürgen Bruder auf den Punkt, dass linkes Kapitalkuscheln am Ende eine Folge der Subjektabhängigkeit im postmodernen Diskurs ist. Bruder schreibt: »Durch unsere Zustimmung zum Diskurs der Macht, durch die Übernahme seiner Parolen machen wir uns zu Subjekten.«[92]

Damit ist klar, wo die Macht liegt. Nämlich da, wo der Diskurs bestimmt wird. Die Folge: Der Diktator tritt nicht mehr außen, er tritt innen auf. Indes, »die Beschämung, einer Macht unterworfen zu sein«, muss verhindert werden. Das heißt, wir leugnen unsere Zustimmung und geben die Argumente als die unseren aus.[93]

»Durch unsere Zustimmung zu den Parolen des Diskurses der Macht machen wir uns zu Subjekten – Subjekten des Diskurses.«[94]

Mit anderen Worten: zu Systemhunden. Das postmoderne Subjekt muss unabhängig und flexibel sein, also jederzeit verfügbar. Diese Verfügbarkeit, vom Kapital bestimmt, wird als Freiheitsgewinn verkauft, als subjektiver Freiraum sozusagen. Bruder verweist beispielhaft auf das Selbstverständnis des neuen Angestellten, von dem die Anforderungen des Arbeitgebers nicht mehr als

---

91 Ebd., S. 80
92 Klaus-Jürgen Bruder, 11. 02. 21, La condition postmoderne – est-ce qu'elle est passée? Eine Zeitdiagnose, https://www.foucault.de/macht.htm
93 Die Zero-Covid-Kampagne, auf die ich am Ende noch explizit eingehe, ist geradezu ein Paradigma dieser Subjektnegation – die in totaler erkenntnistheoretischer Verkennung der Machtverhältnisse nicht nur in grotesker Weise sich als Subjekt (mit den Argumenten der Macht im Mund) aufspielt, den Bund der Erbärmlichkeit ausrufend, sondern über das Argument ZERO (in unübertreffbar naiver Weise auf DIE Wissenschaft verweisend) die Subjektauslöschung (vgl. Great Reset) explizit als Ziel setzt. Die Personen, die sich dergestalt inszenieren, nennen sich Linke: Objekte des Kapitals – Täter und Opfer in einem. https://zero-covid.org/zeitung/
94 Klaus-Jürgen Bruder, a. a. O.

fremde Ansprüche wahrgenommen werden, sondern als Herausforderungen des Arbeitslebens selbst und damit als Möglichkeit der Selbstverwirklichung.

»Die einst als Unterwerfung unter die Logik der Marktwirtschaft erfahrene Arbeit gerät zur zynischen Metamorphose der Selbstunterwerfung des Arbeitnehmers.«[95]

Dass Menschen ihre Ausbeutung, so umgeschrieben, als Kompetenz verstehen, zeigt folgendes Beispiel:

»Flugpläne und Tickets selber ausdrucken, Formulare und Unterlagen jeder Art besorgen, bis zur Lieferung druckfertiger Manuskripte an die Verlage. Vielen macht diese Arbeit auch noch Spaß – sie vermittelt ein Gefühl der Kompetenz, Beherrschung der Maschine: Sklaven, die sich für Herren halten.«[96]

Gerade auch im »Coronaspiel« verschmilzt die politische Linke, irrtümlicherweise, aber folgerichtig an die Autonomie der Subjektrolle glaubend, mit den Kapitalinteressen, von denen sie eigentlich getrennt bleiben müsste. Um diese Verschmelzung zu verhindern, hätte sie eine Kritik, wie sie Derrida formuliert, zu ihrer eigenen machen müssen. Indes, die politische Linke, darunter etliche Marxisten, hat diese Kritik nicht bloß nicht aufgegriffen, sie hat sie bis auf den heutigen Tag nicht einmal als solche erkannt.

DIE VERLOGENHEIT UND BRUTALISIERUNG DES STAATES

Jahrzehnte früher legt der französische Philosoph Michel Foucault (1926–1984) vor allem in »Überwachen und Strafen«[97] akkurat faschistische Muster offen. Dabei fokussiert Foucault auf die Verlogenheit des »humanistisch« agierenden funktionalen Staates beziehungsweise seiner Institutionen wie psychiatrische Kliniken und Gefängnisse. Aus seiner Sicht ist die Brutalität der körperlichen Züchtigung durch Institutionalisierung, Bürokratisierung und Therapeutisierung von abweichendem Verhalten nicht verschwunden, sondern noch gesteigert worden. Damit lobt Foucault nicht die Brutalität des Mittelalters, sondern stellt die Brutalität *der Maschine* Staat heraus.

Er thematisiert die Humanisierung der bürgerlichen Ordnung als Schein und stellt die real darin enthaltene Gewalt dagegen. Diese Brutalität hat sich

95 Ebd.
96 Klaus-Jürgen Bruder, a. a. O.
97 Michel Foucault, Überwachen und Strafen, Frankfurt 1977

im Vorgehen des Staates gegen Abweichler während der »Pandemie« eindrücklich bestätigt – sowohl auf der Handlungs- als auch auf der Sprachebene, siehe »Covidioten«, »Nazis« und weitere Unkrautbegriffe. Wenn sich linkes Denken nicht von Macht distanziert, die sich mitunter wieder in archaischen Formen der Gewaltausübung manifestiert, so zeigt dies, dass die von Foucault herausgestellte Brutalität auch *die Brutalität weiter Teile der Linken ist.*

TECHNOKRATISCHE KONTROLLGESELLSCHAFT

Ein weiterer bedeutender Denker der Postmoderne, Gilles Deleuze (1925–1995), analysiert ebenfalls, weshalb die Verhältnisse in der Tat verdreht sind, wenn die Ursache linken Versagens dem Einfluss durch die Postmoderne zugeschrieben wird. Deleuze hat bereits in den 1960ern die der Technologie innewohnende Eigenschaft beschrieben, das autonome menschliche Subjekt auszulöschen. In seinem Buch »Der Sinn der Logik« hat er auf die Wesensverwandtschaft von Technokrat und Diktator verwiesen und den idealistischen Revolutionär (als Kritiker der gegebenen Macht) davon abgesetzt:

»Aus diesem Grund ist der Technokrat der natürliche Freund des Diktators – des Computers und der Diktatur, wohingegen der Revolutionär in einem Abstand lebt, der den technischen Fortschritt und die gesellschaftliche Totalität trennt und in den er seinen Traum von der permanenten Revolution einschreibt. Dieser Traum ist aus sich selbst heraus Aktion, Wirklichkeit, wirksame Bedrohung jeder bestehenden Ordnung, und macht möglich, wovon er träumt.«[98]

Im kurzen Postskriptum[99] aus den 1990ern fasst Deleuze die Merkmale einer technokratischen Kontrollgesellschaft zusammen. Das ist wahrlich ein Schlüsselthema des Great Resets, bei dem es darum geht, Menschen in kontrollierbare Apparate zu überführen. Deleuze beschäftigte sich als Materialist und Marxist mit dem Ausbreiten von Zeichen, Codes und Maschinen. Gerade seine Analyse hätte für ein »linkes Etwas« von Interesse sein müssen, zumal in diesem »linken Etwas« hinsichtlich Technologie und ihrer Macht Handlungs- beziehungsweise Denkbedarf besteht. Stattdessen haben die meisten linken Ideologen den

---

98 »La logique du sens«, erschienen 1969, zitierte deutsche Übersetzung aus: Gilles Deleuze, Die Logik des Sinns, Frankfurt 1993, S. 72)

99 Gilles Deleuze, Postskriptum über die Kontrollgesellschaften, in: L'autre journal, Mai 1990, deutsche Übersetzung abgerufen über https://www.nadir.org/nadir/archiv/netzkritik/postskriptum.html

totalitären Charakter der Technologie übersehen. Vor allem links-identitäre Kreise bejahen die Digitalisierung bezeichnenderweise oft gänzlich.[100]

TOTALITÄRE MERKMALE ALS POSITIVUM

Derrida hat die Erzählung vom Sieg das Kapitalismus demontiert, Foucault hat die Gewalt, die bürokratisierten Prozessen innewohnt, analysiert, Deleuze auf die diktatorischen Eigenschaften der Technik verwiesen. Diese unsystematisch angeführten Beispiele bezeugen: Es gab präzise Machtkritik in den letzten 50 Jahren. Sie stammte aber selten von der politischen Linken. Es sind Autoren, die man leichthin der Postmoderne und/oder dem Dekonstruktivismus zurechnet, welche zentrale Machteigenschaften des kapitalistischen Staates herausstellen und diese gerade *nicht* verschleiern. Die Affinität des Kapitals zum Totalitarismus wie auch institutionelle und technologische Gewalt sind Thema ihrer Analysen. Das »linke Etwas« dagegen zeichnet sich im Vergleich dagegen aus durch eine unkritische, affirmative Haltung gegenüber Kapital, institutioneller Gewalt und Technologie. Diese Haltung widerspiegelt sich mitunter auch in einer Wertschätzung gegenüber der chinesischen Variante des Kapitalismus und den darin eingelagerten totalitären Möglichkeiten, die gerade im Kampf gegen die »Pandemie« als positive Eigenschaften hervorgehoben worden sind.

FEHLENDE AUTONOMIE DES »LINKEN ETWAS«

In einer Gesellschaft ohne freie, autonome Subjekte, also ohne mündige Bürger, ist kritisches Denken im Sinne Kants unmöglich. Hinter Masken lässt sich kein maskenunabhängiger Gedanke fassen. Mit dem Bedecken des Mundes verschwindet der autonome Sprecher, das autonome Subjekt schlechthin. Und das nicht bloß symbolisch.

Die Unfähigkeit, mit der *liberté* umzugehen, zeigt sich in einem desorientierten Verhalten, sobald der Schutz und die Verhaltensverordnungen des Staates

---

100 Das Beispiel Günther Anders zeigt indes, dass es auch Figuren im linken Umfeld außerhalb der Postmoderne gab, die sich kritisch zu Technologie und technischem Fortschritt positionierten. Anders hatte einen gewissen Einfluss auf die Anti-Atom- und Anti-Kriegsbewegungen der 1970er-Jahre, seine machtkritischen Denkmuster prägten auch noch die Anfänge der Grünen – es bestanden Freiräume. Diese Denkmuster verschwanden dann aber schnell wieder aus dem linken Fokus, naturgemäß vollends, als Figuren wie Schröder und Fischer übernahmen.

fehlen. Das Korsett, das den aufrechten Gang ermöglicht, bricht weg und der Mensch sieht sich auf seine fehlende Autonomie zurückgeworfen. Hierarchische Abläufe hingegen befreien den Unfähigen (ist das die linke Freiheit?) von der Forderung, autonom, also frei sein zu müssen. Das Staatskorsett – finale Stütze und Lebenssinn – erspart ihm die Erkenntnis der Unzulänglichkeit oder gar Zerrissenheit.

Zu Beginn der »Pandemie« konnte oder wollte der Staat seine Rolle nicht gleich finden. Vielleicht begriffen die Politiker die Texte von Big Data und Big Pharma noch nicht oder sie spielten sie schlecht vor, sodass für einige Wochen die Wahrnehmung aufkommen konnte, die ordnende Instanz sei weggebrochen. Und in der Tat – ganz im Sinne der obigen Ausführungen – forderten linke Parteien nach wenigen Wochen ein besseres Krisenmanagement und einen noch direktiveren Staat, das heißt: Sie forderten ein noch stärkeres Korsett und damit eine noch weiter gehende Entmündigung der Menschen.[101]

Autonome Subjekte sind potenzielle Gefährder, die Hitler in Lager, Merkel und Söder in Quarantäne und Gates geimpft sehen wollen. Doch auch linke Politiker und Ideologen wollen Gefährder aus dem Verkehr ziehen. Ist das Wegsperren die einzige linke Antwort auf die Autonomie? Oder hält das »linke Etwas« noch anderes bereit? Welche Räume nimmt das Verstörende, Unange-passte im »linken Etwas« ein? Gibt es überhaupt einen Ort dafür? Oder geht linkes Denken stets von einem geglätteten Menschen aus, der sich konform verhält, angepasst, gehorsam? Der keine Träume hat, keine Utopien, keine autonome Lust, Unsicherheiten jeder Art scheut? Was bietet linke Theorie für die Ängste der Menschen außer Gegenängste, die nach Totalüberwachung, nach Lagern schreien lassen?

GEISTIGE ÖDNIS DES MATERIALISMUS

Dass linke Theorie bei der Frage nach der *liberté* versagt, ist nicht ihr alleiniges Versagen. Wenn persönliche Freiheit und Würde gestrichen werden und Linke behaupten, hierbei werde die Freiheit für das Kapital gestrichen und nicht die

---

101 Beispielhaft tritt diese Verwirrung in einem Interview auf, das Rainer Mausfeld, ein exzellenter Kritiker des Neoliberalismus, im Mai 2020 gegeben hat: Implizit mutiert hier das passive Erdulden zu einer emanzipato-rischen Leistung, vgl. »Der autoritäre Planet«, https://www.rubikon.news/artikel/der-autoritare-planet; vgl. auch meine Kritik: Vernunft und Empörung, https://www.rubikon.news/artikel/vernunft-und-emporung).

Freiheit der Rede und des Denkens, nicht die Freiheit anderer Entwürfe, nicht die Freiheit des Traums, so tritt hierbei allerdings die geistige Ödnis besonders frappant zutage. Welche Bedeutung hat schon ein Traum in einem materialistischen Korsett?

Für Idealisten hingegen stellt sich die Lage gänzlich anders dar: Der Traum ist der Aufbruch zum anderen. Er zielt immer gegen das Gegebene, also auch gegen die Macht. Er verleiht den Menschen überhaupt erst die Idee und die Kraft, autonom zu sein und beschwichtigenden Verlockungen des Systems zu trotzen. Freiheit und Träume sind subversiv. Und während Idealisten die Subversion immer wieder neu dachten, fristet das Subversive im »linken Etwas« ein kümmerliches Dasein.

Wollte man es bei Linken finden, muss man bei linken Idealisten, Querköpfen, Esoterikern, Technologie- und Zivilisationskritikern suchen. Bei Günther Anders (1902–1992) zum Beispiel. Ein Philosoph abseits des akademischen Betriebs. In den 1970ern hatten er und ähnliche Geister noch einen gewissen Einfluss auf linkes Denken, was sich in einer damals starken Anti-Atom- und Anti-Kriegsbewegung spiegelte. Diese Idealisten gibt es auch heute noch, aber als ausgelagerte. Denunziert als »Verschwörungstheoretiker«, »Antisemiten«, »Nazis« und dergleichen.

DAS PROBLEM MIT DER FREIHEIT

In realer linker Politik, in Legislative und Exekutive, fehlt – wie aufgezeigt – jegliche Machtkritik. Gewalt durch Staatsstrukturen wird nicht erkannt oder man beteiligt sich daran sogar aktiv und dient sich der Macht in Form von Kapital an. Das ist aus meiner Sicht die notwendige Folge der Ignoranz gegenüber der Freiheit und damit der ersten Forderung der französischen Revolution, ohne welche die beiden anderen – *fraternité* und *egalité* – in sich zusammenfallen. Die Macht-affine Linke hat ein fundamentales Problem mit Freiheit. Sie kann autonomen, emanzipierten Subjekten nicht begegnen. Mündigen Bürgern, um es mit Kant zu sagen. Die ganze Solidarität, auch das UNS und WIR, ausgerufen im Virentheater, ist nichts anderes als Erbärmlichkeit. Solidarität, so verstanden, ist der Kniefall vor der Macht.

Wenn Technologie- und Staatsgläubigkeit inklusive Ignoranz gegenüber Technologie- und Staatsgewalt sowie *fraternité* mit dem Kapital nicht auf

Opportunisten wie Blair, Schröder, Fischer oder heutige Modelle wie Ramelow und Konsorten abgeschoben werden kann, könnte man am Ende ja auf den alten Marx selbst zeigen. Marx widmet der Freiheitsthematik direkt zwar nicht allzu viele Seiten, doch lässt die berühmte Stelle aus dem Kapital an Deutlichkeit nichts zu wünschen übrig:

»Das Reich der Freiheit beginnt in der Tat erst da, wo das Arbeiten, das durch Not und äußere Zweckmäßigkeit bestimmt ist, aufhört; es liegt also der Natur der Sache nach jenseits der Sphäre der eigentlichen materiellen Produktion.«[102]

Freiheit wird nicht hergeleitet, Marx setzt sie voraus. Das ändert sich auch nicht, wenn er einschränkend sagt:

»Jenseits desselben (= Reich der Notwendigkeit, Anm. DS) beginnt die menschliche Kraftentwicklung, die sich als Selbstzweck gilt, das wahre Reich der Freiheit, das aber nur auf jenem Reich der Notwendigkeit als seiner Basis aufblühen kann.«[103]

Für Marx müssen materielle Bedingungen gegeben sein, damit Freiheit sich entfalten kann. Die Entfaltung als solche aber setzt er ontologisch voraus beziehungsweise von den Bedingungen ab. Im Umkehrschluss: Not und äußere Zweckmäßigkeit schränken Freiheit ein oder schalten sie auch gänzlich aus – doch ändert dies an der Bestimmung der Entfaltung selbst nichts. Ganz im Gegenteil: Die Freiheit, die aufblühen kann, schreibt den materiellen Bedingungen eine Richtung ein. Die Bedingungen sind daraufhin zu bewerten, inwiefern sie der Freiheit zur Entfaltung gereichen. Und das ist gänzlich kongruent mit einem Freiheitsbegriff, den Kritiker des Grundrechtsentzugs auf dem Rosa-Luxemburg-Platz im Frühjahr 2020 verwendet beziehungsweise impliziert haben und hat mit einem neoliberalen Freiheitsbegriff nichts zu tun. Im »linken Etwas«, wie es sich zeigt, sucht man vergeblich nach einer solchen voraus-gesetzten Freiheit.

ZERO COVID ALS BIOZID

Wer seine Unterschrift unter die Zero Covid-Initiative setzt, sehnt sich nach Reinemachen, Säuberung. Keine Viren, nüchtern betrachtet, bedeutet: Der

---

102 Karl Marx: Das Kapital. Kritik der politischen Ökonomie. Dritter Band, Berlin 1988, S. 828
103 Ebd.

Mensch ist fällig, denn der Mensch ist ein Virenwesen. Auch ein Coronaviren-
wesen. Indes, irgendwann ist die Bedrohung und also das Leben selbst nicht
mehr auszuhalten, alle seine Facetten, und so will man sie eben: die finale Lösung. Am besten aller Probleme. Selbstverständlich sind sich die meisten nicht
darüber im Klaren, was sie wahrhaft unterschreiben, wenn sie unterschreiben.
Und dann teilnehmen am Reinemachen. Von den Argumenten, welche die
Macht für die Subjekt-Rollen bereithält, ergreifen Linke die radikalsten. Allein
der Gedanke an etwas außerhalb Zero, der Gedanke, dass da noch was herum-
kröche, fleuchte und wuselte, nicht fassbar, nicht ortbar, lässt verängstigte Linke
verrückt werden, das Kapital vergessen und auf alles einschlagen. Bis es still ist.
Still und tot. Wer Zero Covid einfordert, fordert am Ende: Zero human. Zero
life. Dass die Forderung prominent aus linken Kreisen stammt, kann längst
nicht mehr erstaunen. Es ist die logische Verlängerung der Forderung nach
absolutem Schutz, nach Korsett.

EPILOG

Wir brauchen keinen Xi Jinping, um zu erklären, wie der totale Schutz über
uns gekommen ist. Man mag das chinesische Modell als Blaupause ansehen,
als Metapher auch. Und wer Planung mit Sozialismus gleichsetzt, mag dem
Corona-Totalitarismus das Adjektiv »sozialistisch« beigeben. Für den aufkei-
menden Faschismus samt Einreihung ins Gefüge unter ständiger Züchtigung
der Ausscherenden sind indes Mechanismen zuständig, die gänzlich hier im
Westen gewachsen sind. Die Linke spielt dabei insofern eine entscheidende
Rolle, als dass viele (ich zähle mich mit) sich über Jahrzehnte auf sie verlassen
oder in ihr zumindest ein machtkritisches Korrektiv gesehen haben. So gesehen
ist es am Ende nicht einmal die Linke, die der Macht zugearbeitet hat, wir selbst
taten dies, indem wir in diesem »linken Etwas« vielleicht etwas erkannt haben
wollen, was Projektion, was Chimäre war. Wenn die Zeit noch wäre, dann bleibt
nur eines: Vergessen wir eine Linke, die das Ende des Lebens fordert.

DER »NEUE NORMALE« KRIEG GEGEN DEN INLANDSTERROR

C. J. HOPKINS

Der »War on Terror« gegen »die Islamisten« ist ein planvoller Kulturkrieg im Nachgang zu 9/11. In modifizierter Form richtet er sich nun gegen die Gesellschaften des sogenannten freien Westens. Mit ihrem weltweit zunehmenden Einfluss begreifen die »Transnationale Kapitalistenklasse« und ihre dienstbaren Regierungen jede Kritik an ihrer totalen Herrschaft als Angriff auf ihre Macht. Die ihnen zuarbeitenden Geheimdienste, wie das Department of Homeland Security der USA, erfinden sogar neue Begriffe, mit denen sie jede Form des Widerstands als Inlandsterrorismus brandmarken. Sie zersetzen damit nicht nur den gesellschaftlichen Frieden, sie tun alles, die Kritiker zu stigmatisieren, zu kriminalisieren, gegebenenfalls später sogar zu internieren. C. J. Hopkins rechnet mit diesen Praktiken schonungslos ab, macht sich aber auch keinerlei Illusionen darüber, zu welchen Verbrechen die Akteure fähig sind.

Wenn Ihnen der »Globale Krieg gegen den Terror« gefallen hat, werden Sie den neuen Krieg gegen den Inlandsterror lieben! Er ähnelt dem ursprünglichen »Globalen Krieg gegen den Terror«, nur dieses Mal sind die »Terroristen« sämtlich

- »Domestic Violent Extremists« (DVEs, inländische gewalttätige Extremisten),
- »Homegrown Violent Extremists« (HVEs, einheimische gewalttätige Extremisten),
- »Violent Conspiracy-Theorist Extremists« (VCTEs, gewalttätige verschwörungstheoretische Extremisten),
- »Violent Reality Denialist Extremists« (VRDEs, gewalttätige realitätsverweigernde Extremisten),
- »Insurrectionary Micro-Aggressionist Extremists« (IMAEs, aufwieglerische mikro-aggressive Extremisten),

- »People Who Make Liberals Feel Uncomfortable« (PWMLFUs, Menschen, die Liberalen Unbehagen bereiten).

Und auch sonst gehört jeder dazu, den das US-Heimatschutzministerium (Department of Homeland Security, DHS) zum »Extremisten« abstempeln und dem es ein lächerliches Akronym verpassen will.

Dem vom DHS am 27. Januar 2021 herausgegebenen »National Terrorism Advisory System Bulletin«[104] zufolge sind die DCEs, HVEs, VCTEs, VRDEs, IMAEs und PWMLFUs »ideologisch motivierte gewalttätige Extremisten mit Abneigungen gegenüber der Ausübung staatlicher Autorität« und anderen »wahrgenommenen Missständen, die durch falsche Narrative befeuert werden«. Es wird angenommen, dass diese »durch eine Reihe von Themen motiviert sind, einschließlich der Wut über die Covid-19-Beschränkungen, das Wahlergebnis 2020, die Polizeigewalt« und andere gefährliche »falsche Narrative« wie die Existenz des »Tiefen Staates«, »die Herdenimmunität«, »biologisches Geschlecht«, »Gott« und so weiter.

»Inspiriert von ausländischen Terrorgruppen« und »ermutigt durch den Angriff auf das Kapitol« plant dieses teuflische Netzwerk »inländischer Terroristen (…) Angriffe auf Regierungseinrichtungen (…) droht mit Gewalt gegen kritische Informationsinfrastrukturen« und »verbreitet aktiv Falschinformationen und Verschwörungstheorien über Covid-19« [so weit das Bulletin U. M.].

Denn, wie allgemein bekannt, könnten diese Inlandsterroristen gerade jetzt in der »Wolfsschanze«, in Mar-a-Lago, zusammensitzen und einen verheerenden Terroranschlag mit jenen Massenvernichtungswaffen planen, die wir im Irak nie gefunden haben, oder bevölkerungsbereinigte Sterberate-Diagramme erstellen, die 20 Jahre zurückreichen,[105] oder Bilder von »extremistischen Fröschen«[106] ins Internet stellen.

Das Heimatschutzministerium ist »besorgt«, ebenso wie dessen Amtskollegen im gesamten globalen kapitalistischen Imperium. Der neue normale Krieg gegen den Inlandsterror ist nicht lediglich ein Krieg gegen den amerikanischen Staat. Die Bedrohung durch den inländischen Terror ist international. Frankreich hat gerade ein Sicherheitsgesetz verabschiedet, das den Bürgern – neben

104 https://abcnews.go.com/Politics/dhs-federal-alert-system-1st-time-year-warn/story?id=75517886
105 https://twitter.com/AlexBerenson/status/1355292315011731457
106 https://www.adl.org/education/references/hate-symbols/pepe-the-frog

anderen »Anti-Terror«-Bestimmungen – verbietet, die Polizei beim Verprügeln von Menschen zu filmen.

In Deutschland schickt sich die Regierung an, einen Anti-Terror-Graben um den Reichstag zu ziehen.[107] In den Niederlanden geht die Polizei gegen die VCTEs, VRDEs vor sowie gegen andere »Wutbürger, die das System hassen« und gegen die nächtlichen Ausgangssperren protestiert haben. Überall, wo man hinschaut, wachsen plötzlich globale Extremismus-Netzwerke[108] – zumindest laut Konzernmedien. Es ist an der Zeit für GloboCap [den Globalkapitalismus, U.M.], die Samthandschuhe wieder auszuziehen, die »Terroristen« aus ihren Verstecken herauszutreiben und ein neues offizielles Narrativ auszugeben.

Eigentlich ist daran nicht viel Neues. Einmal abgesehen von all den albernen neuen Akronymen ist der neue normale Krieg gegen den Inlandsterror im Grunde nur eine Kombination des »Kriegs gegen den Terror«-Narrativs und des »New Normal«-Narrativs, das heißt, eine Militarisierung des sogenannten New Normal und eine Pathologisierung des »Krieg gegen den Terror«. Warum sollte GloboCap das tun, fragen Sie?

Ich glaube, Sie wissen das schon, aber ich werde es Ihnen trotzdem sagen. Sehen Sie, das Problem mit dem ursprünglichen »Globalen Krieg gegen den Terror« war, dass er eigentlich gar nicht so global war. Im Grunde war es nur ein Krieg gegen den islamischen »Terrorismus« – das heißt, den Widerstand gegen den globalen Kapitalismus und seine Post-Ideologie. Das war so lange in Ordnung, solange GloboCap nur den Nahen und Mittleren Osten destabilisierte und umstrukturierte.

Dieser Krieg wurde im Jahr 2016 auf Eis gelegt,[109] damit GloboCap sich darauf konzentrieren konnte, den »Populismus«, das heißt den Widerstand gegen den globalen Kapitalismus und seine Post-Ideologie, zu bekämpfen. Ferner sollte an Donald Trump ein Exempel statuiert und jeder dämonisiert werden, der für ihn gestimmt oder sich geweigert hatte, an »ihren freien und fairen« Wahlen[110] teilzunehmen […].

Nun sind wir wieder beim »Krieg gegen den Terror«, nur mit einem ganz

107   https://www.dailymail.co.uk/news/article-7265397/A-32ft-wide-MOAT-set-built-Reichstag-protect-terrorists.html
108   https://intpolicydigest.org/global-right-wing-extremism-networks-are-growing-the-u-s-is-just-now-catching-up/
109   https://consentfactory.org/2019/01/10/the-war-on-populism/
110   https://time.com/5936036/secret-2020-election-campaign/

neuen Ensemble von »Terroristen« – oder, genau genommen, einer größeren Gruppe.[111]

Kurz gesagt, GloboCap hat den »Krieg gegen den Terror«, also den Krieg gegen den Widerstand des globalen Kapitalismus und seine Post-Ideologie erweitert, neu kontextualisiert und pathologisiert. [...] Ein global-hegemoniales System, wie der globale Kapitalismus, hat keine äußeren Feinde, da es kein Territorium »außerhalb« dieses Systems gibt. Seine einzigen Feinde befinden sich innerhalb des Systems und sind daher per Definition Aufständische – auch bezeichnet als »Terroristen« und »Extremisten«.

Selbstverständlich sind diese Begriffe [...] rein strategischer Natur und werden gegen jeden eingesetzt, der von GloboCaps offizieller Ideologie abweicht ... die, falls Sie sich wundern sollten, »Normalität« genannt wird –oder aktuell in unserem Fall »Neue Normalität«.

»Terroristen« und »Extremisten« wurden früher »Ketzer«, »Abtrünnige« und »Gotteslästerer« genannt. Heute werden sie auch als »Leugner« bezeichnet, zum Beispiel als »Wissenschaftsleugner«, »Covidleugner« und neuerdings, was noch beunruhigender ist, als »Realitätsleugner«. Dies ist ein wesentlicher Teil der Pathologisierung des »Krieg-gegen-den-Terror«-Narrativs: Die neue Terroristen-Brut, so die Erzählung der Herrschenden, hasst uns als Elite nicht nur für unsere Freiheit ... sie hasst uns, weil sie die »Realität« hasst. Sie ist nicht länger unser politischer oder ideologischer Gegner ... sie leidet an einer psychischen Störung. Weder muss man mit diesen Terroristen streiten, noch ihnen zuhören ... sie müssen »behandelt«, »umerzogen« und »deprogrammiert« werden, bis sie die »Realität« akzeptieren.

Wenn Sie glauben, ich übertreibe den totalitären Charakter des »New Normal/War on Terror«-Narrativs, dann lesen Sie – um mit unserer »Realitätskrise« umzugehen – den Kommentar in der *New York Times*,[112] der das Konzept eines »Realitätszaren« [gemeint ist das Orwell'sche Wahrheitsministerium, U. M.] untersucht.

Und das ist natürlich nur der Anfang. Der Konsens zumindest in Globo-Cap-Kreisen ist, dass der neue normale Krieg gegen den Inlandsterrorismus

---

111   In meiner vorherigen Kolumne habe ich eine Liste davon aufgezählt: https://consentfactory.org/2021/01/24/thats-all-folks/

112   https://www.nytimes.com/2021/02/02/technology/biden-reality-crisis-misinformation.html

wahrscheinlich die nächsten zehn bis 20 Jahre[113] weitergeht. Das gibt den glo-
balkapitalistischen, herrschenden Klassen mehr als genug Zeit, um den Great
Reset[114] durchzuführen. Was dann noch von der menschlichen Gesellschaft
übrig ist, wollen sie zerstören und die Öffentlichkeit so konditionieren, dass
sie sich daran gewöhnt, wie kriecherische, neo-feudale Bauern zu leben, die
zum Verlassen ihrer Häuser um Erlaubnis betteln müssen. Wir befinden uns
immer noch am Anfang der »Shock and Awe«[115]-Phase [Schock und Einschüch-
terung, U. M.], die sie vielleicht noch ein wenig abschwächen. Aber schauen Sie
sich nur an, wie viel sie bereits erreicht haben.

Der wirtschaftliche Schaden ist unermesslich: Millionen wurden in ver-
zweifelte Armut gestürzt, zahllose unabhängige Unternehmen vernichtet, ganze
Industrien lahmgelegt, Entwicklungsländer auf absehbare Zeit wirtschaftlich
gefügig gemacht. Währenddessen häuften Milliardäre mehr als eine Billion US-
Dollar an Vermögenswerten an[116] und supranationale Konzernriesen festigten
ihre Vorherrschaft auf dem ganzen Planeten.

Und das ist nur der wirtschaftliche Schaden. Der Angriff auf die Gesellschaft
ist sogar noch dramatischer. Innerhalb eines Jahres hat GloboCap die Mehrheit
der globalen Bevölkerung in eine riesige, paranoide totalitäre Sekte[117] verwandelt, die nicht einmal mehr zu rudimentärem Denken fähig ist. Darauf werde
ich hier nicht weiter eingehen … […]. Die Mehrheit steht tatsächlich Schlange,
die doppelt maskierten Mitglieder dieser covidianischen Sekte, um sich einen
experimentellen »Impfstoff« spritzen zu lassen. Von diesem glauben sie, er
würde die menschliche Spezies vor einem Virus retten. Bei etwa 95 Prozent
der »Infizierten« ruft das Virus leichte bis mittelschwere Symptome[118] hervor
und über 99 Prozent überleben die Infektion.

So ist es keine große Überraschung, dass die gleichen hirnlosen Sektierer
mit Begeisterung den »neuen normalen« Krieg gegen den inländischen Terror unterstützen ebenso wie […] die permanenten Zensurmaßnahmen des

113 https://www.washingtonpost.com/national-security/capitol-riot-domestic-terror-legislation/2021/02/04/
f43ec214-6733-11eb-8468-21bc48f07fe5_story.html
114 http://www.wrongkindofgreen.org/2020/10/14/klaus-schwab-and-his-great-fascist-reset-an-overview/
115 https://www.oxfordreference.com/view/10.1093/oi/authority.20110803100502693
116 https://www.forbes.com/sites/tommybeer/2021/01/26/report-american-billionaires-have-added-more-than-
1-trillion-in-wealth-during-pandemic/?sh=3da1ea3a2564
117 https://consentfactory.org/2020/10/13/the-covidian-cult/
118 https://swprs.org/covid19-facts/

Internets. Sie können es kaum erwarten, ihre »Freiheitspässe«[119] ausgestellt zu bekommen, die es ihnen erlauben, am »neuen normalen« Leben teilzunehmen: selbstverständlich doppelt maskiert und unter Einhaltung der sozialen Distanz. Währenddessen zeichnen die Geheimdienste des GloboCap und ihre Unternehmenspartner, Tochtergesellschaften und Beauftragten jede ihrer Bewegungen und Transaktionen auf. Dasselbe gilt für jedes Wort, das sie auf Facebook oder in einer E-Mail schreiben oder auf ihren Smartphones oder in der Nähe ihrer 5G-Toaster sagen. Diese Mehrheit hat überhaupt nichts zu befürchten, denn sie würde nicht im Traum daran denken, sich Befehlen zu widersetzen. Auch wäre sie nicht einmal in der Lage, einen originellen Gedanken zu fassen, geschweige denn einen, der GloboCap missfällt, wenn man sie mit einer gefälschten apokalyptischen Seuche bedroht.

Dem Rest von uns »Extremisten«, »inländischen Terroristen«, »Ketzern« und »Realitätsverweigerern«, das heißt allen, die den globalen Kapitalismus kritisieren oder seine offiziellen Narrative und seine immer totalitärere Ideologie infrage stellen, [...] würde ich gern etwas Hoffnungsvolles sagen. Aber Tatsache ist, die Dinge sehen nicht so gut aus: Ich schätze, ich werde Sie in einem Quarantänelager treffen, in der Psychiatrie oder einer Internierungsanstalt ... oder, ich weiß es nicht, vielleicht treffe ich Sie auf der Straße ...

Übersetzung mit leichten Kürzungen: Ullrich Mies. Veröffentlichung mit freundlicher Genehmigung durch den Autor. Dank auch an Max Stadler vom Rubikon-Team für die Kooperation.

Der Originalbeitrag erschien am 8. Februar 2021 unter dem Titel »The (New Normal) War on Domestic Terror: https://consentfactory.org/2021/02/08/ the-new-normal-war-on-domestic-terror/

---

119   https://www.nytimes.com/2021/02/04/travel/coronavirus-vaccine-passports.html

WARUM BEGEHREN DIE MENSCHEN NICHT AUF? – ANGST, SELBSTVERLEUGNUNG, UNTERWERFUNG

WALTER WEBER

Seit März 2020 verzichten die meisten Deutschen widerspruchslos auf ihre Grundrechte und befolgen unterwürfig staatlich-diktatorische Maßnahmen und AHA-Regeln. Wer diesen Prozess im Nachhinein analysiert, findet Gründe für dieses Verhalten in der durchgehend einheitlichen Propaganda von Regierung und Mainstream-Medien, aber auch in der menschlichen Psyche. Der Beitrag verfolgt beide Spuren, um die aktuelle Situation besser verstehen zu können. Wer jetzt immer noch wegschaut und die Basis für die bisherige Passivität – die eigenen Traumatisierungen – nicht angeht, wird zum Mittäter der aufziehenden Diktatur und möglicher dystopischer Entwicklungen.

PROPAGANDA STATT INFORMATION

Durch ausgefeilte Propagandatechniken ist es Politik und Medien gelungen, dass die meisten Menschen ihren Fehl- und Desinformationen auf dem Leim gehen. So wissen beispielsweise viele nicht, dass der PCR-Test nur »Schnipsel« des Virus misst und keine Infektionen sowie dass der PCR-Test vielfach falsch-positive Tests ergibt. Darum ist der PCR-Test, da er keine Infektionen anzeigt, medizinisch nichtssagend. Dennoch muss er als Begründung für die Lockdown-Maßnahmen herhalten. Er dient als Rechtfertigung dafür, dass die Gesellschaft gespalten, unsere Kinder tyrannisiert, die Wirtschaft ruiniert, ältere Menschen isoliert und viele Kollateralschäden hervorgerufen werden. Eine Regierung, die diese Zusammenhänge nicht sehen will oder absichtlich unterschlägt und derartige Schäden verursacht, ist unfähig oder sogar bösartig und muss sofort ersetzt werden. Kennt sie diese Zusammenhänge, so handelt sie kriminell und muss zur Verantwortung gezogen und vor ein ordentliches Gericht gestellt werden.

Zur Desinformation kommt hinzu, dass Menschen, die sich ausschließlich in Mainstream-Medien informieren, auf ein klassisches Framing hereingefallen sind, das zum Beispiel lautet: Die Querdenker gehen Hand in Hand mit den Rechten beziehungsweise mit den Nazis. Beim Framing, deutsch Rahmung, wird ein bestimmter Rahmen gesetzt, in dem wir denken sollen. Frauen können nicht einparken, ist so ein Rahmen, Männer wollen nur das Eine, ist ein anderer. Aktuell ist der propagierte Rahmen, dass an Querdenker-Demonstrationen vornehmlich Nazis und Neonazis teilnehmen. Und: Wer auf Querdenker-Demos spricht, kann ebenfalls nur ein Nazi sein. Tatsächlich bestehen die Teilnehmer von Querdenker-Demos fast ausschließlich aus friedlichen Menschen, die für ihre Grundrechte eintreten. Das klassische Nazi-Framing dient alleine dazu, politisch Andersdenkende zu diffamieren. Da sich der Durchschnittsbürger vermutlich gar nicht oder kaum mit Propaganda-Techniken befasst hat und diese daher nicht kennt, fällt er darauf herein, bevor er sich ein eigenes Bild macht.

Warum also sollten Menschen aufbegehren, die nicht korrekt informiert sind beziehungsweise die durch geschicktes Framing in Klischees oder Schubladendenken gelockt wurden? Ich schätze, dass circa 90 Prozent der Bevölkerung und 80 Prozent der Ärzte falsch informiert oder auf Desinformation hereingefallen sind und weiterhin hereinfallen. Wie komme ich auf diese Zahlen? Sie ergeben sich für mich aus dem Verhalten der Menschen, aus ihrer Bereitschaft, eine Gesichtsmaske zu tragen.

In seinem Buch »Warum schweigen die Lämmer?« schreibt Rainer Mausfeld[120] unter der Überschrift »Meinungsmanagement«, wie die Massenmedien uns durch Selektion, De- und Rekontextualisierung, das heißt »aus dem Zusammenhang reißen, in anderen Zusammenhang stellen«, manipulieren. Hinzu kommt das Empörungsmanagement, wie mit unliebsamen Meinungen umzugehen ist. Hier finden wir außer Nazis, Neo-Nazis und Rechtsextremisten dann Framings wie Verschwörungstheoretiker, Coronaleugner und Impfgegner. Der Begriff Coronaleugner ist eine Propagandaformel und soll an Holocaustleugner erinnern. Das diffamierendste Framing ist die Einordnung als »Antisemit«.

---

120   Rainer Mausfeld, Warum schweigen die Lämmer? Wie Elitendemokratie und Neoliberalismus unsere Gesellschaft und unsere Lebensgrundlagen zerstören, Frankfurt a. M. 2018

Ein solcher »Vorwurf« macht eine inhaltliche Auseinandersetzung absolut unmöglich. Und genau das beabsichtigen die Propagandisten. Etwas subtiler ist die Methode, die Zuhörer durch bestimmte Propagandatechniken in Trance zu versetzen, um ihre klare Urteilsfähigkeit zu verhindern. Nachzulesen in »Propaganda«, einem Lieblingsbuch von Joseph Goebbels, geschrieben von Edward Bernays[121] im Jahr 1928, einem Neffen von Siegmund Freud. Hier beschreibt Bernays die Technik des Dramatisierens und Wiederholens, eine Methode, die »unsere« Mainstream-Medien in der Causa Corona seit etwa einem Jahr nutzen: Egal, ob wir TV, Radio oder Printmedien konsumieren, wir begegnen immer dem gleichen Thema: Corona, Tote – »alles ist schrecklich, zum Verzweifeln«, wie es Christian Drosten von Anfang an im Podcast des *NDR* erzählte. Außerdem sehr aufschlussreich ist das Buch »Die Psychologie der Massen« von Gustave Le Bon.[122] Die Lektüre macht deutlich, wie massenpsychologische Prozesse funktionieren.

GEZIELTES SCHÜREN VON ÄNGSTEN

Der wichtigste Aspekt zum Verständnis der derzeitigen Situation ist sicherlich, dass die Medien heftig und permanent die Angst, die Todesangst, geschürt haben. Als Mediziner, insbesondere als Krebstherapeut, habe ich mich mit diesem Thema intensiv auseinandergesetzt: Ein Krebskranker ist durch die Diagnose plötzlich und massiv mit seiner eigenen Sterblichkeit konfrontiert. Vergleichbares geschieht heute mit der ganzen Bevölkerung. Nach Einschätzung des Psychologie-Professors Franz Ruppert erleben wir aktuell eine massive Traumatisierung beziehungsweise Retraumatisierung der Bevölkerung. Als dessen Folge setzt der Verstand weitgehend aus und die Traumatisierten sehen einfachste Zusammenhänge nicht mehr. Bereits vor einem Jahr fiel mir gemeinsam mit Ärztekolleginnen und -kollegen die völlige Diskrepanz zwischen der medialen Panikmache und den Kranken- und Todeszahlen auf. Im Rubikon-Interview legt der Psychologe und Traumatherapeut Professor Franz Ruppert[123] dar, dass die Corona-Krise von langer Hand geplant wurde und zu massiven psychischen Schäden führt. Bei meiner eigenen Recherche stieß ich

---

121   Edward Bernays, Propaganda. Die Kunst der Public Relations, 7. Auflage, o. O. 2016
122   Gustave Le Bon, Psychologie der Massen, 15. Aufl., Stuttgart 1982
123   https://www.youtube.com/watch?v=pCWW_L5D7Ls

im April 2020 auf das »Sieben-Schritte-Rezept für das Wecken von Interesse an und Nachfrage nach Influenza (oder jedem anderen) Impfstoff«. Es stammt aus dem Jahr 2009 von Glen Novak, dem stellvertretenden Direktor der PR-Abteilung der CDC (Centers for Disease Control and Prevention, eine Behörde des US-amerikanischen Gesundheitsministeriums[124]). Nachzulesen ist dies in dem Buch »Risk Communication and Infectious Diseases in an Age of Digital Media« von Anat Gesser-Edelsberg und Yaffa Shir-Raz.[125]

Interesse und Nachfrage wecken, klingt zunächst für einen PR-Berater normal. Das Dokument hat es aber in sich:

- Schritt 1: Ein Schurke betritt die Bühne, das Killervirus.
- Schritt 2: Nationale Experten, in Deutschland Christian Drosten und Lothar H. Wieler, äußern sich mit Besorgnis und düsteren Vorhersagen.
- Schritt 3: Wissenschaftsjournalisten namhafter Zeitungen greifen das Thema auf und verbreiten Angst und Schrecken.
- Schritt 4: Bilder von Tod und Leid unterstützen diese »Botschaft«, siehe beispielsweise Bergamo.
- Schritt 5 und 6: Dramatisieren und wiederholen.
- Schritt 7: Das Auftreten des weißen Ritters (the white knight): die Impfung.

Nach Novak ist es erforderlich, »Besorgnis, Beunruhigung und Angst zu erzeugen«. Er spricht von »Einschüchterungstaktiken«. Ich habe selten so einen perfiden Plan gelesen. Auch kann ich nicht behaupten, dieser Plan würde aktuell weltweit exakt nach Novaks Schema umgesetzt. Die Ähnlichkeit ist allerdings verblüffend. Daher ist es auch nicht verwunderlich, wenn ein geleaktes Papier aufzeigt, dass das deutsche und das österreichische Innenministerium mit genau dieser Angst arbeiten, nämlich der Todesangst vor dem Ersticken. Die Ministerien fordern dazu auf, die Menschen einzuschüchtern mit der Angst, jeder, der sich nicht an die (Hygiene-)Regeln hält, könnte andere Menschen tödlich anstecken: »Willst Du vielleicht, dass Deine Großeltern qualvoll ersticken?«

Mit dieser Angst und Einschüchterungstechnik ist es tatsächlich gelungen, mehr als 90 Prozent der Menschen zum Einhalten der Regeln zu bewegen:

---

124 https://www.cdc.gov
125 Anat Gesser-Edelsberg und Yaffa Shir-Raz, Risk Communication and Infectious Diseases in an Age of Digital Media, London 2016, S. 88

Social Distancing (Abstand halten, auch sozial), Maske tragen. Bereits im April 2020 schrieben die Mitglieder des Deutschen Netzwerks »Evidenzbasierte Medizin«, alle nicht-pharmazeutischen Maßnahmen (NPI = non pharmaceutical interventions) wären ohne Nutzen bei der Virus-Ausbreitung. Eine Maßnahme ist dann evidenzbasiert, wenn ihre Wirkung durch Beurteilung zahlreicher renommierter Wissenschaftler bestätigt wurde. Sogar die WHO schrieb, dass sämtliche randomisierte Studien, also der höchsten wissenschaftlichen Stufe, keinen Effekt der Gesichtsmasken ergaben. Das ist immer noch Stand der Wissenschaft. Um das zu »kippen«, müssten neue randomisierte Studien durchgeführt werden. Selbst wenn die Ethikkommission[126] gleich im April 2020 einer solchen Studie zugestimmt hätte, wäre mit einem Ergebnis nicht vor Juni 2021 zu rechnen. Stattdessen hören wir seit März 2020 die Meinungen von »Experten« und die Ergebnisse angreifbarer, nicht randomisierter Studien. Als ich im Mai 2020 beim wissenschaftlichen Dienst des Deutschen Bundestages nachfragte, was die wissenschaftliche Grundlage des Maskentragens sei, bekam ich ein Heftchen vom Robert Koch-Institut. Darin stand, es gäbe »Hinweise« für die Wirksamkeit. Als Arzt und Wissenschaftler fühlte ich mich veralbert und betrogen.

Auf der Basis der bisher dargelegten Aspekte steht für mich fest: Einer der Hauptgründe, warum die Menschen diesen wissenschaftlich nicht abgesicherten und rechtlich kaum begründbaren »Quatsch« mitmachen, ist also die Angst. Angst vor den angeblich tödlichen Gefahren eines Virus, Angst vor den drohenden Strafen bei Nicht-Befolgung, Angst, ausgegrenzt zu werden, Angst vor Existenzverlust, Angst, Angst, Angst.

Diese Angst wird permanent aufrechterhalten mit immer neuen, verwirrenden Maßnahmen, immer neuen Botschaften und einer grotesken Willkür. Die Ärzte, die ihrem Gewissen folgen und Menschen Maskenatteste ausstellen, die durch die Gesichtsmasken Symptome bekommen, werden eingeschüchtert, mit Strafen und Berufsverboten bedroht. Und viele, viel zu viele lassen sich einschüchtern. Wer möchte schon gern eine Hausdurchsuchung erleben, in der Presse negativ erwähnt, (»die Staatsanwaltschaft ermittelt gegen …«), mit Schimpfworten belegt werden – wie »der berüchtigte Arzt aus Hamburg« – oder Morddrohungen erhalten? Und alles nur, weil angeblich ein unrichtiges

---

126   https://wirtschaftslexikon.gabler.de/definition/ethikkommission-53499/version-276584

Gesundheitszeugnis ausgestellt wurde. Diese Behandlung erinnert an die Verfolgung von Terroristen, Massenmördern und Kinderschändern!

UNTERSCHIEDLICHE RECHTSAUFFASSUNGEN

Das Landgericht Hannover stellte zum Ansinnen der Staatsanwaltschaft auf eine solche Hausdurchsuchung mit seinem Urteil zum 2. Februar 2021 fest: »Darüber hinaus könnte eine Durchsuchung in der konkreten Fall-Konstellation zu weitreichenden Folgen für den Betroffenen und zahlreiche völlig unbeteiligte Personen führen. So hat das Amtsgericht Hannover zu Recht darauf hingewiesen, dass bei einer entsprechenden Durchsuchung eine Vielzahl von Patientinnen und Patienten und deren Daten aus dem höchstpersönlichen Lebensbereich betroffen sein können. Etwaige irreparable Folgen für den Betroffenen durch eine möglicherweise besonders negative Presseberichterstattung und eine damit einhergehende Stigmatisierung nebst möglichen beruflichen Folgen dürfen mit Blick auf die hier konkret vorgeworfene Straftat nicht außer Betracht bleiben.« Und außerdem: »Die Durchsuchung muss in einem angemessenen Verhältnis … zur Stärke des Tatverdachts stehen.« Aus diesen Gründen wurde die Beschwerde der Staatsanwaltschaft Hannover gegen den Beschluss des Amtsgerichts Hannover »als unbegründet verworfen«. Zum Abschluss schreibt das Landgericht Hannover: »Gegen diesen Beschluss findet keine weitere Beschwerde statt.«[127]

Dieses Urteil hat eine Richterin an einem Hamburger Amtsgericht jedoch nicht davon abgehalten, einen Beschluss zur Durchsuchung der Wohn- und Nebenräume, der Geschäfts-, Büro- und sonstigen Betriebsräume wegen des Verdachts des Ausstellens unrichtiger Gesundheitszeugnisse anzuordnen. Was das Landgericht in Hannover als völlig unverhältnismäßig beurteilte, das geschieht in Hamburg. Deutsche Rechtsprechung! Warum machen die Menschen, in diesem Fall auch die Richter, das alles mit?

OBRIGKEITSHÖRIGKEIT

Einen weiteren Aspekt zum Verständnis menschlichen Verhaltens liefert die Tiefenpsychologie. Sigmund Freud unterschied beim Menschen das Es, das

---

127 Landgericht Hannover, Beschluss vom 2. Februar 2021 – Az.: 171 Gs 12/21

Ich und das Über-Ich. Mit dem Es meinte er das Unbewusste, das Menschen großteils steuert, ohne dass sie sich dessen bewusst sind. Das Ich bezeichnet die Persönlichkeit des Menschen und mit dem Über-Ich meint Freud eine idealisierte Ebene. Diese enthält all die Normen und Vorstellungen, die der Mensch von außen übernommen hat. Zu Beginn unseres Lebens nehmen unsere Eltern diese Ebene ein und sagen uns, was sie für richtig oder falsch halten. Da sie aber ebenfalls einem gesellschaftlichen Normierungsprozess unterliegen, sagen sie uns nicht, *ich* mache es so oder so, sondern *man* macht es so oder so. Die Eltern sind sozusagen so lange unser externes Gewissen, solange wir noch kein eigenes Gewissen ausgebildet haben.

Zu einer gelungenen Reifung zum Erwachsenen gehört die Auseinandersetzung zwischen Es, Ich und Über-Ich, sodass sich unser eigenes Gewissen bilden kann. Dann wissen wir selbst, was für uns richtig oder falsch ist und tragen das Gewissen in uns. Wem dieser Entwicklungsprozess nicht gelingt, der überträgt die Normen des Über-Ichs auf Vorgesetzte, Autoritäten oder auch auf den Staat. Diesem gehorcht er dann, hört auf das, was »von oben« kommt, »er tut seine Pflicht«. Hier liegt der Ursprung für die Obrigkeitshörigkeit, den vorauseilenden Gehorsam, den Kadavergehorsam und dieser sichert letztlich die Funktionsfähigkeit von Diktaturen. Jemand, der sein Ich entwickelt hat, der sich entwickelt hat, der sein eigenes Gewissen aus dem anfänglichen Über-Ich entwickelt hat, wird nicht alles mitmachen, was »von oben« kommt, sondern sich seine eigene Meinung bilden und eigenständig handeln.

Hinzu kommt, dass sich die meisten Menschen nicht vorstellen können, dass sich dieses Über-Ich gegen sie wenden könnte. Kinder idealisieren ihre Eltern auch dann noch, wenn sie sich grausam verhalten haben – manchmal behalten sie die Idealisierung sogar als Erwachsene bei. Besonders gravierend und eindrücklich ist dieses Verhalten bei Missbrauchsopfern: In vielen Fällen lieben sie den Missbraucher oder suchen seine Liebe, der sie gerade im Innersten verletzt hat. Das kann zu schweren dissoziativen Wahrnehmungen bis hin zur Schizophrenie führen.

Psychologen und Ärzte sprechen hier von einer Identifikation mit dem Aggressor: Durch die Identifikation minimieren wir die Angst vor dem Angreifer. Ähnliches geschieht, wenn jemand die Normen des Über-Ichs mehr oder weniger auf den Staat übertragen hat: »Der Staat meint es gut mit uns, er sorgt für uns«, so denken viele, aktuell scheinen es die meisten zu sein. Dass der Staat beziehungsweise die Regierung es auch gar nicht gut mit uns meinen könnte, ist für viele unvorstellbar.

Noch schlimmer kann es sein, wenn die Repräsentanten des Staates korrupt, kriminell und sogar bösartig sind: Wir müssen diese Vorstellung innerlich abwehren, weil wir sie gar nicht ertragen könnten. Erschreckend ist auch, dass der »Mittelbau« unserer Gesellschaft, also Beamte, Ordnungsämter, Gesundheitsämter, Polizei, Schulleiter und so weiter, genau das umsetzen, was »von oben« kommt und dann »ihre Pflicht tun«. Warum kommen sie nicht auf die Idee, dass hier unrechtmäßige »Befehle« erteilt werden, gegen die Widerstand angesagt ist. Haben sie noch nie etwas von Remonstration gehört?

Doch die Willkür wird »durchgezogen«: »Unsere« Repräsentanten haben ein System entwickelt, mit dem sie bei etwa 50 medizinisch nichtssagenden positiven PCR-Ergebnissen (entspricht statistisch 15 Erkältungskranken) pro 100.000 Einwohner das Grundgesetz aushebeln, uns unsere Freiheitsrechte und sonstigen Rechte rauben, eine unausgegorene gefährliche Impfung aufdrücken, einen staatlich angeordneten selbstschädigenden Maskenzwang aufzwingen und nachweislich unwirksame Lockdowns verordnen. Die Zerstörung unserer Wirtschaft und insbesondere des wirtschaftlichen Mittelstandes nehmen sie dabei billigend in Kauf oder betreiben diese sogar absichtlich.

Warum folgt kein Aufschrei aus Entsetzen und Wut? Keine entsprechenden Taten? Wer hindert die Täter an weiterer sinnloser Zerstörung? Stattdessen stimmen mehr als 50 Prozent der Bevölkerung den Maßnahmen auch noch zu, weil sie glauben, das alles geschähe zu ihrem Besten. Stattdessen werden diejenigen verfolgt, die auf die Missstände hinweisen, sie werden ausgegrenzt und kriminalisiert. Zum Teil lässt sich das Mehrheitsverhalten auch als Stockholm-Syndrom deuten. Es beschreibt das psychologische Phänomen, bei dem das Opfer während einer Geiselnahme oder sonstiger Gewalteinwirkung Sympathien gegenüber dem Täter entwickelt. Und daher ist es auch kein Wunder, dass die deutsche Bevölkerung bei Befragungen auch noch für jene votiert, die am härtesten »durchgreifen«, wie Merkel und Söder. Merkel gibt zu, dass die Maßnahmen politisch motiviert sind und nicht wissenschaftlich begründbar. Und sie hat die höchsten Zustimmungswerte!

Das bedeutet: Ein Großteil der Bevölkerung stimmt für seine größte Peinigerin. Sie setzt durch, dass die Wirtschaft ruiniert, die Kinder traumatisiert und gequält werden, die Alten in Isolation sterben und sich die Menschen gegenseitig »an die Gurgel« gehen. Zum Glück gibt es dennoch Menschen, die ihren klaren Verstand behalten haben, die genau dieses schmutzige Spiel durchschauen, die diese bösartige Clique nicht davonkommen lassen, vor Gericht und später hinter Gittern sehen wollen.

DER KONFORMITÄTSDRUCK

Konformität oder Konformismus beschreibt die Tendenz, eigene Wahrnehmungen, Meinungen oder Verhaltensweisen an die der Gesellschaft oder einer Bezugsgruppe anzupassen. »Das machen doch alle so«, »wenn das alle so machen, kann das doch nicht falsch sein« – das sind die Standardbemerkungen. Die Gründe für die Konformität sind vielfältig: Bedürfnis nach Zugehörigkeit, negatives Auffallen vermeiden. So kann Opportunismus entstehen. Wer verhaltensunsicher ist, benutzt die Gruppe als Informationsquelle. Konformes Verhalten missachtet die eigenen Bedürfnisse und macht auch sozialen Wandel unmöglich. Wirkliche Veränderungen sowohl gesellschaftlich (Mahatma Gandhi) wie wissenschaftlich (Siegmund Freud, Albert Einstein) gingen fast immer von Einzelnen aus. Der Konformitätsdruck ist aufgrund der Angst und Panik erzeugenden Maßnahmen der Regierungen und der gleichgeschalteten Medien aktuell sehr hoch. Herrscht auch in diesen Segmenten Konformitätsdruck? Wer riskiert, »nicht dazuzugehören«, riskiert auch leicht seine wirtschaftliche Existenz und den Ausschluss aus dem Freundes- und Familienkreis. Die Politik deutet bereits an, dass nur Geimpfte ihre Grundrechte zurückbekommen: ins Theater gehen, einkaufen zu können und so weiter. Was für eine Drohung! Viele sagen schon, ich lasse mich impfen, damit wieder Normalität entsteht. Was für ein Irrtum!

»Wer sich in der Demokratie nicht wehrt, wird in der Diktatur aufwachen.« Martin Luther King sagte: »Fürchte dich nie, niemals davor, das zu tun, was richtig ist! Speziell dann, wenn das Wohl eines Menschen oder eines Tieres auf dem Spiel steht! Die Strafe der Gesellschaft ist nichts verglichen mit den Wunden, die wir unserer Seele zufügen, wenn wir wegschauen!«

DIE PROFITEURE DER SOGENANNTEN CORONA-KRISE

»Die Profiteure der Angst«, diesen Film strahlte *ARTE* 2009 nach der Schweinegrippe und der missglückten Impfkampagne aus. Auch heute finden wir viele

Profiteure: Gesichtsmaskenverkäufer, Anbieter von PCR-Tests, die Pharma-Konzerne, das Online-Geschäft, Ärzte und Krankenhäuser, die »Corona-Patienten« behandeln und dafür Prämien kassieren, Politiker, die das »Machtspiel« ausnutzen und so weiter. Die Liste der Profiteure lässt sich beliebig fortsetzen. Alle diese Menschen müssen sich vor ihrem Gewissen verantworten und vielleicht später vor einem ordentlichen Gericht.

DIE PSYCHOLOGISCHEN FOLGEN DER EVOLUTION

Schauen wir noch tiefer in die Psychologie, in die entwicklungsgeschichtliche, die Evolutionspsychologie, dann wird deutlich, dass Gehorsamkeit für die Menschen viele Jahrtausende überlebenswichtig war. Unsere Ur-Ahnen waren vermutlich die brutalsten Männer und unterwürfigsten Frauen, vermutet Alexandra Kleeberg. Die Gehorsamen haben sich an fürchterliche politische Situationen angepasst und unter diesen Bedingungen ihre Familien gegründet. Sophie Scholl, Rosa Luxemburg, Jeanne d'Arc hatten keine Kinder – ihre Fortpflanzung geschah rein geistig – über ihre Ideen.

Gehorsamkeit und Anpassung bis zur Verleugnung der eigenen Identität sind seit vielen Generationen, vielleicht sogar schon seit Jahrtausenden, tief ins kollektive Unbewusste eingraviert und bestimmen unser Denken, Fühlen und Verhalten. Wer diese Angst-Gehorsam-Strukturen überwinden will, muss sich nicht nur der historischen Traumata der Gesellschaft bewusst sein, sondern auch darüber, dass sie in der Gegenwart weiterhin wirksam sind und ihre eigene innere Psychodynamik entfalten.[128]

Maßgeblich waren Psychologen daran beteiligt, die Obrigkeitsgläubigkeit der Menschen auszunutzen und sie zur Unterwerfung zu konditionieren. Dass die Gefangenen in Guantanamo Masken tragen, gehört zu den Techniken der »Weißen Folter«.[129] Ihr Ziel ist es, die Psyche des Opfers anzugreifen. Die Verpflichtung zum Maskentragen im Rahmen der »Corona-Krise« ist nichts anderes als »Weiße Folter« gegen die breite Bevölkerung.

Auf Seite der Herrschaftscliquen stehen diejenigen, die diese Mechanismen gnadenlos und brutal gegen die eigene Bevölkerung einsetzen. In regelmäßigen

---

128 Dipl. Psych. Alexandra Kleeberg: persönliche Mitteilung 2/2021
129 https://de.wikipedia.org/wiki/Weiße_Folter

Abständen wird ein neues, verwirrendes und angstmachendes Signal gesetzt: Maskenzwang, Lockdown, Virus-Mutationen, zweite und dritte Welle. Durch perfide Angst- und Panikmache vor dem »Killervirus« entziehen diese Cliquen den Menschen die Grundrechte und geben sie ihnen vielleicht häppchenweise gegen Wohlverhalten zurück, beispielsweise durch Akzeptanz der Impfung. Diese Strategie wird nicht bei allen Menschen aufgehen. Das Grundgesetz ist kein Gnadenrecht, sondern ein Grundrecht! Wir werden uns unsere Rechte zurückholen!

AUSWEGE

Zu den wesentlichen Gründen für die Tatsache, dass so viele in der aktuellen »Corona-Situation« als Mitläufer »mitmachen«, gehören das Informationsdefizit beziehungsweise der ungeübte Umgang mit Propaganda, die verschiedenen Formen der Angst, Obrigkeitshörigkeit und Gehorsam, der Konformitätsdruck und die Möglichkeiten, aus der Situation Profit zu schlagen. Andersherum machen jene Menschen nicht mit, die auf all dies nicht »anspringen«, die gut informiert sind, sich nicht von Propaganda irritieren lassen, keine Angst haben, dem Konformitätsdruck standhalten und auf Profite verzichten. Diese Gruppe wird auch den sozialen, politischen und wissenschaftlichen Wandel herbeiführen!

Wie kommen wir nun aus dieser Situation heraus? Bilden wir uns unser eigenes Urteil und informieren wir uns aus verschiedenen Quellen. Vor allen Dingen: Vernetzen wir uns mit Gleichgesinnten! Mit fünf Ärztekollegen haben wir uns im April 2020 vernetzt und uns als »Ärzte für Aufklärung« in die Öffentlichkeit begeben, ein Video veröffentlicht und eine Webseite etabliert.[130] Inzwischen sind wir weltweit bekannt und viele vergleichbare Gruppen sind – auch mit unserer Hilfe – entstanden: Ärzte für Aufklärung in Spanien, Ungarn und Oberitalien, Juristen für Aufklärung, Pfleger für Aufklärung, Polizisten für Aufklärung und so weiter. Alle diese Gruppen sind miteinander verbunden und arbeiten daran, dass die Menschen besser informiert werden, ihre Angst nachlässt und die Gemeinschaft wieder wächst. Jede Gruppe trägt ihren Teil dazu bei, dass die Menschen wieder Vertrauen zu sich selbst finden, den Drang nach Freiheit spüren und gegen Unrecht, Willkür und Diktatur aufstehen!

---

130 www.aerztefueraufklaerung.de

GLOBALER TIEFER STAAT

DIE DIKTATUR DES
»GLOBALEN TIEFEN STAATES«

ULLRICH MIES

»Die unmöglichsten Geschichten sind immer noch die Glaubhaftesten«[131]

Anthony Quinn als Gangster »Philippe Bang« im Film »Der Bluff«

Der älteste Sohn von Königin Elisabeth II, Prinz Charles, bezeichnete die Co-rona-»Pandemie« als »Golden Opportunity«.[132] Damit gehört er zum Umfeld der »Globalisten«, die das Zeitfenster der Corona-Krise dazu instrumentalisieren, die Demokratie abzuschaffen und die von ihnen angestrebte totalitär-dystopische Neue Weltordnung umzusetzen. Wann sie ihr Ziel erreicht haben und ob sie ihr Ziel überhaupt erreichen werden, steht noch nicht fest. Aber sie drücken gewaltig auf's Tempo und eskalieren ihr diktatorisches Terrorregime im Tagesrhythmus. Vor allem steht fest: Bevor sie die »alte Ordnung« nicht vollständig zum Einsturz gebracht und die Völker ihrer »Neuen Normalität« unterworfen haben, ist ihre Vision nicht vollendet. Bis dahin werden sie versuchen, die Menschen in der Angststarre inszenierter Infektionsregime oder anderer Katastrophen zu halten.

---

131   Zitat aus dem Film »Bluff« mit Anthony Quinn und Adriano Celentano aus dem Jahre 1976: https://www.youtube.com/watch?v=tM6EsKKuAdk; der Unterschied zu heute ist allein, dass die Trickbetrüger aktuell im Weltmaßstab operieren. Die heutigen Trickbetrüger werfen zahllose »Viren-Mutanten« ins schmutzige Polit-Schauspiel, um die Welt-Öffentlichkeit in Angststarre und Ausnahmezustand zu halten und die Demokratie final zu entsorgen. Zahlreiche internationale Medizin-Experten, unter ihnen Wolfgang Wodarg (neuestes Buch: »Falsche Pandemien«. Argumente gegen die Herrschaft der Angst, Neuenkirchen 2021), sprechen von einem »Menschheitsverbrechen«. Hunderte Wissenschaftler und Medizin-Experten wurden planvoll »nicht gehört«, siehe hierzu umfänglich: https://www.nichtohneuns.de/virus/. Ich begreife den Polit- und Medienkomplex seit Februar/März 2020 als nunmehr offen zu Tage getretene organisierte Kriminalität im Weltmaßstab. Den Massen fehlt jede Phantasie und Kreativität, so verkommen zu denken, wie die nunmehr strukturell kriminellen »Eliten« handeln. Darum begreife ich die Corona-»Pandemie« nicht nur als gigantische psychologische Operation, sondern auch als eine neue hyperkreative, wenngleich perverse »höhere Kunstform«, ist sie ein Meisterstück.

132   https://www.weforum.org/focus/the-great-reset; Philip Inman, Pandemic is chance to reset global economy, says Prince Charles, guardian, 03.06.2020: https://www.theguardian.com/uk-news/2020/jun/03/pandemic-is-chance-to-reset-global-economy-says-prince-charles

VERTRAUENSVERLUST

Das jährlich erhobene weltweite Trust-Barometer (Vertrauensbarometer) der Firma Edelman – eine der großen Public Relations Agenturen – vom Januar 2021 liefert Rekordwerte des generellen Vertrauensverlustes aller maßgeblichen Institutionen, Regierungen, Medien,[133] Unternehmen und Nichtregierungsorganisationen (NGOs). Wie alle PR- und Propaganda-Agenturen lebt auch Edelmann von Regierungs- und Firmenaufträgen.

Edelmann untersuchte insgesamt 28 Länder. In den westlichen Industrieländern hatte die wachsende Ungleichheit zwischen Arm und Reich einen enormen Einfluss darauf, ob die breite Bevölkerung noch ihren Institutionen traute. Das Vertrauensbarometer des Jahres 2021[134] gelangt zu folgenden verheerenden Werten und Bewertungen:

»Angesichts der wachsenden Vertrauenslücke und des weltweiten Vertrauensverlusts suchen die Menschen nach Führung und Lösungen. Öffentliche Redner lehnen sie ab, weil sie diese nicht für glaubwürdig halten. Tatsächlich wird keiner der von uns untersuchten gesellschaftlichen Führungsgruppen – Regierungschefs, CEOs, Journalisten und sogar religiösen Führern – zugetraut, das Richtige zu tun, während die Vertrauenswerte für alle sinken.«[135]

Edelmanns Ergebnis für die untersuchten 28 Länder: Nur noch 41 Prozent der Befragten vertrauen ihren Regierungen, 42 Prozent den religiösen Führern, 45 Prozent den Journalisten und 48 Prozent den CEOs großer Unternehmen.[136] 57 Prozent sind davon überzeugt, dass Regierungsführer und 56 Prozent dass Wirtschaftsführer absichtlich versuchen, die Menschen in die Irre zu führen, indem sie Dinge sagen, von denen sie wissen, dass sie falsch oder grobe Übertreibungen sind.[137]

---

133 Siehe: Caitlin Johnstone, The Mass Media Will Never Regain The Public's Trust, 26. 04. 2021: https://caitlinjohnstone.com/2021/04/26/the-mass-media-will-never-regain-the-publics-trust/: »In diesem Jahr ist das Vertrauen in die Nachrichtenmedien der Vereinigten Staaten zum ersten Mal unter die Fünfzig-Prozent-Marke gesunken und setzt damit einen seit Jahren anhaltenden Trend des Rückgangs fort.« Siehe auch: https://www.axios.com/newsletters/axios-capital-e6e0a43a-b627-4f04-bf59-f8037a1e384a.html

134 https://www.edelman.com/trust/2021-trust-barometer; Online survey in 28 countries* 33,000+ respondents 2021. Edelman Trust Barometer fieldwork conducted from October 19 to November 18, 2020

135 Ebd.

136 https://www.edelman.com/sites/g/files/aatuss191/files/2021-03/2021%20Edelman%20Trust%20Barometer.pdf; S. 19

137 Ebd., S. 21

REISSLEINE GEZOGEN

Zum Ende des Jahres 2019 war den Regierungen klar, dass sie sich gegen den zunehmenden Vertrauensverlust etwas einfallen lassen mussten, und so »ereignete« sich seit März 2020 weltweit das, was die Menschheit als Corona-Krise zu gewärtigen hat.

Milliardäre, Konzern-CEOs, Regierungen, Geheimdienste und Militärs hatten 2019 beschlossen, die Reißleine zu ziehen, weil das bisherige kapitalistische Akkumulations- und das mit ihm verbundene exzessive Globalisierungsmodell der letzten etwa 50 Jahre an seine Grenzen gekommen war. Wegen seiner globalen, naturzerstörenden Auswirkungen auf den Planeten[138] konnte es so nicht fortgeführt werden.

Nach mehreren Probeläufen – der Vogelgrippe im Jahr 2006, der Schweinegrippe im Jahr 2009 – haben die »Globalisten« und deren Pandemie-Industrie die Corona-Pandemie *ausgerufen*, um aus dem bisherigen Kapitalismusmodell auszusteigen und ein nicht minder ehrgeiziges Projekt zu verfolgen, nämlich die Weltbevölkerung zu verringern.[139] Die große Sorge um die »Gesundheit der Völker« ist der größte Schwindel in der Menschheitsgeschichte. Denn das Welt-Macht-Kartell hatte sich in den vergangenen Jahrzehnten nie um diese geschert. Zu keinem Zeitpunkt gab es weltweit koordinierte Anstrengungen zur Bekämpfung von Herz-Kreislauf-Erkrankungen, Diabetes, Adipositas, Krebs und Depressionen – den wichtigsten Bevölkerungskillern pandemischen

---

138   Siehe hierzu umfassend: Millennium Ecosystem Assessment: https://www.millenniumassessment.org/en/index.html;

139   Planungen hierzu liegen weit zurück, siehe hierzu Matthew Ehrets Beiträge: How the Unthinkable Became Thinkable: Eric Lander, Julian Huxley and the Awakening of Sleeping Monsters, vom 24.05.2021: https://www.strategic-culture.org/news/2021/05/24/how-the-unthinkable-became-thinkable-eric-lander-julian-huxley-and-the-awakening-of-sleeping-monsters/. Der zweite Teil folgte unter dem Titel: Eugenics, The Fourth Industrial Revolution and the Clash of Two Systems, vom 28.05.2021: https://www.strategic-culture.org/news/2021/05/28/eugenics-the-fourth-industrial-revolution-and-the-clash-of-two-systems/. Der dritte Teil erschien unter dem Titel: From Russell and Hilbert to Wiener and Harari: The Disturbing Origins of Cybernetics and Transhumanism, vom 31.05.2021: https://www.strategic-culture.org/news/2021/05/31/from-russell-and-hilbert-to-wiener-and-harari-the-disturbing-origins-of-cybernetics-and-transhumanism/; konkrete Planungen hierzu finden sich auch in: National Security Study Memorandum, NSSM 200, Implications of Worldwide Population Growth For U.S. Security and Overseas Interests. (THE KISSINGER REPORT), December 10, 1974. CLASSIFIED BY Harry C. Blaney, III, SUBJECT TO GENERAL DECLASSIFICATION SCHEDULE OF EXECUTIVE ORDER 11652 AUTOMATICALLY DOWNGRADED AT TWO YEAR INTERVALS AND DECLASSIFIED ON DECEMBER 31,1980.: https://pdf.usaid.gov/pdf_docs/PCAAB500.pdf

Ausmaßes. Die Erklärung für dieses »Versagen« ist einfach, weil die internationalen Großkonzerne an den Krankmachern via Fastfood, Zuckergetränken, Additiven, Fleischkonsum, GMO-Food, industrialisierter Landwirtschaft etc. verdienen und die Politik korruptiv in diese Strukturen verstrickt ist.[140]

Die dramatischen Folgen des exzessiven Globalisierungs- und westlichen Konsum-Modells sowie einer stetig wachsenden Weltbevölkerung werden deutlich, wenn man sich die Entwicklungen allein seit 1970 vergegenwärtigt: Seitdem gingen die Populationen an Säugetieren, Vögeln, Fischen, Amphibien und Reptilien weltweit um durchschnittlich 68 Prozent zurück. In Regionen unterteilt: in Europa um 24 Prozent, in Nordamerika um 33, im Asien-Pazifik-raum um 45, in Afrika um 65 und im südamerikanisch-karibischen Raum um 94 Prozent.[141] Dieser Rückgang der Artenvielfalt steht in direktem Zusammenhang zur Zerstörung der Habitate. Der Grund dafür ist die Übernutzung des Planeten durch menschliche Aktivitäten.

»Dieser Bericht erinnert uns daran, dass wir den Planeten auf unsere eigene Gefahr hin zerstören – obwohl er unser Zuhause ist. Da sich der Fußabdruck der Menschheit in einst wilde Gebiete ausdehnt, zerstören wir die Populationen der Arten. Aber wir verschärfen auch den Klimawandel und erhöhen das Risiko von Zoonosekrankheiten wie Covid-19. Wir können die Menschheit nicht vor den Auswirkungen der Umweltzerstörung schützen. Es ist an der Zeit, unsere gestörte Beziehung zur Natur wiederherzustellen, zum Nutzen der Arten und der Menschen gleichermaßen.«[142]

Folglich stellt sich die zentrale Frage: Was haben die Regierungen konkret getan, um diesen verheerenden Entwicklungen entgegenzuwirken beziehungsweise sie zu stoppen? Die Antwort kann nur lauten: Wenig bis gar nichts. Ganz im Gegenteil hatten sich die Regierungen in den Dienst des exzessiven kapitalistischen Globalisierungsmodells gestellt und dieses forciert. Daher haben sie die aktuellen Zustände maßgeblich mitzuverantworten. Während sie im Rahmen der Corona-Krise Billionen an Dollar und Euro in Staatsschulden verwandelten, waren sie nicht einmal fähig, einige Milliarden bereitzustellen,

---

140   F. William Engdahl, Saat der Zerstörung. Die dunkle Seite der Gen-Manipulation, 4. Auflage, Rottenburg 2015
141   Living Planet Report 2020: https://livingplanet.panda.org/en-us/
142   Ebd.

um beispielsweise eine Flotte an Spezialschiffen bauen zu lassen, die die Ozeane von ihrer Plastikschmutzfracht befreien könnten.

Die Verlogenheit geht aber grenzenlos weiter. Nun werden die 17 Millennium-Ziele der UN-Agenda 2030[143] dazu instrumentalisiert, die totalitaristisch-transhumanistische Agenda des World Economic Forum und seiner Täter als »Vierte Industrielle Revolution« unter dem Etikett des »Green New Deal« ins Werk zu setzen. Im offiziellen Dokument der UN »Die 2030 AGENDA FOR SUSTAINABLE DEVELOPMENT: TRANSFORMING OUR WORLD« vom September 2015 kommt der Begriff »stakeholder« oder »multi-stakeholder« 22-mal, das Adjektiv »demokratisch« verschämt einmal vor. Für die »Globalisten« ist die Demokratie längst Geschichte. Die »stakeholder« – die großen Interessengruppen – die unter Ausschluss der Öffentlichkeit und demokratischer Prozesse darüber bestimmen wollen, wie die Welt in Zukunft aussehen soll, sollen an ihre Stelle treten.

Aber auch die WHO, die bei der Umsetzung der »New World Order« eine wichtige Rolle spielt, geht immer weiter. Die Demokratie ist in deren Konzepten längst Geschichte. In ihren Publikationen spricht sie ausschließlich von »Governance«.[144] Am 12. Juli 2021 hat die WHO auf ihrer Website Empfehlungen zur genetischen Manipulation des Menschen als »Förderung der öffentlichen Gesundheit« getarnt.[145]

TREIBER DER NEUEN WELTORDNUNG

Ein gigantisches Machtkartell schickt sich an, die Welt unter dem Stichwort »*The Great Reset*« zu zerlegen und eine »*Neue Weltordnung*« aus den Trümmern der alten Ordnung entstehen zu lassen.[146] Der »*Globale Tiefe Staat*« ist der Treiber der »*Neuen Weltordnung*«. Er setzt sich zusammen aus Big Money, also den Reichen und Superreichen, Oligarchen und Plutokraten sowie den

---

143   https://sdgs.un.org/publications/transforming-our-world-2030-agenda-sustainable-development-17981
144   Human Genome Editing: A Framework for Governance: https://www.who.int/publications/i/item/9789240030060
145   WHO issues new recommendations on human genome editing for the advancement of public health: https://www.who.int/news/item/12-07-2021-who-issues-new-recommendations-on-human-genome-editing-for-the-advancement-of-public-health
146   https://usawatchdog.com/vax-wars-are-global-gerald-celente/

Kapitalsammelstellen wie BlackRock & Co.,[147] Big Corporations, unter anderen Big Data und Big Pharma, dem Militär-Industrie-Sicherheitskomplex, den Geheimdiensten, nach außen und innen eingesetzten Geheimarmeen,[148] den PR/Propaganda-Agenturen und Medienkonglomeraten[149] sowie »*Deep & Corrupt Governments*«.[150] Nicht zu vergessen die von den USA gesteuerten Institutionen wie FED, IWF, Weltbank, die transatlantischen Netzwerke und Think Tanks, das World Economic Forum mit seinem Koordinator Klaus Schwab *und* mit im Boot, die europäischen – wie Zbigniew Brzeziński sie nannte – »tributpflichtigen Vasallen«.[151]

Als maßgebliche Kennzeichen des (American) »*Deep State*« hat Mike Lofgren außer seiner langfristigen Orientierung herausgearbeitet,[152] dass

- er nach seinem »eigenen Kompass« operiert, unabhängig davon, wer formell die Macht inne hat,
- er weder wählbar noch abwählbar ist und

---

147 Zur Finanzpower der Kapitalsammelstellen 1. Ordnung je über 1 Billion $ und 2. Ordnung je knapp unter 1 Billion $ siehe: Peter Phillips, The Giants. The Global Power Elite, New York 2018; siehe hierzu auch den Beitrag von Ernst Wolff in diesem Band. Betrachtet man allein die Kapitalsammelstellen 1. und 2. Ordnung – etwa 60 an der Zahl – so dürfte deren Finanzpower im Jahre 2020/2021 die 100 Billionen US-Dollar-Marke bei weitem überschritten haben. Die gigantische Power, Unterwanderungs- und Korruptionskraft dieser Giganten, die ganze Staaten aufkaufen können, ist ein wesentlicher Hinweis auf den verheerenden Zustand der westlichen Politik im Allgemeinen. Folge ist ein aufziehender Totalitarismus im Weltmaßstab und ein unglaublicher intellektueller und ethisch-moralischer Verfall weiter Teile der herrschenden politischen Klasse und ihrer medialen Hilfstruppen.

148 Siehe hierzu: William M. Arkin, Exclusive: Inside the Military's Secret Undercover Army, *Newsweek* 17. 05. 2021: https://www.newsweek.com/exclusive-inside-militarys-secret-undercover-army-1591881. »Die größte Undercover-Truppe, die die Welt je gekannt hat, ist die, die das Pentagon im letzten Jahrzehnt geschaffen hat. Etwa 60.000 Menschen gehören jetzt zu dieser Geheimarmee, viele arbeiten hinter verdeckten Identitäten und im Verborgenen, sämtlich Teil eines breit angelegten Programms namens ›Signatur-Reduzierung‹. Die Truppe, die mehr als zehnmal so groß ist wie die klandestine Elemente der CIA, führt inländische und ausländische Aufträge aus, sowohl in Militäruniformen als auch unter ziviler Tarnung, im wirklichen Leben und online, manchmal versteckt in privaten Unternehmen und Beratungsfirmen, von denen einige bekannte Namen haben. Die beispiellose Verlagerung hat dazu geführt, dass eine immer größere Anzahl von Soldaten, Zivilisten und Auftragnehmern unter falschen Identitäten arbeitet, teilweise als natürliche Folge des Wachstums der geheimen Spezialeinheiten, aber auch als bewusste Reaktion auf die Herausforderungen des Reisens und Operierens in einer zunehmend transparenten Welt. Die Explosion der Cyber-Kriegsführung des Pentagons hat außerdem zu Tausenden von Spionen geführt, die ihre tägliche Arbeit unter verschiedenen erfundenen Identitäten verrichten …«

149 Siehe: Ullrich Mies (Hg.), Mega-Manipulation, a. a. O., S. 73–86

150 Siehe hierzu: Michel Chossudovsky, Video: Covid-19 Criminality: https://www.globalresearch.ca/video-covid-19-criminality/5747186

151 Zbigniew Brzezinski, Die einzige Weltmacht. Amerikas Strategie der Vorherrschaft, 4. Auflage, Frankfurt am Main 2001, S. 21, 26f, 30, 33, 41, 66, 92, 270

152 Mike Lofgren, The Deep State. The Fall of the Constitution and the Rise of a Shadow Government, New York 2016

- Teile von ihm sichtbar, andere unsichtbar sind, beziehungsweise sich seine Aktionen unter Ausschluss der Öffentlichkeit vollziehen.

Konnte man vor der Corona-Krise noch der Illusion erliegen, zwischen »*Deep State*« und offizieller Regierungspolitik unterscheiden zu können, übernahm der »*Tiefe Staat*« als handelnder Akteur zu Beginn der Corona-Krise nun als »*Globaler Tiefer Staat*« die Herrschaft im Weltmaßstab und schloss weltweit die Regierungen als offensichtliche Subakteure ein. Innerhalb des »*Globalen Tiefen Staates*« mutierte die Politik damit zu einer transnationalen Verbrechensform.

PSYOP – PSYCHOLOGISCHE OPERATION

Corona ist eine gigantische Fake-Operation, ein Ausstiegs-, Umstiegs- und Disruptionsszenario, weil die »*Globalisten*« erkannten, dass sie mit ihrem alten Kapitalismusmodell den Planeten vor die Wand fahren würden. In Deutschland ist die Stiftung Corona-Ausschuss dieser Operation auf der Spur und hat nach Anhörung von weit mehr als 100 Expertinnen und Experten die Corona-Operation als Hoax identifiziert. Zahlreiche Milliarden-Klagen sind in den USA und Kanada anhängig. In der 60. Ausschuss-Sitzung[153] berichtet David Martin, dass 120 Patente im Zusammenhang mit Corona, die ein »neues« Corona-Virus unterstellen, bereits 2002 bis 2019 angemeldet wurden.

Tatsächlich handelt es sich bei der Corona-»Pandemie« um eine transnationale, Psyop-Mindcontrol-Counterinsurgency-Operation gegen die Völker – einen Dressurakt für Menschen, beispiellos in der Geschichte der Menschheit. Zahlreiche »Panikpapiere«, die ans Licht der Öffentlichkeit gelangten, beweisen dies.[154] Auch wollen die »*Globalisten*« jede Rückkehr zur »alten Normalität« vollständig verbauen. Nach den bisher erreichten »Ergebnissen« der beabsichtigten Wirtschafts- und Gesellschaftszerstörung ist das ohnehin nicht mehr möglich. Sie missbrauchen das Infektionsregime als neues Herrschaftsmittel, um Krieg

153   https://corona-ausschuss.de
154   US-Panik-Papier aufgetaucht, 2020 News, 04.12.2020: https://2020news.de/terrorkommunikation-us-panik-papier-aufgetaucht/; »Das riecht nach Totalitarismus«: Forscher räumen »Einsatz von Angst« bei Corona-Krise ein, rt, 19.05.2021: https://de.rt.com/europa/117665-riecht-nach-totalitarismus-britische-wissenschaftler/; Das interne Strategiepapier des Innenministeriums zur Corona-Pandemie, abgeordnetenwatch, 07.04.2020: Das interne Strategiepapier des Innenministeriums zur Corona-Pandemie: https://www.abgeordnetenwatch.de/blog/informationsfreiheit/das-interne-strategiepapier-des-innenministeriums-zur-corona-pandemie?

gegen die Völker zu führen. Und sie werden ihr Infektions-Regime mit korrupten Politikern, Wissenschaftlern, PR-Agenturen, Herrschaftsmedien und Propaganda-Söldnern solange füttern und mästen, wie sie es zur Umsetzung ihrer totalitären Neuen Weltordnung benötigen.

Auffallend ist, dass dieselben oder nahezu dieselben Akteure, die Russland als neuen Feind des Westens aufbauten, nunmehr in Sachen Corona-Krise die Öffentlichkeit mit ihrer Propaganda überziehen. Darum sind die Herrschaftsmedien Kombattanten[155] des »Globalen Tiefen Staates« und eines Krieges, der sich auf zwei Ebenen vollzieht:

- der geopolitischen Ebene inklusive der Vorbereitung des »ganz großen Krieges« gegen Russland und/oder China einschließlich von Stellvertreterkriegen, der Produktion von Chaos, Failed States, »Bunten Revolutionen« etc. und

- als asymmetrischer Krieg gegen die Zivilgesellschaften der Welt mit dem Ziel der Disruption. Das heißt, es geht um einen nicht-erklärten Krieg des »Global Deep State« gegen die Zivilgesellschaften. Die Corona-Krise dient hier lediglich als Blaupause für künftige Operationen.

NEOLIBERALE KONTERREVOLUTION

Dem finalen »Putsch von oben« – dem Todesstoß der westlichen Demokratien in Gestalt der Corona-Krise – ging eine etwa 40-jährige schleichende neoliberale Konterrevolution[156] in Politik, Medien, Kultur und Bildungswesen voraus, die der Corona-Diktatur den Weg bereitete.[157]

Die Privatisierung des Staatsvermögens ist die maßgebliche Triebkraft der neoliberalen Konterrevolutionäre in Großwirtschaft, Regierungen und (korrupten) Parteiapparaten. Diese »Vermögensübertragung« geschah zwar in legalisierter Form, doch es handelte beziehungsweise handelt sich um organisierte Raub- und Plünderungsfeldzüge, die zum Teil mit hoher krimineller Energie

---

155 Zum Gesamtkomplex der medialen Gehirnwäsche siehe: Ullrich Mies (Hg.), Mega-Manipulation. Ideologische Konditionierung in der Fassadendemokratie, Frankfurt 2020

156 Ullrich Mies, Neoliberaler Faschismus. Hinter der liberalen Fassade lauert die Diktatur: 14. Juli 2018: https://www.rubikon.news/artikel/neoliberaler-faschismus

157 Siehe hierzu Jochen Krautz, Neoliberale Bildungsreformen als Herrschaftsinstrument, in: Ullrich Mies, Jens Wernicke (Hg.) Fassadendemokratie und Tiefer Staat. Auf dem Weg in ein autoritäres Zeitalter, 6. Aufl. Wien 2017, S. 79–96

vorangetrieben wurden.[158] Die Privatisierungen sind – zumindest in Deutschland – zu weiten Teilen abgeschlossen. Das Staatsvermögen wurde größtenteils der international operierenden Finanzindustrie in den Rachen geworfen, der Fluss öffentlicher Gelder über Public-Private-Partnership-Modelle in den Privatsektor kanalisiert.[159] Doch der Prozess der Kapitalkonzentration und Privatisierung lief/läuft EU- und weltweit. Die Etablierung Konzern-Europas ist die wohl wichtigste Funktion der Europäischen Union und ihrer Bürokratie. Die Zerstörung des solidarischen Gemeinwohlgedankens und die Transformation des Staates hin zur Administrationsinstanz von Konzerninteressen sind der ideologische Kern des Neoliberalismus. Die EU bietet hierzu ein exzellentes Anschauungsobjekt.[160]

Die neoliberale Konterrevolution schuf zudem die grundlegenden ideologischen Voraussetzungen für die aktuelle Gesundheitsdiktatur im Rahmen des Corona-Regimes. Aber auch die Effekte dieser Konterrevolution auf das Bewusstsein des Individuums sind von höchster Bedeutung, um das kollektive Verhalten der heutigen Massengesellschaft zu verstehen. Insoweit war die Konterrevolution vor allem auch eine Kulturrevolution,[161] die alle Formen des Egoismus, des Geizes (»Geiz ist geil«), der Niedertracht, der Vorteilnahme, des exzessiven Konkurrenz- und Konsumverhaltens bis hin zu politischer Verdummung und weitgehender Entpolitisierung beinhaltet.

In der Entwicklung des europäischen Kapitalismus nach dem Zweiten Weltkrieg lassen sich vier Phasen unterscheiden:

Die erste Phase des »Rheinischen Kapitalismus« war eine Zeit gewissen Ausgleichs zwischen Arbeit und Kapital. In dieser Phase hatte die Arbeitnehmerschaft am Produktivitätsfortschritt teilgenommen, war gewerkschaftlich gut organisiert, erzielte dadurch höhere Löhne bei steigendem Lebensstandard und die parteien-basierte parlamentarische Demokratie funktionierte leidlich.

Kennzeichnend für die neoliberale Phase ab etwa dem Ende der 1970er-Jahre ist die Schwächung beziehungsweise die schleichende Eliminierung des gemeinwohlorientierten Staates, die Verminderung der Spitzensteuersätze

---

158 Werner Rügemer, Privatisierung in Deutschland. Eine Bilanz, Zweite Auflage 2005
159 Ebd.
160 Siehe Hannes Hofbauer, Europa. Ein Nachruf, Wien 2020, S. 111ff
161 Bernd Hamm, Russel Smandych (Hg.), Kulturimperialismus. Aufsätze zur politischen Ökonomie kultureller Herrschaft, Berlin 2011

für Reiche und Superreiche, Privatisierungen des Staatsvermögens durch die Regierungen und das weitere Auseinanderklaffen des Wohlstands. Reagonomics[162] in den USA und Thatcherism[163] im Vereinigten Königreich zu Beginn der 1980er-Jahre waren maßgebliche Treiber für diese Politik. In Deutschland leitete die Regierung Kohl 1984 die neoliberale Phase ein und etablierte das »Unterschichten-Fernsehen« aus privater Hand für alle.[164] Nach der Wende 1989 ging es dann Schlag auf Schlag weiter und die Treuhand realisierte mit Vertretern von McKinsey, Berger, KPMG und PriceWaterhouseCooper die Privatisierung der gesamten DDR-Volkswirtschaft. Dann folgten in den 1990er- und 2000er-Jahren im schnellen Takt die Privatisierung der Telekom, der Post, der Postbank, der Nebenbetriebe der Bundesautobahnen, um nur einige zu nennen. Cross-Border-Leasing und PPP-Modelle, die Privatisierung öffentlich-rechtlicher Banken, von Wasserbetrieben, Elektrizitäts-, Gas- und Wohnungsunternehmen komplettierten die hoch-korruptiven Raub- und Plünderungsorgien.[165] EU-Europa diente vor allem dazu, die politischen und ökonomischen Entscheidungskompetenzen von der nationalstaatlichen Ebene »nach Brüssel« zu verlagern, um sich sodann von dort die erwünschten »Befehle« erteilen zu lassen, die unter Einhaltung demokratischer Prinzipien national niemals hätten durchgesetzt werden können. Die Aufhebung des Trennbankensystems,[166] 1999 in den USA beschlossen, boomende Finanzspekulationen und der Kollaps der demokratischen Kultur fallen sämtlich in diese Phase. Das Zusammenwachsen der etablierten Parteien unter dem Dach einheitlicher wirtschaftspolitischer – und NATO-vermittelt – auch außen- und sicherheitspolitischer Konzepte kennzeichnen diese zweite Phase. Durch die neoliberale Gleichschaltung der Parteien kollabierte das Grundprinzip der parlamentarischen Demokratie: die Konkurrenz der Parteien aufgrund unterschiedlicher Wirtschafts- und Gesellschaftskonzepte.

In der marktradikalen Phase ab etwa 2007/2008 erfolgte die Radikalisierung der neoliberalen Epoche. So übernahmen nationalstaatliche Regierungen die durch Spekulation entstandenen Bankschulden. Statt das Finanzcasino inklusive

---

162 https://de.wikipedia.org/wiki/Reaganomics
163 https://de.wikipedia.org/wiki/Thatcherismus
164 Werner Rügemer, a. a. O., S. 28ff
165 Ebd.
166 Siehe hierzu den Beitrag von Ernst Wolff in diesem Band.

seiner kriminellen Machenschaften im Wege geordneter Insolvenzverfahren abzuwickeln, übertrugen die politischen Hasardeure die Spekulationsschulden auf die Steuerzahler: »Too big to fail« lautete die Rechtfertigung. In der Folge wuchs die Ungleichheit zwischen Arm und Reich. Während der marktradikalen Phase verkam die parlamentarische Demokratie vollends zur Farce, die Reste der gemeinwohlorientierten Wirtschaft, der Gemeinwohlgedanke als leitendes Prinzip der Politik geriet vollkommen unter die Räder. Die herrschenden Parteiencliquen in Regierungen und Parlamenten werden nun sichtbare Erfüllungsgehilfen der Finanz- und Konzernindustrie und gleiten als »Partner« des *Globalen Tiefen Staates«* immer tiefer in die immunitätsgeschützten Sümpfe organisierter politischer Kriminalität ab.

Aktuell befinden wir uns in der vierten Wandlungsphase des Kapitalismus. Diese ist darauf ausgerichtet, den Klein- und Mittelstand auf breiter Ebene zu liquidieren, um die verwertbaren Reste in monopolkapitalistischen Strukturen wie Amazon, Big Data, Big Tech etc. aufgehen zu lassen. Die Corona-Krise dient als Zeitfenster des Übergangs – »window of opportunity« – in einen demokratiefreien, diktatorischen, das heißt einen Stakeholder-Kapitalismus[167] bzw. Hyper-Kapitalismus der neofeudalen Phase auf der Basis eines neuen Profitregimes,[168] der Beseitigung der bürgerlichen Freiheiten und der Abschaffung des »öffentlichen Raumes« als Versammlungsort freier Bürger. Das aufziehende Regime ist eine Mischform aus Oligarchenherrschaft, Kleptokratie, Diktatur, der Herrschaft der Technokraten, realpolitischer Machiavellisten, politischer Opportunisten, Psychopathen sowie transatlantischer Militärs und Welteroberungsideologen. Ihr Ziel ist die totale Zerstörung sämtlicher »alter Strukturen«, des Nationalstaats, der Ökonomie, der Familie, aller Traditionen, des Humanismus, der Künste und des gedeihlichen Zusammenlebens menschlicher Gemeinschaften. Diese neue Herrschaftsform schließt auch Injektionsregime – als Impfungen getarnt – zu dem Zweck ein, die Weltbevölkerung entweder massiv

---

167 Matthew Ehret, Financial Blowout Ahead: Lobotomized Economists Clash on the Deck of the Titanic. Under the new world order of »stakeholder capitalism« citizens will learn to own nothing and be happy, StrategicCulture, June 13, 2021: https://www.strategic-culture.org/news/2021/06/13/financial-blowout-ahead-lobotomized-economists-clash-on-deck-of-titanic/

168 Hannes Hofbauer, Andrea Komlosy, Neues Akkumulationsmodell: Verhalten und Körper im Visier des Kapitals, in: Hannes Hofbauer, Stefan Kraft (Hg.), Lockdown 2020. Wie ein Virus dazu benutzt wird, die Gesellschaft zu verändern, Wien 2020, S. 79–90

zu reduzieren[169] und/oder unter ein Regime der Totalkontrolle zu pressen. Weite Teile der Linken erhoffen sich von dieser neuen Herrschaftsarchitektur, von der »Global Governance«, dem Welt-Zentralstaat entweder neue Karrierechancen oder zumindest ein Grundeinkommen.

Seit Beginn der neoliberalen Phase war kritischen Beobachtern klar, dass das Ende der Demokratie eingeläutet wurde. Die Aushöhlung des gemeinwohlorientierten Staates und die spätestens seit der Corona-Krise offensichtliche Übernahme des Staates durch Finanzindustrie und Konzernherrschaft waren mit Demokratie niemals vereinbar. Die zahllosen Kritiker des Neoliberalismus haben Recht behalten: Neoliberalismus war und ist mit Demokratie nicht vereinbar! Die *logische Vollendung* der Herrschaft im Neoliberalismus ist der autoritäre oder totalitäre Super-Zentralstaat, wobei die Politik unter Aufgabe jedweder demokratischen Restfunktion zum integralen Player des »Global Deep State« mutierte.

Der italienische Philosoph Giorgio Agamben stellte dazu bereits im Jahr 2004 fest: »Das Parlament ist nicht mehr das souveräne Organ, dem die ausschließliche Gewalt zukommt, den Bürgern Gesetze aufzuerlegen: Es beschränkt sich darauf, von der Exekutive erlassene Verordnungen zu ratifizieren. Technisch gesehen ist die Republik nicht mehr parlamentarisch, sondern gouvernemental.«[170]

Zwar läuft die Erosion politischer und bürgerlicher Rechte, die Zentralisierung der Macht, die Militarisierung der Polizei und die Gleichschaltung der Medien seit Jahrzehnten. Doch gab die Corona-Krise diesem Prozess einen enormen Schub.

---

169 Jon Rappoport, COVID vaccines: designed for depopulation?, 15. 06. 2021: https://blog.nomorefakenews. com/2021/06/15/covid-vaccines-designed-for-depopulation/
170 Giorgio Agamben, Ausnahmezustand, Frankfurt 2004, S. 26

DIE ZIELE DES »GLOBALEN TIEFEN STAATES« UNTER US-FÜHRUNG[171]

Die wesentlichen Steuerungsinstanzen geopolitischer Machtkonsolidierung beziehungsweise Machterweiterung, der fortgesetzten Lockdowns, des großen Transformationsprozesses, aber auch die Großprofiteure des Big-Pharma-Digital-Sicherheits-Überwachungs- und Militär-Komplexes[172] liegen in den USA, wobei die EU-Staaten als *Vasallen und Komplizen,* als Subakteure dieses Prozesses handeln.

Folgende Ziele des *»Globalen Tiefen Staates«* unter US-Führung lassen sich identifizieren:

Die maximale Sicherung und Erweiterung der geopolitischen Ordnung – »Full-Spectrum-Dominance«[173] – unter Einsatz aller militärischen, geheimdienstlichen, destruktiven, wirtschaftlichen, sozial-zerstörerischen Kräfte.

Die Durchsetzung von Maßnahmen zur Bevölkerungskontrolle; der schleichende ökonomische Zerfall ganzer Gesellschaften durch Lockdowns/Arbeitslosigkeit/Verelendung/Hunger/Zerstörungen von Lieferketten;[174] Impfungen zur Verminderung der Reproduktionsrate;[175] Robert F. Kennedy spricht von Massenmord;[176] gezielte Immunsuppression durch Maskenterror, Hausarreste, Vernichtung ökonomischer Existenzen, Polizeiterror, Gehirnwäsche sowie die Zerrüttung des Gemeinschaftslebens aller Art.

Die gezielte Zersetzung nicht nur der erklärten Feinde, sondern auch aller »befreundeten« Länder mithilfe offizieller Diplomatie und durch US-Behörden wie USAID, CIA, National Endowment for Democracy (NED) etc., vor allem

---

171 Siehe hierzu Jochen Bittner, die Eroberung Europas durch die USA. Zur Krise in der Ukraine. 5. Auflage, Frankfurt 2016; Daniele Ganser, Imperium USA. Die skrupellose Weltmacht, Zürich 2020; Mike Lofgren, The Deep State, a. a.O; Peter Dale Scott, The American Deep State. Wall Street, Big Oil and the Attack on U.S. Democracy, London 2015; Wolfgang Effenberger, Schwarzbuch EU & NATO. Warum die Welt keinen Frieden findet. Höhr–Grenzhausen 2020; Armin Werts, Die Weltbeherrscher. Militärische und geheimdienstliche Operationen in der USA, Frankfurt 2016

172 https://www.nato.int/nato_static_fl2014/assets/pdf/pdf_2019_02/20190208_1902-factsheet-nato-eu-en.pdf

173 F. William Engdahl, Full Spectrum Dominance. Totalitarian Democracy in The New World Order, Wiesbaden 2009

174 Politik und Virologen bellen den falschen Baum an – Corona geringste Todesursache: https://tkp.at/2020/10/08/politik-und-virologen-bellen-den-falschen-baum-an-corona-geringste-todesursache/

175 Ingrid Schneider, Von den Ratten zu den Frauen, taz, 31. 01. 1992: https://taz.de/!1684809/

176 Robert F. Kennedy Jr. warnt, dass Fauci und Gates einen Massenvölkermord gegen die Menschheit begehen«, uncutnews.ch: https://uncutnews.ch/robert-f-kennedy-jr-warnt-dass-fauci-und-gates-einen-massenvoelkermord-gegen-die-menschheit-begehen/; https://www.naturalnews.com/2021-06-16-robert-kennedy-warns-fauci-gates-mass-genocide.html#

auch mithilfe transatlantischer Netzwerke wie dem Council on Foreign Relations, Geheimdiensten und medialen Kooperationspartnern sowie zahllosen
weiteren »Hilfsorganisationen«.[177] Von großer Bedeutung sind ebenfalls die
europäischen und deutschen Einfluss-Agenten in den politischen Parteien.
Willy Wimmer schreibt hierzu: »Für Deutschland wurde bereits nach der Wie-
dervereinigung klar gemacht, wie hoch die Zahl der offiziell in Deutschland
tätigen amerikanischen Agenten vereinbarungsgemäß sein würde. Den Gedanken an die übliche Reziprozität kann man getrost vergessen. Das gilt auch für
die berühmten transatlantischen Netzwerke, deren Aufgabe darin zu bestehen
scheint, unter allen Umständen dafür zu sorgen, die politischen und medialen
Institutionen Deutschlands so auf amerikanische Linie zu bringen, damit das
Knirschen in den Beziehungen nicht allzu lange anhält.«[178]

Die gezielte Zersetzung der europäischen Bevölkerungen als US-Teile-und-
Herrsche-Programm via Masseneinwanderung und Völkerwanderung[179] führt
insbesondere in den Großstädten zu von der Mehrheit weitgehend isolierten,
kulturell desintegrierten Clustern. Es geht um Geo-Strategie, nicht um Huma-
nität: maßgeblich triggern die »Globalisten« hier sogenannte pull- und push-
Effekte (betrachtet aus US/EU-Sicht). Pull: Die Zerstörung weiterer Länder
im Rahmen von NATO-Kriegsoperationen erhöht den Flüchtlings- und Im-
migrationsdruck. Ferner bewirken Anwerbemaßnahmen Hochqualifizierter
einen enormen Brain Drain, da Fachkräfte in Hochlohnländer migrieren. Push:
Angewidert von Herrschafts-»Eliten« und intellektuell verdummter Mehr-
heitsbevölkerung emigrieren Teile der intelligenten Minderheit, ziehen sich
ins Private zurück oder gehen in den aktiven Widerstand. Das Abwälzen der
gigantischen Folgekosten der US- und NATO-Kriege auf die europäischen
Länder ist Teil der Zersetzungsstrategie.

Die Transformation des Kapitalismus im Rahmen des Corona-Prozesses in
Richtung einer neuen Weltwirtschaft, eines neuen kapitalistischen Profitregimes,

---

177 Hier nur eine kleine Auswahl: National Democratic Institute for International Affairs; Freedom House;
Open Society Foundations; Solidarity Center, The Stimson Center, Carnegie Stiftung für Internationalen
Frieden, Ford Foundation, Albert Einstein Institution, Centre for Applied Nonviolent Action and Strategies,
Hoover Institution, CATO Institut, Center for Strategic and International Studies, Human Rights Watch,
American Enterprise Institute, United States Chamber of Commerce; Siehe hierzu: Pedros Baños, How
They Rule the World. The 22 Secrets of Global Power, London 2019, S. 125ff
178 Willy Wimmer, Der amerikanische Vize-König von Deutschland, KenFM, 04. 05. 2021: https://kenfm.de/
der-amerikanische-vize-koenig-von-deutschland/
179 Peter Orzechowski, Durch globales Chaos in die Neue Weltordnung, Rottenburg 2016, S. 82ff

»Green Capitalism«, »Green New Deal«, um den abgewirtschafteten Kollaps-
und Katastrophen-Kapitalismus in neuem Gewande »auferstehen« zu lassen.
Die Installation eines transnationalen Überwachungsstaates via Überwa-
chungs-, Kontroll- und Sicherheitstechnologien[180] unter Einschluss aller denk-
baren Zensurtechniken.[181] »Die US-Regierung ist in ihrer Jagd nach sogenannten Monstern selbst zum Monster geworden. Dies ist keine neue Entwicklung,
auch ist es keine Offenbarung. Diese Regierung hat in den letzten Jahrzehnten
unsagbare Schrecken auf der Welt entfesselt – auch gegen die eigene Bevölkerung – alles im Namen der globalen Eroberung, des Erwerbs von mehr Reichtum, wissenschaftlicher Experimente und technologischer Fortschritte, sämtlich
verpackt unter dem Deckmantel des Gemeinwohls. Wohlgemerkt, es gibt kein
höheres Gut, wenn die Regierung beteiligt ist. Es gibt nur eine größere Gier
nach Geld und Macht. Bedauerlicherweise ist die Öffentlichkeit so leicht von
dem politischen Spektakel in Washington, DC, abgelenkt worden, dass sie die
grausamen Experimente, das barbarische Verhalten und die unmenschlichen
Bedingungen, die zum Synonym für die US-Regierung geworden sind, völlig
vergessen hat.«[182]

Parallel hierzu verschärfte der »*Globale Tiefe Staat*« mit seinem militärischen Gewaltarm in Pentagon und Geheimdiensten via NATO und Propa-
ganda-Maschinen die Konflikte mit Russland[183] und China. Da die geopolitische
Neuordnung der Welt das Ziel ist, birgt diese Entwicklung auch eine enorme
Kriegsgefahr.[184] Allerdings nimmt die breite Öffentlichkeit dies bislang ebenso
wenig zur Kenntnis wie den Verfall der Demokratie.

180 https://www.nato.int/nato_static_fl2014/assets/pdf/2020/7/pdf/200701-Factsheet_Alliance_Future_
Surveil-1.pdf

181 Im internationalen Kontext sind das die großen »data-mining-industries«, Unternehmen wie Apple, Microsoft, Facebook etc., die mit den westlichen Geheimdiensten und Militärapparaten zusammenarbeiten. In
Deutschland übernehmen die Landesmedienanstalten die Zensur gegen kritische Online-Medien. Siehe
hierzu: mabb – Wenn das Wahrheitsministerium Maulkörbe verteilt, KenFM, 04.05.2021: https://kenfm.de/
mabb-wenn-das-wahrheitsministerium-maulkoerbe-verteilt/; Baden-Württembergische Landesmedienan-
stalt will mir 3 Artikel verbieten, blauerbote: http://blauerbote.com/2021/04/29/baden-wuerttembergische-
landesmedienanstalt-will-mir-3-artikel-verbieten/; Wie der deutsche Staat gegen Regierungskritiker wie
KenFM, »junge Welt« und andere vorgeht, anti-spiegel, 08.05.2021: https://www.anti-spiegel.ru/2021/
wie-der-deutsche-staat-gegen-regierungskritiker-wie-kemfm-junge-welt-und-andere-vorgeht/

182 John W. Whitehead, Nisha Whitehead, From Mind Control to Viruses: How the US Government Keeps Ex-
perimenting on Its Citizens, GlobalResearch, 04.05.2021: https://www.globalresearch.ca/how-government-
keeps-experimenting-citizens/5744256

183 Siehe Hannes Hofbauer, Feindbild Russland, Geschichte einer Dämonisierung, Wien 2016;

184 Pepe Escobar, So Who Wants a Hot War?, The Saker, 17.04.2021: http://thesaker.is/so-who-wants-a-hot-war/

Dazu der Politikwissenschaftler und frühere Militär Wolfgang Effenberger: »Eine gewissenlose ›Elite‹ aus NATO-Strategen und global agierenden Finanz- und Wirtschaftsoligarchen ist dabei, Europa und Russland in einen Krieg zu hetzen. Seit dem Zerfall der Sowjetunion hat sich die NATO entgegen den Absprachen immer weiter in Richtung Russland ausgedehnt.«[185]

Russland und China stehen auf der Abschussliste der neokonservativen Kriegstreiber und ihres europäischen Hilfspersonals.[186] Besonders wirre Köpfe wie der Chef des U. S. Strategic Command Admiral Charles Richard halten sogar einen Nuklearkonflikt mit den beiden Atom-Mächten Russland und China für möglich.[187] »Der Admiral, der für die atomare Abschreckung verantwortlich ist, fordert die militärische und zivile Führung der Nation auf, neue Wege zu suchen, um den Bedrohungen durch Russland und China zu begegnen, einschließlich der ›realen Möglichkeit‹ eines nuklearen Konflikts.«[188]

Und die bekannte Journalistin Caitlin Johnstone: »Niemand wusste, dass es kommen würde, und daher widersetzte sich niemand den gefährlichen Handlungen der Brachialpolitik, die dazu führten. Niemand widersetzte sich, als die Demokraten die Zustimmung zur Eskalation gegen Russland fabrizierten. Niemand widersetzte sich, als die Republikaner die Zustimmung zur Eskalation gegen China fabrizierten. Niemand widersetzte sich, als Kriegsschiffe verlegt wurden, als Truppen stationiert wurden, als die Nuclear Posture Reviews immer martialischer und aggressiver wurden, als neue Weltuntergangswaffen hergestellt und eingesetzt und Stellvertreterkonflikte unterstützt wurden, als Kriegsflugzeuge in den souveränen Luftraum eindrangen, als Raketen für einen schnellen Einsatz vorbereitet wurden. Es kam einfach niemandem in den Sinn,

---

185 Wolfgang Effenberger, Gewissenlose Eliten hetzen Europa und Russland in einen Krieg, KenFM, 25.05.2021: https://kenfm.de/gewissenlose-eliten-hetzen-europa-und-russland-in-einen-krieg-von-wolfgang-effenberger/

186 Siehe hierzu: Michael Beckley, America Is Not Ready for a War With China. How to Get the Pentagon to Focus on the Real Threats, Foreign Affairs, 10.06.2021: https://www.foreignaffairs.com/articles/united-states/2021-06-10/america-not-ready-war-china

187 Rick Rozoff, Pentagon Adds Africa to Global Battleground with China and Russia, GlobalResearch, 20.04.2021: https://www.globalresearch.ca/pentagon-adds-africa-global-battleground-china-russia/5743095; Strategisches Kommando der USA: »Müssen mit nuklearem Krieg rechnen«, rt, 21.04.2021: https://de.rt.com/nordamerika/116346-strategisches-kommando-usa-muessen-mit-nuklearem-krieg-rechnen/; Siehe auch: Caitlin Johnstone, The Rising Threat Of Nuclear War Is The Most Urgent Matter In The World, 21.04.2021: https://caitlinjohnstone.com/2021/04/21/the-rising-threat-of-nuclear-war-is-the-most-urgent-matter-in-the-world/;

188 https://nypost.com/2021/02/03/admiral-warns-of-possibility-of-nuclear-war-with-russia-china/

dass dies der Tag sein könnte, an dem sie und ihre Lieben in einem nuklearen Holocaust sterben.«[189]

Sollte der große Krieg wirklich geführt werden, so ist das wichtigste Schlachtfeld Europa[190] und niemand sollte der Illusion erliegen, die »Globalisten« würden vor der Zerstörung Europas zurückschrecken, wenn sie hinreichende Chancen wittern, den Krieg zu gewinnen. Mit Vernichtung, Völkermord, Totschlag, Attentaten, »Failed States« und »Bunten Revolutionen« kennen sie sich bestens aus.[191] Die USA und Großbritannien kündigten eine massive »Modernisierung« ihrer Atomstreitkräfte an und führende Wissenschaftler warnten vor der Gefahr eines großen Atomkrieges. So stellte das »Bulletin of the Atomic Scientists« die Weltuntergangsuhr auf 100 Sekunden vor Zwölf.[192] Ferner kündigten die USA mehrere Rüstungskontrollabkommen, den INF-Vertrag, den Open-Skies-Vertrag, das Iran-Atom-Abkommen, und trugen auf diese Weise maßgeblich zur weiteren Eskalation der Spannungen im internationalen Kontext bei.

Die aggressive Grundhaltung der USA gegenüber der Außenwelt macht dabei auch vor ihren sogenannten Verbündeten nicht halt. Die US-Regierungen behandeln diese nicht nur wie »tributpflichtige Vasallen«, sondern unterwerfen seit 1989 massiv insbesondere die zentraleuropäischen Staaten, aber ebenso die EU insgesamt,[193] einem Zerrüttungs-, Desintegrations-, Auszehrungs- sowie ökonomischen und gesellschaftlichen Disruptions- und Chaotisierungsprozess[194] mit Deutschland[195] als besonderem Ziel-Staat.[196]

189 Caitlin Johnstone, The Day the World Ended, 27.04.2021: https://caitlinjohnstone.com/2021/04/27/the-day-the-world-ended/
190 Peter Orzechowski, Der Dritte Weltkrieg. Schlachtfeld Europa. Wie die nächste globale Katastrophe unseren Kontinent und damit auch Deutschland treffen wird, 2. Auflage, Rottenburg 2015
191 Siehe: Ullrich Mies (Hg.), Der Tiefe Staat schlägt zu. Wie die westliche Welt Krisen erzeugt und Kriege vorbereitet, 3. Auflage, Wien 2019
192 https://www.nato.int/nato_static_fl2014/assets/pdf/2020/2/pdf/200224-factsheet-nuclear-en.pdf; https://thebulletin.org/doomsday-clock/
193 EU-Chefin Ursula von der Leyen outet sich als Unterstützerin des »Great Reset«, DWN, 26.04.2021: https://deutsche-wirtschafts-nachrichten.de/507729/EU-Chefin-Ursula-von-der-Leyen-outet-sich-als-Unterstuetzerin-des-Great-Reset
194 Peter Orzechowski, Durch globales Chaos in die Neue Welt Ordnung, Rottenburg 2016, S. 18ff
195 Gerd R. Polli, Deutschland zwischen den Fronten. Wie Europa zum Spielball von Politik und Geheimdiensten wird, München 2017; Polli beschreibt u.a., wie die USA deutsche Unternehmen mit Prozessen überziehen, ihnen den Marktzugang in den USA erschweren und daran setzen, sie finanziell auszubluten.
196 Siehe auch: Bernd Murawski, Soll Deutschland den USA den Rücken kehren?, Deutsche Wirtschaftsnachrichten, 02.05.2021: https://deutsche-wirtschafts-nachrichten.de/511653/Soll-Deutschland-den-USA-den-Ruecken-kehren?src=XNASLSPREG

DEUTSCHLAND IM ZENTRUM DES ZERRÜTTUNGSPROZESSES

Bei diesem Zersetzungsprozess gegen das eigene Land assistierten in Deutschland die Merkel-Administration, die Spitzen der Herrschaftsparteien, die von Konzern-Lobbyisten korrumpiert[197] und in transatlantische (»Berater«-)Netzwerke eingebunden sind, der gleichgeschaltete polit-mediale Komplex sowie die Schlüssel-Bürokratien, unter anderem in Staatsanwaltschaften und Gerichten, hier maßgeblich des Bundesverfassungsgerichts, die über die Jahre mit eigenen »Parteikadern« besetzt wurden.

»Ein Gericht, das lobbygetrieben auf der Basis fiktiver Szenarien Entscheidungen fällt und dabei sogar die bürgerlichen Grundrechte in Frage stellt, macht nicht nur sich selbst zum Gespött, sondern ist eine Gefahr für die Demokratie und die Gewaltenteilung.«[198]

Bis zum heutigen Tage setzen die deutschen Regierungen als Statthalter-Regime neokonservativer Transatlantiker die Anweisungen des US-Finanz- und Kriegskomplexes um. Sie fungieren im Wesentlichen als »administrative Statthalter« von State Department, Pentagon/NATO und NSA/CIA. Ihre Funktion war und ist es, die von der Bevölkerung geschaffenen Werte privaten Großanlegern beziehungsweise den großen Kapitalsammelstellen des 21. Jahrhunderts zu übereignen. Offensichtlich stellen sich die deutschen Regierungen spätestens seit der Wende den USA als *antideutsche Handlungsagenten und Vorwärtstruppen* zur Abwickelung des eigenen Landes zur Verfügung. Das verheerende antideutsche Treiben des Merkel-Regimes muss als Kampf einer totalitär-zentralistischen Internationale gegen die nationalstaatlichen Demokratien interpretiert werden. Dies alles wäre eine eigenständige Untersuchung wert und dürfte in den Abgründen des *»Tiefen Transatlantischen NATO- und Geheimdienst-Staates«* zu suchen sein.[199]

In Deutschland sind die Grundfesten des Rechtsstaats zerstört, der Föderalismus als Grundprinzip des deutschen Grundgesetzes ausgehebelt und durch das »Vierte Gesetz zum Schutz der Bevölkerung bei einer epidemischen

---

197 Siehe: https://www.lobbycontrol.de/schwerpunkt/lobbyregister/
198 Frank W. Haubold, Das Bundesverfassungsgericht als Erfüllungsgehilfe der (Corona-)Politik. Wenn Politiker auf Richterstühlen sitzen, 28.05.2021: https://reitschuster.de/post/das-bundesverfassungsgericht-als-erfuellungsgehilfe-der-corona-politik/
199 Siehe: Giorgio Agamben, Ausnahmezustand, Frankfurt 2004, S. 62f

Lage von nationaler Tragweite« (4. Bevölkerungsschutzgesetz), das am 21. April 2021 in Kraft trat, verfassungsrechtlich verbriefte Bürger- und Menschenrechte infrage gestellt.[200] Wer die sprachliche Diktion sowie den Ungeist dieses »Ermächtigungsgesetzes 2.0« zur Kenntnis nimmt, erkennt unschwer die Wiederaufnahme totalitärer Traditionen, in denen sich das deutsche Politestablishment, zumindest aber die Exekutive, suhlt. Auch ist der neue Totalitarismus die Grundvoraussetzung zur Realisierung der globalistischen Agenden des »Globalen Tiefen Staates« unter US-Führung. Das deutsche Regime im Ausnahmezustand kennt offensichtlich keine Haltelinien mehr. Es drangsaliert und terrorisiert die Bevölkerung mit Schockstrategien, lässt Dissidenten »beobachten«, schreckt bei Corona-Demonstrationen nicht vor physischen Übergriffen gegenüber Teilnehmern zurück und versucht, den Injektionszwang sogar gegen wehrlose Kinder und Jugendliche durchzusetzen:[201]

»Der Impfzwang wird eindeutig über die Hintertür eingeführt. Denn wer sich nicht impfen lässt, soll auch seine Grundrechte nicht mehr zurückbekommen.«[202]

Völlig absurd ist, die unveräußerlichen Menschen- und Grundrechte vom Impfstatus abhängig zu machen. Allein dies zeigt den totalitären[203] Grundkonsens des Regimes.[204]

---

200 https://www.bundesgesundheitsministerium.de/fileadmin/Dateien/3_Downloads/Gesetze_und_ Verordnungen/GuV/B/4_BevSchG_BGBL.pdf; https://kenfm.de/neues-infektionsschutz-gesetz-lockdown-for-ever/

201 Seit Beginn der Pandemie setzt die Bundesregierung auf Panikmache und »Schockwirkung«, DWN, 14.05.2021: https://deutsche-wirtschafts-nachrichten.de/511934/Seit-Beginn-der-Pandemie-setzt-die-Bundesregierung-auf-Panikmache-und-Schockwirkung; Enthüllung: Bundesregierung spannte Forscher zu Beginn der Corona-Krise »für politische Zwecke« ein, DWN, 07.02.2021: https://deutsche-wirtschafts-nachrichten.de/509473/Enthuellung-Bundesregierung-spannte-Forscher-zu-Beginn-der-Corona-Krise-fuer-politische-Zwecke-ein; Kinder und Jugendliche sollen an den Schulen geimpft werden, DWN, 14.05.2021: https://deutsche-wirtschafts-nachrichten.de/511924/Kinder-und-Jugendliche-sollen-an-den-Schulen-geimpft-werden?src=live

202 Die neuen Herren über Leben und Grundrechte, DWN, 26.04.2021: https://deutsche-wirtschafts-nachrichten.de/511509/Die-neuen-Herren-ueber-Leben-und-Grundrechte

203 Siehe hierzu auch: Reiner Füllmich, Keine tragfähige Grundlage im Tatsächlichen, Auszüge aus der Rede von Rechtsanwalt Doktor Rainer filmisch, gehalten am 20. März 2021 in Kassel beim bundesweiten Protest Frühlings erwachen – die Welt steht auf, Das Krokodil, Nr. 36, März 2021, S. 13f

204 Zum neuen deutschen Totalitarismus siehe: CJ Hopkins, Greetings from »New Normal« Germany!, 26.05.2021: https://cjhopkins.substack.com/p/greetings-from-new-normal-germany

MACHT-MYZEL UND TIEFENSTRUKTUR

Damit nicht genug: Der neueste Angriff des Regimes richtet sich gegen die Verwaltungsgerichtsbarkeit. Der Präsident des Düsseldorfer Verwaltungsgerichts Andreas Heusch hierzu:

»Wenn die Bundeskanzlerin es als Mehrwert sieht, dass die Verwaltungsgerichte ausgeschaltet werden, dann frage ich mich, was für ein Verständnis von Rechtsstaat sie hat.«[205]

Die Antwort ist schnell gegeben: Gar keins! Das Regime hat zum Grundgesetz, ja zum Recht überhaupt, ein Nichtverhältnis. Die neue Sprachregelung des Regimes der NATO- und EU-Bürokratien lautet »Rule of Law«. Ziel ist, das »traditionelle nationalstaatliche Recht« sowie das Völkerrecht zu entsorgen und durch ein Pseudo-Rechtssystem zu ersetzen, dessen Regeln sich die Herrschaftscliquen selbst gegeben haben. Realiter stellen die Verfassungsputschisten das Recht auf den Kopf und gehen sogar so weit, Hausdurchsuchungen und Beschlagnahmen anzuordnen, wenn Richter zu Urteilen gelangen, die ihnen nicht gefallen. Voll ins Schema des Orwell'schen Neusprech passt daher die Äußerung des deutschen Außenministers Heiko Maas, wenn er im Vorfeld des G-7-Treffens im Juli 2021 von der Notwendigkeit einer gemeinsamen Linie »gegen autoritäre Regime in der Welt« spricht.[206] Während sie das eigene Land langsam in die dritte Diktatur auf deutschem Boden führen, schwadronieren sie von »autoritären Ländern in der Welt«.

Wegen ihrer Bedeutung für die »*Globalisten*« besetzen in Deutschland/ Europa wichtige Einzelfiguren als politisches Langzeit-Personal wechselnde Funktionen und handeln ganz im Sinne des »*Globalen Tiefen Staates*«. Die Merkel-Schäuble-Steinmeier-Connection und ihre transatlantischen Macht-Myzele sind die wichtigste zentraleuropäische Exklave des neokonservativen Finanz- und Kriegsestablishments der USA. Die Herrschaftsfraktionen des deutschen Bundestages sind grosso modo dessen willige legislative Hoflieferanten. Das Merkel-Schäuble-Steinmeier-Trio hat über den Ausnahmezustand und das Ermächtigungsgesetz 2.0 (4. Bevölkerungsschutzgesetz) eine diktatorische Struktur errichtet, die sich in die *Großoperation* der »*Global Governance*« einordnet.

---

205 https://reitschuster.de/post/verwaltungsgerichtspraesident-bundes-notbremse-verfassungswidrig/
206 https://www.welt.de/politik/ausland/plus230875409/G-7-Treffen-Eine-neue-Weltordnung-nach-Corona. html

Das deutsche Politestablishment zerstört das Land, dem es zu dienen verpflichtet ist. Sein Ziel ist es, über die Corona-Politik die wirtschaftliche und soziale Substanz das Landes zu erodieren und die Schäden derart zu maximieren, dass die komplett überschuldete und von internationalen Finanzkonzernen schlussendlich vollends privatisierte Volkswirtschaft zusammen mit dem kollabierten Nationalstaat in einer »New World Order/One World Order« aufgehen.[207] Die Merkel-Schäuble-Steinmeier-Connection und ihre Hilfstruppen in Beratungsunternehmen, internationalen Anwaltskanzleien sowie im gekaperten Bundesverfassungsgericht wickeln den deutschen Nationalstaat ab und den demokratischen Rechtsstaat gleich mit. Aber diese »Connection« kann noch schlimmeres: Sie hilft, den großen Krieg zu entfachen.

»An der glühenden US-Russland-Front, wo Außenminister Sergej Lawrow den Mangel an gegenseitigem Vertrauen, ganz zu schweigen von Respekt, als viel schlimmer bezeichnet denn zu Zeiten des Kalten Krieges, stellt der Analyst Glenn Diesen fest, dass der Hegemon danach strebt, die sicherheitspolitische Abhängigkeit der Europäer in geoökonomische Loyalität umzuwandeln.«[208]

Auch das ist offensichtlich gelungen. Denn das Prozedere – Demokratie und Rechtsstaat abzuwickeln – erstreckt sich längst auf alle europäischen Staaten.

Hier schließt sich der Kreis zum Verständnis des aktuellen Disruptionsprozesses – genannt Corona-Pandemie: *Diese »Pandemie« ist die »US-Operation Controlled Demolition« maßgeblich für Deutschland aber auch für ganz Europa unter der Schirmherrschaft des »Global Deep State«.*

SOCIAL SCORING UND GRUNDEINKOMMEN

Der Umgestaltungsprozess soll in ein Sozialkreditsystem nach chinesischem Muster überleiten.[209] Danach werden Individuen, Staatsbedienstete, Unternehmen, Organisationen und Verbände über ein digitales Überwachungs-,

207 Peter Orzechowski, 2016
208 Pepe Escobar, Brave New Cancel Culture World, The Saker, 01. 05. 2021: http://thesaker.is/brave-new-cancel-culture-world/; https://sputniknews.com/us/202103231082419948-us-hegemony-depends-on-keeping-russian-energy-chinese-technologies-away-from-europe-prof-says/
209 https://www.ionos.de/digitalguide/online-marketing/web-analyse/was-ist-das-social-credit-system/; Gulizar Haciyakupoglu, China's Social Credit System: Current Status, Role of Data and Surveillance, and Influence Outside of China, 08. 06. 2021: https://stratcomcoe.org/publications/chinas-social-credit-system-current-status-role-of-data-and-surveillance-and-influence-outside-of-china/209

Erfassungs- und Ratingsystem eingestuft und bewertet, das Ganze nennt sich Smart-Governance-Technologie. Das Endziel ist ein System, das es ermöglicht, politische, moralische und soziale Verhaltensweisen der Bürger zu kontrollieren, zu bewerten, zu belohnen oder zu bestrafen.[210] Das ist Kontrollstaat pur! Dahin möchten »*Deep & Corrupt Government*« die Menschheit führen. Social Scoring in Verbindung mit einem Grundeinkommen ist ein wichtiger Schritt zum totalitären Welt-Regime. Selbstverständlich wird es in der »Schönen Neuen Welt« kein *bedingungsloses* Grundeinkommen geben, denn das gewährte Grundeinkommen wird bestenfalls ein herrschaftliches Gnadengeld sein, dessen Höhe über einen »Punktestand« im Scoring-System errechnet werden könnte.[211] Dieses perfekte Unterdrückungs- und Gängelungsregime, das permanent Druck auf die Gesellschaft ausübt und die Zuteilung des Gnadengeldes vom sozialen und politischen Normverhalten abhängig macht, soll Teil der »Schönen Neuen Weltordnung« werden. Das neue Normverhalten wird aller Wahrscheinlichkeit nach das hinreichend bekannte Duckmäuser- und Kriechertum sein, in dem der kritische Demokrat, ja der kritische Geist überhaupt, für seine »entartete Gesinnung« zu büßen hat. Im Unterschied zu den Vorstellungen einiger Träumer wird die Herrschaftskaste das »bedingungslose Grundeinkommen« von Bedingungen abhängig machen.

»Die bedeutendsten ›Manhattan-Projects‹ der Zukunft werden breit angelegte, staatlich geförderte Studien dessen sein, was Politiker und Projektwissenschaftler die ›Glücksfrage‹ nennen werden – mit anderen Worten die Frage, wie man Menschen dazu bringt, ihr Sklavendasein zu lieben. Liebe zum Sklavendasein wiederum ist nicht ohne ökonomische Sicherheit denkbar; ich gehe, kurz gesagt, davon aus, dass die allmächtige Exekutive und ihre Manager das Problem dauerhafter Sicherheit werden lösen können.«[212] Soweit Aldous Huxley vor 75 Jahren.

---

210 Die neuen Herren über Leben und Grundrechte, a. a. O.
211 Siehe hierzu: Digitales Sozialkredit-System und Corona: Wer sich in China nicht regierungskonform verhält, wird ausgeschlossen, Deutsche Wirtschaftsnachrichten, 29. 06. 2021: https://deutsche-wirtschafts-nachrichten. de/508552/Digitales-Sozialkredit-System-und-Corona-Wer-sich-in-China-nicht-regierungskonform-verhaelt-wird-ausgeschlossen
212 Aldous Huxley, Schöne neue Welt. Ein Roman der Zukunft, 4. Aufl., Frankfurt 2020; hier aus dem Nachwort von 1946, S. 353

(KULTUR-)KRIEG GEGEN DIE VÖLKER UND
POLITIK ALS ORGANISIERTES VERBRECHEN

Die Zentren des westlichen Kapitalismus haben den Zivilgesellschaften den Krieg erklärt. Das zeigt der Umgang mit Covid überdeutlich. Die Öffentlichkeit müsste allerdings die Fakten zur Kenntnis nehmen und diese in die oben genannten Zusammenhänge einbauen, genau hinschauen und sich von der Illusion befreien, Herrschaftsparteien und Regierungen fühlten sich dem Gemeinwohl verpflichtet. Wie wir aus leidiger Erfahrung seit 1989 wissen, ist das Gegenteil der Fall. Wie erwähnt, mutierten nicht nur die westlichen Regierungen in einem gut 30-jährigen Prozess zu »*Deep & Corrupt Governments*«[213] sondern auch weite Teile der Parteien- und Parlamentsbetriebe zu Subakteuren des »*Globalen Tiefen Staates*«. Damit wurden sie zu Schmarotzern und Feinden der demokratisch verfassten Staaten.

»Makroparasiten der Gesellschaft hingegen nenne ich die Menschen, deren Beitrag darin besteht, an kriegerischen Auseinandersetzungen ihren Lebensunterhalt zu verdienen, nicht aber aktiv an der Produktion der Güter teilzunehmen, die auch sie verbrauchen. Eine Untersuchung des Makroparasitismus in der menschlichen Gesellschaft wird deshalb naturgemäß zu einer Studie über die Organisation bewaffneter Macht.«[214]

Der Autor dieser Zeilen, William H. McNeill, konnte 1982 noch nicht wissen, dass sich das Makroparasitentum weit über die Militär- und Kriegskaste hinaus auf den gesamten »*Globalen Tiefen Staat*« einschließlich der inneren Sicherheitsapparate, ja die Regierungsapparate in toto erstreckt. Alle gemeinsam sichern den Coup d'État gegen Demokratie, Freiheit und Menschenrechte im Weltmaßstab ab. Der »*Globale Tiefe Staat*« inklusive seiner gouvernmentalen Subakteure ist damit der Super-Makroparasit, der Feind von 99,9 Prozent der Menschheitsfamilie.

Wer die Entwicklungen seit Beginn der *Corona-Maßnahmen* aufmerksam verfolgt, erkennt, dass der »*Globale Tiefe Staat*« seinen weltweiten geopolitischen

213 Thomas Röper, Korruption lohnt sich in Deutschland, Schlüsselfigur in von der Leyens Berateraffäre bekommt die verdiente Belohnung, anti-spiegel, 22. 04. 2021: https://www.anti-spiegel.ru/2021/schluesselfigur-in-von-der-leyens-berateraffaere-bekommt-die-verdiente-belohnung/
214 William H. McNeill, Krieg und Macht. Militär, Wirtschaft und Gesellschaft vom Altertum bis heute München 1984, S. 7

Anspruch um eine zusätzliche Kriegsvariante erweitert hat: den Krieg gegen die eigenen Völker, der ein Krieg der Techno-Feudalisten gegen alles Humane ist. Gleich einem Todeskult hat der »*Globale Tiefe Staat*« den Krieg in all seinen Formen, unter anderem die totale Kontrolle, die Überwachung, die Manipulation und die »Durchimpfung« der Völker mit mRNA- und allerlei anderen Injektionscocktails zu einem seiner zentralen Geschäftsfeldern erhoben.[215]

»Was geschieht, wenn Zwecke den Mitteln untergeordnet werden, wurde deutlich von Hitler und Stalin dargetan. Unter des einen wie des anderen Schreckensherrschaft wurden individuelle Zwecke organisatorischen Mitteln untergeordnet durch eine Mischung aus Gewalttätigkeit und Propaganda, systematischem Terror und systematischen Manipulieren von Gehirnen. In den leistungsfähigeren Diktaturen von morgen [also heute, U. M.] wird es wahrscheinlich viel weniger Gewalttätigkeit geben als unter Hitler und Stalin. Die Untertanen des künftigen Diktators werden schmerzlos von einem Korps bestausgebildeter Sozialingenieure manipuliert werden. [...] und das 21. Jahrhundert wird, vermute ich, die Ära der Weltaufsichtsräte, des wissenschaftlich begründeten Kastensystems und der ›schönen neuen Welt‹ sein.«[216]

Selbstverständlich konnte Huxley 1959 noch nicht wissen, welche technologischen Sprünge in den anschließenden Jahrzehnten erfolgen würden und welche konkreten Technologien den Herrschenden zur Sicherung ihrer Macht zur Verfügung stehen würden, wie die Verfeinerung psychologischer Operationen, das Social Engeneering etc. Dass Huxley – genau wie der Herausgeber – jedoch jedes Herrschaftsverbrechen nicht nur für möglich, sondern sogar für wahrscheinlich bis sicher hält, zieht sich durch sein gesamtes Werk.

Im Sinne Hannah Arendts sind die »*Global Deep State*«-Akteure die Inkarnation des »radikal Bösen«,[217] weil sie nicht nur totalitäre Strukturen im Weltmaßstab errichten, sondern den Menschen selbst zum physisch und psychisch ausbeutbaren Objekt ihrer »schönen neuen transhumanistischen Welt«

---

215 https://express.deutsche-wirtschafts-nachrichten.de/512062/EU-will-weiter-spritzen-Bestellung-von-Impfstoffen-fuer-2022-und-2023; https://express.deutsche-wirtschafts-nachrichten.de/512071/USA-Juengere-sollen-per-Dating-App-zum-Impfen-bewegt-werden?src=live; https://de.rt.com/meinung/117756-geimpfte-covid-19-tote-und-geheime-pcr-tests/

216 Aldous Huxley, Wiedersehen mit der Schönen neuen Welt, Essay, München 2017, S. 30, (der englischen Originalausgabe: »Brave New World Revisited«, London 1959)

217 Hannah Arendt, Über das Böse. Eine Vorlesung zu Fragen der Ethik, 13. Auflage, München 2019

umbauen wollen.[218] Und genau hierzu dienen die modernen Injektionsstoffe, mit denen der Mensch selbst zum genetisch manipulierten Organismus (GMO) und über Designer/DREADDS[219] und CRISP[220]-Bots zum überall und jederzeit kontrollier-, track-, steuer-, an- und abschaltbaren Remote-Control-Cyborg-Sklaven der Transhumanisten werden soll.[221] James Giordano, im US-militär-wissenschaftlichen Establishment fest installiert, fasst seinen Vortrag in einem Satz zusammen: »Das Gehirn ist und wird in vielerlei Hinsicht das Schlachtfeld des 21. Jahrhunderts sein.«[222]

SCHÖNE NEUE DIKTATUR

Wie genau die totalitäre Ordnung im Jahr 2030 aussehen wird, können wir nur ahnen. Eines können wir jedoch schon heute sicher sagen: Viele Mosaiksteine lassen sich bereits zusammensetzen und für den kritischen Geist formt sich ein Bild mit erkennbaren Konturen.

Die Akteure des »*Globalen Tiefen Staates*« stimmen darin überein, dass das alte kapitalistische Profitmodell zerstört werden und ein neues kapitalistisches Profitmodell[223] entstehen muss. Dieses soll sich dann wie Phoenix aus der Asche erheben. In dieser Übergangsphase lebt die Menschheit aktuell, die offiziell als Corona-Krise bezeichnet wird, in den Worten des World Economic Forum ist sie das »*window of opportunity*«. Den Lesern dieses Buches ist sicherlich klar, dass eine derartige Transformation nur mit drakonisch-diktatorischen und kriminellen Maßnahmen zum Schaden der Allgemeinheit umgesetzt werden kann. Insoweit ist die Diskussion, ob diese Transformation nur in einem

---

218 https://www.globalresearch.ca/human-bomb-effects-mrna-vaccination-unvaccinated-people/5745424; https://unser-mitteleuropa.com/cia-neurobiologie-experte-ueber-die-steuerung-des-menschlichen-gehirns-mittels-rna-impfstoffen/; https://www.brighteon.com/c7f1ad1f-0592-4af1-954a-486198f55c96

219 https://en.wikipedia.org/wiki/Receptor_activated_solely_by_a_synthetic_ligand

220 https://en.wikipedia.org/wiki/CRISPR_gene_editing; siehe hierzu den dystopischen Vortrag vor dem »Modern War Institute« von James Giordano: »The Brain is the Battlefield of the Future«: https://www.youtube.com/watch?v=N02SK9yd60s

221 Dr. Charles Morgan on Psycho-Neurobiology and War. Charles Morgan spricht zu Kadetten und Dozenten in West Point über eine Reihe von Themen, darunter Psychologie, Neurobiologie und die Wissenschaft vom Menschen im Krieg. Morgans neurobiologische und forensische Forschung hat ihn als internationalen Experten für posttraumatische Belastungsstörung, Augenzeugengedächtnis und menschliche Leistung unter hohen Stressbedingungen etabliert. Die Veranstaltung wurde vom Modern War Institute in West Point organisiert und ausgerichtet. https://www.youtube.com/watch?v=cTtIPBPSv0U&t=1905s, 32:00ff

222 James Giordano a. a. O.

223 Hannes Hofbauer, Andrea Komlosy, Neues Akkumulationsmodell, a. a. O.

neuen – diesmal weltweit orchestrierten – Totalitarismus möglich ist, rein akademischer Natur. Fakt ist, dass dieser von den Entscheidungszentren des »*Globalen Tiefen Staates*« vorangetriebene Prozess niemals auf der Grundlage demokratischer Prinzipien umgesetzt werden kann. Darum ist es nicht verwunderlich, dass es bereits 2017 – also lange vor der Corona-»Pandemie« – in einem Papier des deutschen Bundesministeriums für Umwelt, Naturschutz, Bau und Reaktorsicherheit (BMUB) über »Smart Cities« heißt:

»Da wir genau wissen, was Leute tun und möchten, gibt es weniger Bedarf an Wahlen, Mehrheitsfindungen oder Abstimmungen. Verhaltensbezogene Daten können Demokratie als das gesellschaftliche Feedbacksystem ersetzen.«[224]

Wie an diesem Zitat ersichtlich, wussten die Akteure des »*Globalen Tiefen Staates*« längst vor 2020, wohin die Reise gehen sollte, auch die zahllosen Agenden der Prä-Corona-Ära sind ein Beweis hierfür. Sie haben die Corona-Krise seit März 2020 lediglich instrumentalisiert, um die Rest-Substanz der westlichen Demokratien über Ausnahmezustände[225] und Infektionsschutzgesetze »nachhaltig« abzuräumen. Der Ausnahmezustand soll diktatorischer Dauerzustand werden. Daher pflastern autoritäre, willkürliche, repressive, ja faschistoide Maßnahmen seit März 2020 den Weg des Corona-Regimes in allen ihm unterworfenen Staaten. Der diktatorische Dauerzustand soll die »*Neue Normalität*« werden. Eine angstvolle, gespaltene, zersetzte, chaotisierte Gesellschaft lässt sich gut beherrschen.

Die westlichen Demokratien werden von einer totalitär-dystopischen, techno-feudalen Ordnung abgelöst, die sich wie im Zeitraffer vor den Augen der kritischen Beobachter entfaltet. Die sogenannte breite Masse ist – seit Jahrhunderten – manipulierbarer Spielball der Mächtigen, läuft ihnen hinterher und folgt ihnen ins eigene Verderben. Voltaire lässt grüßen:

»Überall verwünschen die Schwachen die Mächtigen, und doch kriechen sie vor ihnen, und die Starken wiederum behandeln jene wie eine Hammelherde, deren Fleisch und Wolle man verschachert.«[226]

---

224 Bundesministerium für Umwelt, Naturschutz, Bau und Reaktorsicherheit (BMUB), Smart City Charta. Digitale Transformation in den Kommunen nachhaltig gestalten, Berlin 2017, S. 43: https://www.bmi. bund.de/SharedDocs/downloads/DE/veroeffentlichungen/themen/bauen/wohnen/smart-city-charta-langfassung.pdf?__blob=publicationFile&v=7
225 Giorgio Agamben, Ausnahmezustand, Frankfurt 2004
226 Voltaire, Candide oder der Optimismus, München, 2005; hier: 20. Kapitel: Was Candide und Martin auf dem Meere widerfuhr, S. 103

Eine Rückkehr zur »alten Normalität« ist vor dem Hintergrund der angerichteten gigantischen Schäden, der Zerstörung des Klein- und Mittelstands inklusive der Spaltungen der Gesellschaften ohnehin nicht mehr möglich. Zudem wäre eine Rückkehr in den Zustand des »alten« Katastrophen-Kapitalismus fatal.

Die frühere US-amerikanische Amtsträgerin unter George Bush dem Älteren, Catherine Austin Fitts, bezeichnet die Zeit in der wir leben treffend als das »endgame, which is all about centralization«.[227] Und darum müssen alle, die sich nicht »zentralisieren« lassen und in einer humanen Gesellschaft leben wollen, auf die Suche nach *einem völlig neuen politischen System* begeben und auch aus den Erkenntnissen und Erfahrungen früherer Kämpfe von Befreiungsbewegungen lernen. Es geht um nichts weniger als um die Befreiung von Bevormundung, Unterdrückung und schleichender Versklavung.

---

227 https://www.darkjournalist.com/rpt-deeppolitics.php; https://www.darkjournalist.com/s-fitts10.php

DER »GLOBALE TIEFE STAAT«: EINE »NEUE WELTORDNUNG« DURCH COVID-19[228]

JOHN W. WHITEHEAD

>»Wir leben in einer psychotischen Welt. Die Verrückten sind an der Macht.«
>
> *Philip K. Dick, The Man in the High Castle*[229]

Ob zum Guten oder zum Schlechten, COVID-19 hat die Art und Weise verändert, wie wir uns in der Welt bewegen. Es zieht auch die Grenzen unserer Welt sowie unserer Freiheiten neu und verändert das Spielfeld schneller, als wir mithalten können. Aufgrund der tief verwurzelten und in vielen Fällen streng geheimen Allianzen der US-Regierung mit fremden Nationen und globalen Konzernen ist es immer offensichtlicher geworden, dass wir in eine Neue Weltordnung eingetreten sind. Eine globale Weltordnung, die aus internationalen Regierungsbehörden und Konzernen besteht. Diese mächtige internationale Kabale – nennen wir sie den Global Deep State – ist genauso real wie der korporatistische, militarisierte, industrialisierte amerikanische Deep State. Dieser ist eine ebenso große Bedrohung für unsere individuellen Freiheitsrechte im Rahmen der US-Verfassung, wenn nicht größer. In den letzten Jahrzehnten sind wir dieser globalen Weltordnung immer nähergekommen, aber mit COVID-19 wurden Regierungs- und Unternehmensinteressen noch enger miteinander verflochten, was diese Transformation auf die Spitze getrieben hat. Damit ist der Faschismus zu einer globalen Bedrohung geworden.

Unklar bleibt, ob der amerikanische Deep State – »ein nationaler Sicherheitsapparat, der sogar die gewählten Führer, die ihn fiktiv leiten, unter Kontrolle

---

228 Mit freundlicher Genehmigung der Autoren. Übersetzung: Ullrich Mies. Originalbeitrag aus: https://www.rutherford.org/publications_resources/john_whiteheads_commentary/the_global_deep_state_a_new_world_order_brought_to_you_by_covid_19

229 Philip K. Dick, The Man in the High Castle, Das Orakel vom Berge, 3. Auflage, Frankfurt 2017

hat«[230] – dem Global Deep State untersteht oder ob der Global Deep State den amerikanischen Deep State lediglich ermächtigt. Es ist jedoch nicht zu leugnen, dass sie eng und symbiotisch miteinander verwoben sind.

In diesem Zusammenhang sollte man das Ausmaß bedenken, in welchem unser Leben und unsere Freiheiten durch diese internationale Verschmelzung von staatlichen und profitorientierten Unternehmensinteressen mit dem Überwachungsstaat, dem militärisch-industriellen Komplex, der privaten Gefängnisindustrie, dem Geheimdienst-, Sicherheits-, Technologie-, Telekommunikations- und Transportsektor sowie neuerdings auch mit dem Pharma- und Gesundheitssektor beeinträchtigt werden.

Alle diese Sektoren werden von Megakonzernen dominiert, die auf globaler Ebene operieren und über Regierungskanäle wirken, um ihre Gewinnmargen zu erhöhen. Die profitorientierte Politik dieser globalen Konzerngiganten beeinflusst alles, von der Gesetzgebung über die Wirtschaft bis hin zu Umweltfragen und medizinischer Versorgung.

GLOBALE SEUCHE

Die COVID-19-Pandemie hat uns in ein völlig neues globales Zeitalter katapultiert. Diejenigen, die hoffen, sich in dieser vernetzten und hoch technologischen Welt der Kontaktverfolgung, Impfpässe und digitalen Pässe zurechtzufinden, werden sich mit Themen auseinandersetzen müssen, die tiefsitzende moralische, politische, religiöse und persönliche Fragen berühren, auf die es möglicherweise keine eindeutigen Antworten gibt.

Unsere Fähigkeit, Zugang zur Welt zu finden, uns zu engagieren und zu bewegen, wird davon abhängen, in welches Lager wir fallen: in das derjenigen, die gegen COVID-19 geimpft sind, und in das, die nicht geimpft sind. Heather Murphy schreibt dazu für die *New York Times*: »Es ist das neueste Statussymbol. Zeigen Sie es den Leuten, und Sie können Zugang zu Konzerten, Sportarenen oder lange verbotenen Restauranttischen bekommen. Eines Tages hilft es Ihnen vielleicht sogar, eine Grenze zu überqueren, ohne in Quarantäne gehen zu müssen« … »Die neue Platin-Karte des Covid-Zeitalters ist der Impfausweis.«[231]

---

230 Michael Crowley, The Deep State Is Real. But it might not be what you think, Politico, September/Oktober 2017: https://www.politico.com/magazine/story/2017/09/05/deep-state-real-cia-fbi-intelligence-215537
231 https://www.nytimes.com/2021/04/26/travel/vaccine-passport-cards-apps.html

Das bezeichnet MIT-Professor Ramesh Raskar als die neue »Gesundheits-währung«,[232] eine treffende Bezeichnung angesichts der potenziell lukrativen Rolle, die das Big Business, insbesondere Big Pharma und Big Tech, bei der Etablierung dieses Pay-to-play-Marktplatzes spielen wird. Die Luftfahrtindustrie arbeitet bereits an einem Reisepass. IBM entwickelt einen digitalen Gesundheitspass. Und die US-Regierung war nur allzu gerne bereit, hierbei dem Unternehmenssektor die Führung zu überlassen.[233]

GLOBALE ÜBERWACHUNG

Angeführt von der National Security Agency (NSA), die sich nachweislich wenig um verfassungsrechtliche Grenzen oder die Privatsphäre kümmert, ist der Überwachungsstaat dazu übergegangen, unsere Regierung und unser Leben zu dominieren. Doch die Regierung operiert nicht allein. Das kann sie nicht. Sie braucht Komplizen.

So wurden die immer komplexeren Sicherheitsbedürfnisse unserer gewaltigen Bundesregierung, insbesondere in den Bereichen Verteidigung, Überwachung und Datenmanagement, innerhalb des Unternehmenssektors erfüllt, der sich als mächtiger Verbündeter erwiesen hat. Dieser ist vom Wachstum der Regierungsbürokratie abhängig und stärkt diese gleichzeitig.

Nehmen wir zum Beispiel AT&T. Durch sein riesiges Telekommunikations-netzwerk, das den gesamten Globus umspannt, versorgt AT&T die US-Regierung mit der komplexen Infrastruktur, die sie für ihre Massenüberwachungs-programme benötigt. Nach *The Intercept*: »Die NSA betrachtet AT&T als einen ihrer vertrauenswürdigsten Partner und hat die ›extreme Hilfsbereitschaft‹ des Unternehmens gelobt. Es ist eine Zusammenarbeit, die Jahrzehnte zurückreicht. Wenig bekannt ist jedoch, dass sie sich nicht auf die Kunden von AT&T beschränkt. Laut NSA-Dokumenten schätzt die NSA AT&T nicht nur, weil das Unternehmen ›Zugang zu Informationen hat, die die Nation [gemeint sind die USA, U. M.] durchziehen‹, sondern auch, weil es einzigartige Beziehungen zu anderen Telefon- und Internetanbietern unterhält. Die NSA nutzt diese Beziehungen für Überwachungszwecke, indem sie die massive Infrastruktur von

---

232 https://www.nytimes.com/2021/04/26/travel/vaccine-passport-cards-apps.html
233 Hinweis des Herausgebers: Siehe hierzu den Beitrag von Peter Koenig in diesem Band.

AT&T requiriert und als Plattform benutzt, um verdeckt die Kommunikation anzuzapfen, die von anderen Unternehmen verarbeitet wird.«[234]

Wenn man das Konzept erweitert, das die US-Regierung durch AT&T auf globaler Ebene macht, gelangt man zum »14-Augen-Programm«,[235] auch »SI-GINT Seniors« genannt. Diese globale Spionageagentur besteht aus Mitgliedern der ganzen Welt:[236] den Vereinigten Staaten, dem Vereinigten Königreich, Australien, Kanada, Neuseeland, Dänemark, Frankreich, den Niederlanden, Norwegen, Deutschland, Belgien, Italien, Schweden, Spanien, Israel, Singapur, Südkorea, Japan, Indien inklusive aller britischen Überseegebiete. Die Überwachung ist jedoch nur die Spitze des Eisbergs, wenn es um diese globalen Allianzen geht.

GLOBALE KRIEGSPROFITEURE

Krieg ist zu einem gigantischen Geldgeschäft geworden, und Amerika ist mit seinem riesigen Militärimperium und seiner inzestuösen Beziehung zu einer Vielzahl internationaler Rüstungsunternehmen einer der größten Käufer[237] und Verkäufer.[238]

Der amerikanische militärisch-industrielle Komplex hat ein Imperium errichtet, das in seiner Breite und seinem Ausmaß in der Geschichte unübertroffen ist, ein Imperium, das sich der ständigen Kriegsführung auf der ganzen Erde verschrieben hat. So hat der militärisch-industrielle Komplex, während er in den USA einen Sicherheitsüberwachungsstaat installierte, ein weltweites Militärimperium mit amerikanischen Truppen errichtet, die in 177 Ländern stationiert sind – über 70 Prozent der Länder weltweit.

Obwohl genaue Zahlen über die Verteidigungsausgaben der US-Bundesregierung verschleiert werden und daher schwer zu beschaffen sind, wissen wir, dass die US-Regierung seit 2001 mehr als 1,8 Billionen Dollar für die Kriege

234 https://theintercept.com/2018/06/25/att-internet-nsa-spy-hubs/
235 https://theintercept.com/2018/03/01/nsa-global-surveillance-sigint-seniors/
236 https://restoreprivacy.com/5-eyes-9-eyes-14-eyes/
237 https://en.wikipedia.org/wiki/Arms_industry#World.27s_largest_defense_budgets
238 https://en.wikipedia.org/wiki/Arms_industry#World.27s_largest_arms_exporters. Siehe auch: Siehe hierzu: John W. Whitehead, Pity the Nation: War Spending Is Bankrupting America, GlobalResearch, 12.03.2019: https://www.globalresearch.ca/pity-the-nation-war-spending-is-bankrupting-america/5671275?utm_campaign=magnet&utm_source=article_page&utm_medium=related_articles

in Afghanistan und im Irak ausgegeben hat, das sind 8,3 Millionen Dollar pro Stunde.[239] Kriege und militärische Übungen rund um den Globus sind dabei nicht miteingeschlossen, diese werden die Gesamtrechnung bis 2053 auf über 12 Billionen Dollar treiben.[240]

Die illegale Fusion von globaler Rüstungsindustrie und Pentagon, vor der uns Präsident Dwight D. Eisenhower vor mehr als 50 Jahren gewarnt hat,[241] stellt heute die wahrscheinlich größte Gefahr für die fragile Infrastruktur der Nation dar. Amerikas expandierendes Militärimperium lässt das Land mit einer Rate von mehr als 15 Milliarden Dollar pro Monat oder 20 Millionen Dollar pro Stunde ausbluten[242] – und das ist nur das, was die Regierung für ausländische Kriege ausgibt. Darin sind die Kosten für den Unterhalt und die personelle Besetzung der über 1000 US-Militärbasen rund um den Globus nicht enthalten.[243]

Es ist unglaublich: Obwohl die USA nur 5 Prozent der Weltbevölkerung stellen, rühmt sich Amerika der Tatsache, fast 50 Prozent der gesamten Militärausgaben der Welt zu tätigen[244] und gibt damit mehr für das Militär aus als die folgenden 19 Nationen zusammen.[245] Tatsächlich bezahlt das Pentagon mehr für den Krieg, als alle 50 US-Staaten zusammen für Gesundheit, Bildung, Wohlfahrt und Sicherheit.[246] Es gibt einen guten Grund, warum »aufgebläht«, »korrupt« und »ineffizient« zu den Begriffen gehören, die am häufigsten auf die Regierung angewendet werden,[247] insbesondere auf das Verteidigungsministerium und seine Auftragnehmer. Preistreiberei ist zu einer akzeptierten Form der Korruption innerhalb des amerikanischen Militärimperiums geworden.

Leider ist es nicht nur die amerikanische Wirtschaft, die geschröpft wird. Angetrieben von einem gierigen Verteidigungssektor wurde das amerikanische Heimatland in ein Schlachtfeld verwandelt, mit einer militarisierten Polizei

---

239   https://www.nationalpriorities.org/cost-of/
240   https://www.forbes.com/sites/realspin/2017/02/01/american-taxpayers-must-be-told-the-real-cost-of-war/#40e7d47e5246
241   https://harpers.org/2007/11/eisenhower-on-the-opportunity-cost-of-defense-spending/
242   https://www.washingtonpost.com/wp-dyn/content/article/2007/12/26/AR2007122601542_pf.html
243   https://www.thenation.com/article/the-us-has-military-bases-in-172-countries-all-of-them-must-close/
244   https://www.businessinsider.com/facts-about-defense-spending-2010-11?international=true&r=US&IR=T#ixzz1RdbaVmHm
245   https://www.telegraph.co.uk/news/uknews/defence/8002911/Defence-spending-the-worlds-biggest-armies-in-stats.html
246   https://www.businessinsider.com/facts-about-defense-spending-2010-11?international=true&r=US&IR=T#ixzz1RdbaVmHm
247   https://www.nytimes.com/2011/04/03/opinion/03sun3.html

und Waffen, die eher in ein Kriegsgebiet gehören. Präsident Biden, der im Gleichschritt mit seinen Vorgängern marschiert, hat das militärische Imperium Amerikas im Ausland und im Inland weiter ausgebaut, in einem klaren Versuch, den mächtigen Geldinteressen (Militär, Unternehmen und Sicherheit) zu schmeicheln, die den Tiefen Staat betreiben und die Regierung in ihren Klauen halten.

GLOBALE POLIZEIARBEIT

Wer sich Bilder von internationalen Polizeikräften anschaut, dem fällt es schwer, zwischen der amerikanischen Polizei und der anderer Nationen zu unterscheiden. Es gibt einen Grund, warum sie alle gleich aussehen, gekleidet in die militarisierte, bewaffnete Uniform eines stehenden Heeres. Es gibt einen Grund, warum sie sich auch gleich verhalten und eine gemeinsame Sprache der Gewalt sprechen: Sie gehören zu einer globalen Polizeimacht.

Zum Beispiel stand Israel – einer der engsten internationalen Verbündeten Amerikas und einer der Hauptempfänger von mehr als 3 Milliarden Dollar jährlicher US-Militärhilfe[248] – an der Spitze eines wenig publizierten Austauschprogramms, das darauf abzielt, die amerikanische Polizei zu trainieren, damit sie als Besatzungsmacht in ihren Gemeinden agieren kann. Wie *The Intercept* zusammenfasst, erhält die amerikanische Polizei »im Wesentlichen Unterricht von Behörden, die eher militärische Herrschaft als ziviles Recht durchsetzen.«[249]

Diese Idee der globalen Polizeiarbeit wird durch das »Strong Cities Network Programm«[250] verstärkt, das lokale Polizeibehörden in ganz Amerika darin schult, Extremismus zu identifizieren, zu bekämpfen und zu verhindern sowie Intoleranz in ihren Gemeinden zu bekämpfen,[251] indem sie alle ihnen zur Verfügung stehenden Ressourcen nutzen. Zu den Städten, die dem globalen Netzwerk angehören, gehören New York City, Atlanta, Denver, Minneapolis, Paris, London, Montreal, Beirut und Oslo.

Das Ziel ist es, gewalttätigem Extremismus vorzubeugen, indem man seine

248 https://edition.cnn.com/2015/11/11/politics/us-foreign-aid-report/index.html
249 https://theintercept.com/2017/09/15/police-israel-cops-training-adl-human-rights-abuses-dc-washington/
250 https://www.abajournal.com/news/article/strong_cities_network_will_foster_collaboration_to_fight_violent_extremism
251 Ebd.

Quelle ins Visier nimmt: Rassismus, Bigotterie, Hass, Intoleranz und so weiter. Mit anderen Worten: Die Polizei – als verlängerter Arm der Vereinten Nationen – wird Personen identifizieren, überwachen und abschrecken, die etwas zeigen, ausdrücken oder tun, das als extremistisch ausgelegt werden könnte. Natürlich weckt das Anti-Extremismus-Programm der Regierung die Befürchtung, dass es in vielen Fällen dazu benutzt wird, ansonsten legale, gewaltfreie Aktivitäten als potenziell extremistisch einzustufen.

Man sollte bedenken, dass die Regierungsbehörden, die amerikanische »Extremisten« aufspüren, ihr Ziel – potenzielle Extremisten zu identifizieren und abzuschrecken – in Zusammenarbeit mit landesweit 78 »Fusionszentren«[252] verfolgen, mit Partnern im privaten Sektor und weltweit, Datenerfassungsagenturen, Verhaltenswissenschaftlern, Unternehmen, sozialen Medien und Community-Organisatoren. Dabei verlassen sie sich auf modernste Technologien für Überwachung, Gesichtserkennung, vorausschauende Polizeiarbeit,[253] Biometrie und Verhaltensepigenetik. Das ist Kriminalitätsvorbeugung auf ideologischer Ebene, die schon lange im Gange ist.

An fast jeder Front, sei es der Krieg gegen Drogen, der Verkauf von Waffen, die Regulierung der Einwanderung, die Einrichtung von Gefängnissen, die Weiterentwicklung der Technologie, der Kampf gegen eine Pandemie, wenn es Profit zu machen und Macht anzuhäufen gibt, können Sie darauf wetten, dass die Regierung und ihre globalen Partner bereits einen Deal ausgehandelt haben, bei dem das amerikanische Volk auf der Verliererseite steht.

Wir haben unsere Freiheiten schrittweise und schon lange verloren. Es ist schwer, genau zu bestimmen, ab wann alles bergab ging. Aber wir befinden uns jetzt sicherlich auf dieser Abwärtsbahn, und die Dinge bewegen sich schnell. Sie wurden uns verkauft im Namen der nationalen Sicherheit und des Weltfriedens, aufrechterhalten durch eine Art Kriegsrecht, das als Recht und Ordnung getarnt wurde, durch eine militarisierte Polizeiarmee und eine politische Elite, die entschlossen ist, ihre Macht um jeden Preis zu erhalten.

Die »Regierung des Volkes, durch das Volk, für das Volk« ist untergegangen. An ihre Stelle ist eine Schattenregierung getreten – eine korporatistische, militarisierte, festgefügte globale Bürokratie –, die voll funktionsfähig ist und

---

252 https://www.govtech.com/public-safety/new-partnership-to-help-fusion-centers-streamline-intelligence-gathering-dissemination.html
253 https://nationalpost.com/category/news/

das Land führt. Angesichts der Entwicklung und der dramatischen Expansion, Globalisierung und Verschmelzung von Staats- und Konzernbefugnissen werden wir dieses Land in 20 Jahren nicht mehr wiedererkennen. Es hat weniger als eine Generation gedauert, um unsere Freiheiten erodieren zu lassen und die Struktur des Global Deep State zu errichten, zu erweitern und zu verankern.

Nun gibt es diejenigen, die Ihnen sagen, dass jede Erwähnung einer New-World-Order-Regierung – eine Machtelite, die sich verschworen hat, die Welt zu regieren – der Stoff von Verschwörungstheorien ist.[254]

Wir gehören nicht zu diesen Skeptikern und sind absolut davon überzeugt, dass man den Mächtigen immer misstrauen sollte, beim ersten Eingriff in die eigenen Freiheiten Alarm schlagen und starke verfassungsmäßige Kontrollen gegen staatlichen Missbrauch und Fehlverhalten einrichten sollte. Auch können wir die Tatsache bestätigen, dass Macht korrumpiert, und absolute Macht absolut korrumpiert.

Ferner haben wir die Geschichte dieses Landes ausreichend intensiv studiert, um zu wissen, dass Regierungen, die US-Regierung ist da keine Ausnahme, manchmal nicht von dem Bösen zu unterscheiden sind, das sie zu bekämpfen vorgeben. Dieses Böse kann die Form des Terrorismus,[255] der Folter, des Drogenhandels,[256] des Sexhandels,[257] des Mordes, der Gewalt, des Diebstahls, der Pornographie, der wissenschaftlichen Experiment oder irgendeines anderen teuflischen Mittels annehmen, mit dem der Menschheit Schmerzen, Leiden und Knechtschaft zugefügt werden.

Früher haben viele über die Vorstellung eines Tiefen Staates[258] – auch bekannt als Schattenregierung – gespottet. Sie haben daran gezweifelt, dass der Faschismus jemals in Amerika Fuß fassen könnte,[259] und spöttisch auf jeden Hinweis reagiert, die Vereinigten Staaten könnten Nazi-Deutschland in den Jahren Hitlers' Aufstieg zur Macht ähneln. Wie ich es in meinem Buch »Battlefield America: Der Krieg gegen das amerikanische Volk«[260] herausgearbeitet

254 https://nymag.com/news/features/conspiracy-theories/new-world-order/
255 https://theintercept.com/2015/02/26/fbi-manufacture-plots-terrorism-isis-grave-threats/
256 https://www.tribpub.com/gdpr/sun-sentinel.com/
257 http://www.dallasnews.com/news/crime/2017/01/17/fbi-ran-child-porn-site-catch-predators-now-accused-crying-foul
258 https://www.politico.com/magazine/story/2017/09/05/deep-state-real-cia-fbi-intelligence-215537
259 https://www.politico.com/magazine/story/2018/03/01/no-fascism-cant-happen-here-217092
260 John W. Whitehead, Battlefield America: The War On The American People, New York 2015

habe, wissen wir es langsam besser. Viele sogenannte Verschwörungstheorien verwandelten sich in kalte, harte Tatsachen.

DYSTOPIE 2030 – GLOBALISTEN GEGEN DIE VÖLKERGEMEINSCHAFT

PETER KOENIG

Eine kleine Gruppe von autoritären und tyrannischen Multimilliardären führt Krieg gegen den Großteil der Menschheit. Den Menschen wird allerdings erzählt, sie lebten in einer Demokratie. In Wirklichkeit liegen ihr Leben und ihr Schicksal in den Händen einiger weniger ultra-reicher, ultra-mächtiger und ultra-unmenschlicher Oligarchen, die man auch als Deep State bezeichnen kann. Diese haben schon vor Jahrzehnten geplant, die Macht über die Menschheit zu übernehmen, sie zu kontrollieren und auf eine Zahl zu reduzieren, die sie für »angemessen« halten, damit Mutter Erde bewohnbar bleibt. Den Rest der Überlebenden wollen sie digitalisieren, roboterisieren und in eine neue Form der Leibeigenschaft überführen. Diese 0,001 Prozent führen Krieg gegen 99,999 der Weltbevölkerung, ein gigantisches Komplott, eine Kombination aus George Orwells »1984« und Aldous Huxleys »Brave New World«.

Die Chance, unser souveränes Selbst zurück zu erobern, ist umso größer, je früher die »Maskierten« und »sozial Distanzierten« erkennen, dass die Machtzentren Krieg gegen die Menschheit führen; je früher sie die weltweit dystopischen Zustände zur Kenntnis nehmen, die uns die Regierungen aufzwingen. Tatsache ist: Die Menschheit ist mit völlig illegalen und unterdrückerischen Maßnahmen konfrontiert, die ihr unter dem Vorwand des »Corona-Gesundheitsschutzes« auferlegt werden. Ungehorsam wird mit hohen Geldstrafen geahndet, die Anordnungen werden von Polizei und Militär durchgesetzt: Maskentragen, soziale Distanzierung auch von Freunden und Familie, Quarantäne und andere Willkürmaßnahmen.

Bedauerlicherweise haben die Menschen des Westens ihr Selbstbewusstsein spätestens seit Beginn des neoliberalen Ansturms der 1980er-Jahre schrittweise verloren. Scheibe um Scheibe, in Salamitaktik, haben die herrschenden »Eliten« die Menschen- und Bürgerrechte unter falschen Vorwänden und mithilfe unablässiger Medien-Propaganda abgeschnitten. Unter dem Corona-Regime schicken sich die »Eliten« an, die letzten Reste der Freiheit zu zerstören. Nun bettelt sogar die Mehrheit, in propagierten Gefahren aller Art ertränkt, um mehr Sicherheit und ist bereit, auch noch die allerletzten Reste ihrer Freiheiten aufzugeben. Im Schatten ihrer Propagandalügen und in ihrer hemmungslosen Gier nach stetiger Vermehrung ihrer Milliarden haben die Globalisten ihre Macht grenzenlos ausgeweitet.

Da die Zahl der erwachenden Menschen zunimmt, werden die Mächtigen immer nervöser und scheuen keine Mühen, Beamte, Verwaltungsangestellte, medizinisches Personal, sogar unabhängige Ärzte zu zwingen, das offizielle Narrativ zu stützen und zu fördern. Viele Menschen verteidigen jetzt die Lügen der Regierungen. Gekaufte wissenschaftliche »Task Forces« »beraten« die Regierungen und liefern ihnen Alibis, die Schrauben noch fester anzuziehen. Und was passiert, wenn sich der »Pöbel« nicht benimmt? Dann folgen Arbeitsplatzverlust, Entzug der ärztlichen Zulassung, physische Bedrohungen der Angehörigen und weitere Repressionen. Die bösen Aktionen und Einflussnahmen der Globalisten stoßen jedoch dort an eine Wand, wo sie mit gebildeten und aufgeweckten Menschen konfrontiert sind.

Ist jemandem aufgefallen, dass in der Winter-Grippe-Saison 2020/2021 die Grippe so gut wie verschwunden ist? Warum? Sie wurde in Covid umgelogen, um die Covid-Statistiken aufzublähen. Die »unsichtbare« Führungsriege der Globalisten diktiert den Regierungen die zu erfüllenden »Covid-Quoten«. Dies garantiert den Regierungen, unter dem Hammer der Globalisten zu überleben. Seit Jahrzehnten ist es die Taktik der Globalisten, die Menschen zu spalten. Ihre neueste brillante Idee ist die Einführung eines unsichtbaren Feindes, eines Virus als Grundlage von Angstkampagnen, um Menschen auf der ganzen Welt in Panik zu halten, zu tyrannisieren.

Das erinnert an die berüchtigten Worte, die Rockefeller-Schützling Henry Kissinger bereits vor mehr als einem halben Jahrhundert gesprochen hat: »Wer die Lebensmittelversorgung kontrolliert, kontrolliert die Menschen; wer die Energie kontrolliert, kann ganze Kontinente kontrollieren; wer das Geld kontrolliert, kann die Welt kontrollieren.«[261]

Im Folgenden zitiere ich einige Gedanken von Helen Buyniski aus einem

---

261 Zitiert bei: F. William Engdahl, Die Saat der Zerstörung, 4. Auflage, Rottenburg 2015

RT-Leitartikel vom 1. Januar 2021: »Überall sind die Menschen begierig darauf, sich von 2020 zu verabschieden, einem Jahr, in dem unser Leben von machtbesessenen Eliten auf den Kopf gestellt wurde, die die Covid-19-Pandemie als Chance nutzten, den Polizeistaat voll auszuschöpfen. [...] Die Menschheit wurde mit willkürlichen Regeln, erzwungener Armut und Isolation an ihre Grenzen gebracht – es wird nur ein oder zwei Funken brauchen, bis die Dinge explodieren.«

»Wenn die Impfstoffe in der Öffentlichkeit eingeführt werden, wird die Kluft zwischen denjenigen, die sich an die Regeln halten, und den Abweichlern immer größer. Diejenigen, die sich weigern, sich impfen zu lassen, werden als Ausgestoßene behandelt, aus einigen öffentlichen Räumen verbannt und ihnen wird gesagt, es sei ihre Schuld, dass das Leben nicht wieder normal geworden ist, das gleiche gelte für die sogenannten ›Anti-Maskierer‹.«[262]

»Jeder, der nicht von der Idee begeistert ist, ein experimentelles Präparat einzunehmen, dessen Hersteller von allen Klagen freigestellt wurde, wird als Staatsfeind betrachtet, sogar von seinen Kindern getrennt oder als Gesundheitsrisiko aus seinem Haus entfernt. Nachbarn werden sich fröhlich gegenseitig verpetzen, um den Gegenwert einer zusätzlichen Schokoladenration zu erhalten, was bedeutet, dass selbst die sklavischsten gehorsamen Individuen in ›Quarncentration Camps‹ [gemeint sind Quarantänelager, P. K.] enden könnten, weil sie die falsche Person verärgert haben.«[263]

Wir befinden uns mitten im Krieg, den uns die Globalisten und ihre Regierungen aufherrschen. Dieser Krieg hat unsere Gesellschaften schon jetzt verwüstet sowie Familien und Freundschaften zerrüttet. Wenn wir nicht aufpassen, können wir unseren Kindern und Enkeln nicht mehr in die Augen schauen. Wir hätten wissen können, was vor sich ging und geht, was diese kleine, dunkle Machtelite – die Globalisten – anrichtet. Wenn wir nicht aufstehen und für unsere Rechte eintreten, geht dieser Krieg weiter, der künftige Generationen darauf vorbereitet, andere Menschen zu meiden. Sie indoktrinieren bereits unsere Kinder, sich von Freunden, Schulkollegen, Gleichaltrigen fernzuhalten und nicht in Gruppen miteinander zu spielen – das sei die »Neue Normalität«.

---

262 Helen Buyniski, Civil war, medical discrimination, spy satellites and cyborgs! How 2021 could make us yearn for 2020, 01. 01. 2021: https://www.rt.com/op-ed/511255-2021-chaos-civil-war-vaccines/?utm_source=Newsletter &utm_medium=Email&utm_campaign=Email
263 Ebd.

Die bösen Meister, die angemaßte Crème de la Crème der Zivilisation, eben jene Globalisten, haben bereits die Bildungssysteme auf der ganzen Welt neoliberal transformiert und tun dies auch weiterhin, um Kindern und jungen Erwachsenen beizubringen, dass das Tragen von Masken überlebenswichtig ist und »soziale Distanzierung« der einzige Weg nach vorne.

DIE ZERSTÖRUNG DES SOZIALEN NETZES

Die Globalisten wissen sehr genau: Ist das soziale Gefüge zerbrochen, das eine Zivilisation zusammenhält, dann haben sie die Schlacht gewonnen. Vielleicht nicht den Krieg, denn der Krieg wird so lange weitergehen, so lange der Widerstand anhält. Die positive Dynamik des Lebens, der Menschen, Gesellschaften, ganzer Nationen und Kontinente ist ihr Albtraum. Ohne diese Dynamik würde das Leben auf dem Planeten stillstehen.

Sie wollen das genaue Gegenteil: einen globalistischen Diktator, der eine kleine Population von Leibeigenen oder roboterisierten Sklaven kontrolliert, die sich nur bewegen, wenn man es ihnen sagt, die nichts besitzen und ein digitales, Blockchain-gesteuertes universelles Einkommen erhalten, mit dem sie – je nach Verhalten und Gehorsam – Nahrung, Vergnügen und Komfort kaufen können. Sobald die Sklaven entbehrlich oder nicht mehr instrumentalisierbar sind, werden ihre elektronisch gesteuerten Gehirne einfach abgeschaltet.

DIE VORHUT DER GLOBALISTEN

Die Vorhut der Reichen und Superreichen dieses Planeten verfolgt sämtlich das eine Ziel: die Errichtung einer New World Order (NWO) oder der One World Order (OWO). Obskure Individuen leiten zum Beispiel das Weltwirtschaftsforum (WEF), die G-7, die G-20 (die Führer der wirtschaftlich stärksten Nationen) und einige weniger bedeutende Organisationen wie die Bilderberg Society, den Council on Foreign Relations (CFR), Chatham House und viele andere. Die aktuell wohl wichtigste Vorhut ist das World Economic Forum (WEF), das CEO Klaus Schwab im Jahr 1974 gründete.

Die Mitglieder aller dieser Institutionen und Organisationen überschneiden sich. Selbst diese erweiterte Vorhut ergibt zusammen weniger als 0,001 Prozent der Weltbevölkerung. Sie alle haben sich über souveräne, national gewählte und verfassungsmäßige Regierungen und über die Vereinten Nationen gestellt. In der Tat haben sie die UNO kooptiert, um ihre Wünsche durchzusetzen. UN-Generaldirektoren sowie die Generaldirektoren der zahlreichen UN-Unterorganisationen werden meist von den USA – je nach politischem und psychologischem Profil des Kandidaten – ausgewählt, mit dem zustimmenden Nicken ihrer europäischen Vasallen. Wenn seine oder ihre »Leistung« als Chef der UN oder Leiter einer der UN-Unterorganisationen den Vorstellungen der Globalisten nicht mehr entspricht, sind seine oder ihre Tage gezählt. Zudem haben die Globalisten folgende Institutionen oder Organisationen gekapert oder geschaffen: die Europäische Union, die Bretton-Woods-Organisationen (Weltbank und IWF), ferner die Welthandelsorganisation (WTO) aber auch den Internationalen Strafgerichtshof (ICC) in Den Haag. Dieser hat keine Zähne. Damit ist sichergestellt, dass das Gesetz immer auf der Seite der Gesetzlosen bleibt.

Neben den Top-Playern Weltbank und IWF halten auch regionale Entwicklungsbanken und ähnliche Finanzinstitutionen die Länder ihrer jeweiligen Region in Schach. Am Ende kontrolliert die Finanz- oder Schuldenwirtschaft alles. Das westliche neoliberale Banditentum hat ein hochkriminelles System geschaffen, mit dem sie politischen Ungehorsam durch wirtschaftliche Unterdrückung oder Diebstahl des nationalen Vermögens in internationalen Territorien bestrafen. Der gemeinsame Nenner des Systems ist der (immer noch) omnipräsente US-Dollar.

UNGEWÄHLTE INDIVIDUEN

Wir, das Volk, halten es für normal, dass obskure, nichtgewählte Individuen das Sagen haben und nicht unsere souveränen Nationen und souverän gewählten Regierungen. Wir sind eine Herde von gehorsamen Schafen geworden. Die Globalisten haben allmählich und leise die Macht übernommen. Wir haben es aber nicht bemerkt. Man merkt es leider erst, wenn es zu spät ist und die Freiheit, die Bürger- und Menschenrechte verschwunden sind. Ein Beispiel dafür ist der US-Patriot Act. Er wurde lange vor 9/11 vorbereitet. Nach 9/11 wurde die Patriot-Gesetzgebung zum angeblichen Schutz des Volkes in Windeseile durch den Kongress gepeitscht, denn die Leute rief aus Angst danach. Und Bingo, der Patriot Act raubte der amerikanischen Bevölkerung weitgehend ihre Freiheit und ihre Bürgerrechte und das endgültig.

Die Globalisten haben die Menschheit versklavt. Sie bestimmen über Aufstieg und Untergang unserer Volkswirtschaften, wer durch Schulden erpresst und gefesselt werden soll, wann und wo eine Pandemie ausbricht und über die Bedingungen, unter denen wir eine inszenierte Pandemie überleben können. Die Instrumente, die sie sehr geschickt einsetzen, sind ein winzig kleiner unsichtbarer Feind, genannt Virus, und ein riesiges, aber ebenfalls unsichtbares Monster, genannt ANGST. Diese beiden Instrumente entfernen uns von der Straße und hindern uns, unsere Freunde wiederzusehen oder uns an Gesprächen, dem Theater, dem Sport oder einem Picknick im Park zu erfreuen.

Bald werden die Globalisten sogar darüber entscheiden, wer leben und wer sterben wird – wenn wir es zulassen. Eine weitere Pandemiewelle und die Menschen werden um einen Impfstoff betteln, brüllen und schreien und die Superbonanza für Big Pharma und die Ziele der Eugeniker gutheißen.[264] Noch ist Zeit, kollektiv NEIN zu sagen. Kollektiv und solidarisch.

AGENDEN UND PROBELÄUFE

Werden die Völker die Agenda des nicht gewählten WEF akzeptieren? Die Globalisten werden sich auf opportunistische Weise nun als Weltretter darstellen und auf den Schutz dessen konzentrieren, was sie als Treiber des Globalisierungsprozesses der letzten Jahrzehnte von Mutter Erde übrig gelassen haben. Im Zentrum ihrer Argumentation wird natürlich die vom Menschen verursachte CO2-basierte »Globale Erwärmung« stehen. Das Instrument für den Schutz von Natur und Menschheit ist die UN-Agenda 2030[265] – sie entspricht den 17 UN Sustainable Development Goals (SDG).[266] Die UN-Agenda konzentriert sich darauf, die mutwillig zerstörte Weltwirtschaft nach den »grünen« Prinzipien der 17 SDGs wieder aufzubauen.

Wohlgemerkt, dies alles hängt miteinander zusammen. Die berüchtigte Agenda 2021,[267] die mit der (UN-)Agenda 2030 übereinstimmt und diese ergänzt, wurde im Januar 2021 durch die offizielle Erklärung des WEF zum »The

---

264 https://www.ted.com/talks/bill_gates_innovating_to_zero?language=en#t-11976
265 https://sdgs.un.org/2030agenda
266 https://sdgs.un.org
267 https://sustainabledevelopment.un.org/outcomedocuments/agenda21

Great Reset«[268] gebührend eingeweiht. In ähnlicher Weise begann die Umsetzung des »Great Reset« im Januar 2020, mit dem Start der Corona-Pandemie. Diese wurde seit Jahrzehnten geplant. Die Vorläufer und die Probeversionen des laufenden Corona-Regimes waren der Rockefeller Report aus dem Jahr 2010 mit seinem »Lockstep Szenario«,[269] ferner Event 201 vom 18. Oktober 2019 in New York,[270] der eine Corona-Pandemie computersimulierte, mit 65 Millionen Toten und einer ruinierten Wirtschaft innerhalb von 18 Monaten. Event 201 lief nur wenige Wochen vor dem Start der tatsächlichen Corona-Pandemie.[271]

Der Plan der Globalisten, das umzusetzen, was hinter der UN-Agenda 2030 steckt, ist die wenig beachtete Agenda ID2020.[272] Bei dieser handelt es sich um eine Allianz zwischen öffentlich-privaten Partnern einschließlich UN-Agenturen und der Zivilgesellschaft. ID2020 ist ein elektronisches Identifikationsprogramm, das die allgemeine Impfung als Grundlage für die digitale Identität benutzt. ID2020 wurde von Bill Gates geschaffen und finanziert, ebenso wie GAVI, die »Global Alliance for Vaccines and Immunizations«.[273] GAVI ist eine Vereinigung von Big Pharma, die an der Entwicklung der Coronavirus-Impfstoffe beteiligt ist und die zusammen mit der Bill & Melinda Gates Foundation (BMGF) einen Großteil des WHO-Budgets finanziert.

Der »Great Reset«, wie ihn Klaus Schwab und sein Mitarbeiter Thierry Malleret ankündigen, soll offensichtlich mit Hilfe der Agenda ID2020 umgesetzt werden. Dahinter verbirgt sich mehr, als es den Anschein hat. Die Agenda ID2020 ist sogar in den SDGs verankert und zwar als SDG 16.9. Ziel ist, »bis

---

268 https://www.weforum.org/great-reset/
269 Peter Koenig, COVID-19, We Are Now Living the »Lock Step Scenario«. International Conference on the 75th Anniversary of Liberating Italy; An interview with Peter Koenig livestreamed by BYOBLU and Pandora TV, 27.04.2020: https://www.globalresearch.ca/rid-ourselves-war-virus/5710882; The Rockefeller Foundation, Scenarios for the Future of Technology and International Development, May 2010: http://www.nommeraadio.ee/meedia/pdf/RRS/Rockefeller Prozent20Foundation.pdf
270 https://www.centerforhealthsecurity.org/event201/
271 Michael Chossudovsky, Global Capitalism, »World Government« and the Corona Crisis. When the Lie Becomes the Truth There is No Moving Backwards, 01.05.2020: https://www.globalresearch.ca/global-capitalism-world-government-and-the-corona-crisis/5712312; Robert F. Kennedy, Peter Koenig, Moderna's »Clinical Trial Results for Its Groundbreaking COVID Vaccine Could Not Be Much Worse«, 22.05.2020: https://www.globalresearch.ca/moderna-covid-vaccine-trials/5713705
272 Peter Koenig, The Coronavirus Vaccine: The Real Danger is »Agenda ID2020«. Vaccination as a Platform for »Digital Identity«. What is the infamous ID2020? It is an alliance of public-private partners, including UN agencies and civil society. It's an electronic ID program that uses generalized vaccination as a platform for digital identity, 27.02.2021: https://www.globalresearch.ca/coronavirus-causes-effects-real-danger-agenda-id2020/5706153
273 https://www.gavi.org

2030 eine legale [digitale] Identität für alle bereit[zu]stellen, einschließlich einer kostenlosen Geburtsregistrierung«.[274] Das passt perfekt in die Gesamtkonzeption von SDG 16: »Friedliche und integrative Gesellschaften für eine nachhaltige Entwicklung fördern, Zugang zu Gerechtigkeit für alle ermöglichen und effektive, rechenschaftspflichtige und allumfassende Institutionen auf sämtlichen Ebenen aufbauen.«[275]

Dem offiziellen Weg der UN-Agenda 2030 zur Erreichung der SDGs folgend wird die Agenda ID2020 derzeit an Schulkindern in Bangladesch getestet. Dabei werden den Kindern zusammen mit verpflichtenden Impfprogrammen digitalisierte Ausweise ausgehändigt.

Alles dies wird die Digitalisierung des Geldes und die Einführung von 5G vorantreiben und hierzu ist es notwendig, persönliche Daten auf Nano-Chips zu laden, die Bevölkerung zu überwachen und zu kontrollieren. Daher ist es auch kein Wunder, dass Agenda ID2020 von den Mainstream-Medien kaum erwähnt wird. ID2020 ist die ultimative Kontrolle der Weltbevölkerung durch eine kleine Elite in der One World Order. Der Mechanismus von ID2020 würde erlauben, alle Menschen auf diesem Planeten zu erfassen, zu kontrollieren und ihre Daten zu vernetzen, einschließlich aller Gesundheitsdaten, Geldflüsse, Bankkonten sowie ihres Verhaltens in einer Gesellschaft, die ich nicht mehr Zivilisation nennen möchte. Die Agenda ID2020 könnte auch »Impf-Programme« beinhalten, um die Weltbevölkerung signifikant zu reduzieren. Eugenik ist ein wichtiger Bestandteil bei der Kontrolle der Weltbevölkerung.[276] Das alles klingt wie eine Verschwörungstheorie, tatsächlich handelt es sich jedoch um ein gigantisches Komplott, beispiellos in der Menschheitsgeschichte.

AGENDA-IMPLEMENTIERUNG DURCH LOCKDOWNS

Die herrschende Elite verwendet die Lockdowns als Instrument, um die genannten Agenden durchzusetzen. Wäre all dies der Öffentlichkeit bekannt, wären die »Eliten« mit massiven Protesten konfrontiert. Darum organisieren

---

274 https://indicators.report/goals/goal-16/
275 Ebd.
276 Peter Koenig, Vernon Coleman, Agenda ID2020 of the »One World Order«: The 101 to Understanding Its Implications, globalresearch, 17. 08. 2020: https://www.globalresearch.ca/agenda-id2020-101-understanding-implications/5721260. Siehe auch Georgia Guidestones, geheimnisvoll im Jahr 1980 gebaut. https://en.wikipedia.org/wiki/Georgia_Guidestones#Inscriptions

sie Gegendemonstrationen aller Art und finanzieren diese auch. Dabei schreckt z. B. die Ford-Foundation nicht einmal davor zurück, die noch vor Jahren von den Eliten als unbedeutend eingeschätzte »Black Lives Matter«-Bewegung finanziell zu unterstützen.[277]

Um die Bevölkerung in den USA und in Europa zu kontrollieren, dort, wo die meisten Unruhen zu erwarten sind, ist die totale Militarisierung der Länder erforderlich. Und diese wird vorbereitet. In seinem Essay »The Big Plantation« berichtet John Steppling, dass nach einem Artikel der New York Times »… mindestens 93.763 Maschinengewehre, 180.718 Magazinkassetten, Hunderte von Schalldämpfern und eine unbekannte Anzahl von Granatwerfern seit 2006 an staatliche und lokale Polizeidienststellen in den USA geliefert worden sind. Dies ist zusätzlich zu mindestens 533 Flugzeugen und Hubschraubern und 432 MRAPs – 9 Fuß hohe, 30 Tonnen schwere minensichere, gegen Angriffe gepanzerte Fahrzeuge mit Geschütztürmen und mehr als 44.900 Stück Nachtsichtgeräte, die regelmäßig bei nächtlichen Razzien in Afghanistan und im Irak eingesetzt werden.«[278]

Steppling fügt hinzu, dass diese Militarisierung Teil eines breiteren Trends ist. Seit den späten 1990er-Jahren verfügten etwa 90 Prozent der Polizeidienststellen in den Vereinigten Staaten, die für mindestens 50.000 Menschen zuständig waren, über eine PPU (Police Paramilitary Unit). Das sind fast doppelt so viele wie noch Mitte der 1980er-Jahre. Steppling bezeichnet diese militarisierte Polizei als die neue Gestapo.

Bereits vor Covid-19 lebten in den Vereinigten Staaten etwa 15 bis 20 Prozent der Bevölkerung an oder unter der Armutsgrenze. Die wirtschaftliche Vernichtung nach den Lockdowns wird diesen Prozentsatz mindestens verdoppeln und das Risiko für zivile Unruhen und Zusammenstöße mit den Behörden entsprechend erhöhen. Dies wird weiteren Rechtfertigungen für eine militarisierte Polizei zusätzlichen Auftrieb geben.

SCHÖNE NEUE POST-COVID-ARBEITSWELT

Für die Post-Covid-Arbeitswelt hat das WEF ein neues diabolisches Projekt aus

---

277 https://www.wsws.org/de/articles/2016/10/14/blac-o14.html
278 https://www.nytimes.com/2014/06/09/us/war-gear-flows-to-police-departments.html

der Taufe gehoben und im Oktober 2020 der Öffentlichkeit als Versuchsballon präsentiert, um zu testen, wie sie darauf reagiert.[279]

Das 31-seitige Dokument »Resetting the Future of Work Agenda«[280] vom Juli 2020 ist eine Blaupause dessen, wie der »Great Reset« ausgeführt werden soll. Sie bezeichnen das Dokument als »White Paper«, als Weißpapier, was bedeutet, dass es sich um eine Art Entwurf handelt. Es liest sich in der Tat wie ein Henkersmärchen. Wüssten die Menschen, was das WEF vorhat, dann würden sie zu den Waffen greifen und gegen diese neueste totalitäre Blaupause und ihre Urheber kämpfen. Der Zeitrahmen beträgt zehn Jahre, weil bis 2030 die UN-Agenda 2021 umgesetzt werden soll.

Der Bericht sieht für rund 80 Prozent der (überlebenden) Bevölkerung eine schreckliche Zukunft vor. Das World Economic Forum stellt sich die konkrete Umsetzung des »The Great Reset« für die Arbeitswelt folgendermaßen vor:[281]

- Beschleunigung der digitalisierten Arbeitsprozesse. 84 Prozent sollen als digitale oder virtuelle/Videokonferenzen durchgeführt werden. Es ist geplant, dass etwa 83 Prozent der Menschen aus der Ferne arbeiten, das heißt keine Interaktion mehr zwischen Kollegen besteht. Es geht um die absolute soziale Distanzierung, das heißt die Trennung der Menschheit von menschlichem Kontakt.
- Automatisierung von etwa 50 Prozent aller Aufgaben.
- Beschleunigung der digitalisierten Höherqualifizierung/Umschulung (z. B. Anbieter von Bildungstechnologie) auf einen Anteil von 42 Prozent, möglichst alles soll am Computer stattfinden, über künstliche Intelligenz (KI), Algorithmen. 35 Prozent aller Fertigkeiten sollen »umgeschult« werden, das heißt bestehende Fertigkeiten sollen aufgegeben und für nicht mehr vorhanden erklärt werden.
- Beschleunigung der laufenden organisatorischen Umstrukturierungen. 34 Prozent der derzeitigen Organisationsstrukturen sollen »umstrukturiert« werden und bestehende werden für veraltet erklärt. Ziel ist die größtmögliche Kontrolle aller Aktivitäten.

279 Peter Koenig, The Post Covid World, The WEF's Diabolical Project: »Resetting the Future of Work Agenda« – After »The Great Reset«. A Horrifying Future, globalresearch, 16. 12. 2020: https://www.globalresearch.ca/world-economic-forum-step-two-resetting-future-work-agenda-after-great-reset/5729175
280 http://www3.weforum.org/docs/WEF_NES_Resetting_FOW_Agenda_2020.pdf
281 Resetting the Future of Work Agenda: Disruption and Renewal in a Post-COVID World, WHITE PAPER OCTOBER 2020; http://www3.weforum.org/docs/WEF_NES_Resetting_FOW_Agenda_2020.pdf

- Vorübergehende Neuzuweisung von Arbeitnehmern für verschiedene Aufgaben. Dies wird voraussichtlich 30 Prozent der Belegschaften betreffen. Das bedeutet auch völlig andere Lohnskalen. Das ebenfalls geplante »universelle Grundgehalt« oder »Grundeinkommen«, ein Lohn, mit dem man kaum überleben kann, würde dann zu einer offensichtlichen Notwendigkeit werden. Aber es würde die Menschen völlig abhängig von einem digitalen System machen, über das sie keinerlei Kontrolle haben. Von dem vorübergehenden Personalabbau sind voraussichtlich 28 Prozent der Bevölkerung betroffen. Diese zusätzliche Arbeitslosenzahl wird verschleiert werden, da die »vorübergehende« Arbeitslosigkeit nie wieder auf Vollzeit steigen wird.
- Dauerhafter Personalabbau um 13 Prozent.
- Vorübergehende Erhöhung des Personalbestands um 5 Prozent. Es gibt keinen Hinweis darauf, um welche Art von Arbeitskräften es sich handelt, wahrscheinlich ungelernte Arbeitskräfte, die früher oder später auch durch Automatisierung, durch »Künstliche Intelligenz« und Roboterisierung ersetzt werden sollen.

Ferner sieht der »Great Reset« ein Kreditsystem vor, bei dem alle persönlichen Schulden gegen Aushändigung sämtlicher persönlicher Vermögenswerte an ein Verwaltungsorgan oder eine Agentur »erlassen« werden – dies könnte der IWF sein. Die Menschen würden nichts mehr besitzen und glücklich sein,[282] denn für all ihre Bedürfnisse wird gesorgt – so die Ideologen.

Neben vielen Menschenrechtsverletzungen und Katastrophen sieht der »Great Reset« zum Beispiel vor, dass die Verwendung der von uns erwirtschafteten Ressourcen von unserem Verhalten abhängig gemacht werden soll – anders ausgedrückt: Wir sollen von der Gnade dieser Kabale abhängig sein und uns den Wünschen des Tiefen Staates unterwerfen, der Schattenregierung, diesem Netzwerk von Oligarchen, das alle 193 UN-Mitgliedsstaaten plus die UN kontrolliert. Nur dann dürfen wir unser eigenes Einkommen für den Kauf von Waren verwenden, die uns noch zur Verfügung stehen. Denn nach verschiedenen WEF-Papieren könnte sogar das freie Warenangebot in Frage stehen,

---

282   You'll own nothing. And you'll be happy: https://www.youtube.com/watch?v=ER04dbt5p74

wenn künstlich Engpässe bei Lebensmitteln, Gesundheitsartikeln und anderem erzeugt werden.[283]

Aber die Kabale will noch mehr: Wie oben bereits kurz erwähnt soll den Menschen nicht in den Sinn kommen, das System abzulehnen – denn inzwischen ist jeder geimpft und wurde mit einem Nano-Chip versehen, sodass mit 5G oder bald auch mit 6G Gedanken gelesen und beeinflusst werden können. DARPA, die Defense Advanced Research Projects Agency, als Teil des Pentagons, hat diese Technologie bereits vor Jahren entwickelt. Sie umzusetzen, ist nur eine Frage der Zeit. Und sie wird umgesetzt werden, wenn wir nicht aufbegehren. Massiver ziviler Ungehorsam ist das Gebot der Stunde. Je länger wir untätig bleiben, desto mehr schlafwandeln wir in diese menschliche Katastrophe.

Weder »The Great Reset« noch die »Resetting the Future of Work Agenda« erwähnen, wer diese drakonischen neuen Regeln durchsetzen wird. Es handelt sich offenbar um dieselben Kräfte, die jetzt für die Kriegsführung in den Städten und für die Unterdrückung von Aufständen und sozialen Unruhen ausgebildet werden: die Polizei und das Militär.

DEN WIDERSTAND STÄRKEN

Die Organisationen des zivilen Ungehorsams werden sich mit der Frage befassen müssen, wie man mit der Polizei und dem Militär sprechen kann, wie man sie aufklären und darüber informieren kann, für welche Zwecke sie von dieser kleinen diabolischen Kabale missbraucht werden. Auch Lehrer, medizinisches Personal und Menschen aller Berufssparten müssen aufgeklärt und über die Wahrheit informiert werden.

Die Medien-Desinformation ist brutal und mächtig und für den Widerstand ohne zusätzliche Budgets schwer zu konterkarieren. Die Medien der Herrschenden setzen alles daran, uns Menschen immer weiter zu spalten. Nur die Angstfreiheit wird »Resetting the Future of Work Agenda« und »The Great Reset« in Stücke reißen und Organisationen wie das WEF und kooptierte

---

283   Peter Koenig, Radical De-Globalization: Finding Back Our Freedom and Sovereignty: Tyrants Don't Create Tyranny. Your Obedience Does. Digitization of the human genome, robotization of our brains, digitization and full control of human finances, globalresearch, 14.12.2020: https://www.globalresearch.ca/radical-de-globalization-finding-back-our-freedom-sovereignty-tyrants-dont-create-tyranny-obedience-does/5732186

UN-Agenturen wie WHO, UNICEF, WTO, Weltbank, IWF, ja vielleicht sogar das gesamte UN-System abschaffen.

Die Globalisten handeln ohne jede Ethik und sind völlig in die Tiefe ihrer moralischen Dysfunktionen herabgesunken. Die Zeit ist gekommen, die politischen und wirtschaftlichen Führer, die hinter diesem Projekt stehen, nach internationalen Menschenrechtsstandards oder wegen Verbrechen gegen die Menschlichkeit anzuklagen.

DIE GROSSE TRANSFORMATION

DIE GROSSE TRANSFORMATION

MORITZ ENDERS IM INTERVIEW MIT MARCO PIZZUTI

Die Corona-Krise wurde von langer Hand vorbereitet. Die Machtzentren in Finanzwirtschaft, Big Pharma, Gesundheitsindustrie und Wissenschaft sowie in den tiefenstaatlichen Formationen der Regierungen nutzen die entfachte Corona-Krise, um die kleinteilige und mittelständische Wirtschaft sowie die Demokratie abzuräumen. Die manifesten Versuche zur Auslöschung historischer, kultureller und humanitärer Gewissheiten sind Teil eines zynisch-menschenverachtenden Projekts des »Great Reset«. Die großen Kapital- und Konzern-Akteure um das World Economic Forum wollen eine Neue Kunst-Welt auf der Grundlage aller ihnen zur Verfügung stehenden Technologien erschaffen. Dazu haben sie sich mit Regierungen und Propagandaindustrie verbündet. In der Welt der 4. industriellen Revolution bestimmen billionenschwere Kapitalgesellschaften, Regierungen und ihre Repressionsapparate über Menschen. Der Journalist und Filmemacher Moritz Enders hat zu diesem Komplex den italienischen Geheimdienstspezialisten und Publizisten zahlreicher Bücher Marco Pizzuti interviewt.

Enders: Wir leben in Zeiten des schnellen technologischen Wandels. Ist es möglich vorherzusagen, wie die Welt im Jahr 2030 aussehen wird? Welche Innovationen werden den größten Einfluss auf das tägliche Leben der Menschen haben?

Pizzuti: Was jetzt kommt, wird die gesamte Gesellschaft überrumpeln und schockieren, denn die breite Masse hat nicht einmal eine leise Vorstellung von den großen technologischen Fortschritten, die in den letzten Jahren stattgefunden haben. Die sogenannte industrielle Revolution 4.0, die künstliche Intelligenz, die Robotik, die Kybernetik, die Genetik, die Nanotechnologie und die Biotechnologie haben ein Niveau erreicht, das bisher nur in der Welt der Science-Fiction zu finden war. Bisher blieb dieses Wissen weitestgehend auf die Labore beschränkt. Doch aktuell stehen wir kurz davor, dass es ins Freie tritt und die menschliche Natur herausfordert, die gegenüber dem unendlichen Wachstumspotenzial der künstlichen Intelligenz an ihre Grenzen kommt. Die neue Software ist so konzipiert, dass sie menschliche neuronale Prozesse imitiert und nie aufhört zu lernen.

Programme wie »Amelia« sind bereits auf dem Markt, die autonom sprechen und »denken« können, jede Sprache lernen und sogar kleinste Veränderungen im Gesichtsausdruck registrieren, um den Grad der Aufrichtigkeit und den emotionalen Zustand ihrer menschlichen Gesprächspartner zu erkennen. »Amelia« ist fast vollständig in der Lage, die Mitarbeiter von Callcentern zu ersetzen, ohne dass es Probleme mit Arbeitszeiten, Gehalt, Abfindung, Rente, Krankheit, Streitigkeiten oder Streiks gibt. Und weil das Programm nie aufhört zu lernen, wird »Amelia« sehr bald auch die Aufgaben von Verkäufern und anderen vergleichbaren Berufen übernehmen können. In den großen internationalen Kanzleien ist bereits »Ross« angekommen, eine weitere KI-Software, die in wenigen Minuten die Beratungsarbeit erledigen kann, die wochenlange Arbeit von 50 Superanwälten erfordern würde.[284] Aber auch in anderen Bereichen haben künstliche Intelligenzen die Arbeit von Richtern,[285] Ärzten,[286] Musikern,[287] Übersetzern,[288] Schriftstellern,[289] Drehbuchautoren,[290] Schauspielern,[291] Buchhaltern,[292] Prostituierten,[293] Polizisten,[294] Piloten,[295] Politikern,[296] Soldaten,[297] Lehrern[298] und Journalisten[299] übernommen. In keinem Beruf sind

---

284 Andrea Daniele Signorelli, Gli avvocati-robot arrivano anche in Italia, La Stampa, 15. Oktober 2017
285 Antonio Dini, Debutta in Estonia il giudice-robot: le sentenze dall'intelligenza artificiale, corrierecomunicazioni. it, 16. Mai 2019
286 Supercomputer Watson diagnostica un tumore in dieci minuti, Ansa, 19. August 2017
287 Festival della canzone, testi e musiche li scrive l'intelligenza artificiale, La Repubblica, 27. April 2020
288 Bernard Marr, Will Machine Learning AI Make Human Translators An Endangered Species?, Forbes, 24. August 2018
289 Steven Poole, The rise of robot authors: is the writing on the wall for human novelists?, The Guardian, 25. März 2019
290 This is what happens when an AI-written screenplay is made into a film, The Guardian, 10. Juni 2016
291 Rebecca Keegan, A. I. Robot Cast in Lead Role of $70M Sci-Fi Film, The Hollywood Reporter, 24. Mai 2020
292 Mestieri in evoluzione Contabilità e intelligenza artificiale: ecco perché i commercialisti dovranno ripensare il loro lavoro, Linkiesta, 8. Juni 2019
293 Jon Lockett, Robot Phwoars World's first brothel staffed entirely by robot sex workers now looking for investors to go global, The Sun, 30. Juli 2017: https://www.thesun.co.uk/news/4131258/worlds-first-brothel-staffed-entirely-by-robot-sex-workers-now-looking-for-investors-to-go-global/
294 Robotic traffic policemen equipped with facial recognition cameras start patrolling the streets of China, Daily Mail, 7. August 2019
295 Ryan Browne, Artificial Intelligence co-pilots US military aircraft for the first time, CNN, 16. Dezember 2020
296 Valentina Ruggiu, Arriva Sam, il primo politico robot. Vuole candidarsi nel 2020 in Nuova Zelanda, La Repubblica, 4. Dezember 2017
297 Frank Pasquale, ›Machines set loose to slaughter‹: the dangerous rise of military AI, The Guardian, 15. Oktober 2020
298 Noah Sheldon, China has started a grand experiment in AI education. It could reshape how the world learns, technologyreview.com, 2. August 2019
299 Calum Chace, The Impact of AI on Journalism, Forbes, 24. August 2020

Menschen unersetzlich und selbst die körperlichen Fähigkeiten von anthropo-
morphen Robotern sind mittlerweile nicht mehr wegzudiskutieren. Die von der
Firma Atlas gebauten Automaten können zum Beispiel bereits Purzelbäume,
Drehungen und Kunststücke wie ein Olympiasieger ausführen, die es ihnen ermöglichen, jede Art von Handarbeit zu verrichten. Maschinen werden anstelle
von Menschen arbeiten, und das bedeutet, dass unsere Spezies in den nächsten
Jahren im Vergleich zu Maschinen völlig nutzlos und überflüssig wird. Kurzum,
alles wird sich verändern und der Mensch muss sich, um seine Erfindungen zu
überleben, auch selbst buchstäblich neu erfinden.

Der Transhumanismus ist eine kulturelle Bewegung, die beabsichtigt, die
menschliche Genetik zu modifizieren, um Verbesserungen und Erweiterungen
jeglicher Art vorzunehmen. Ray Kurzwell (leitender Forschungsdirektor bei
Google) und andere bekannte Wissenschaftler aus der ganzen Welt entwer-
fen bereits sich selbst zusammensetzende neuronale Schnittstellen, die von
Nanobots (Robotern im Nanomaßstab) gebildet werden. Diese können ohne
Operation in den menschlichen Körper eindringen und Implantate schaffen,
die den menschlichen Geist mit Maschinen verbinden. Die Aufrüstung unserer intellektuellen Fähigkeiten steht vor der Tür. Mensch und Maschine sollen
miteinander verschmelzen. Aller Wahrscheinlichkeit nach leben wir in der
Ära der letzten Generation von Menschen, die ohne kybernetische Implantate
und genetische Veränderungen existiert. Den eigentlichen »Startschuss« für
den Beginn dieser radikalen Revolution wird das neue 5G-Netz sein. Denn es
verfügt als einziges über genügend Leistung, um bis zu 1 Million Geräte pro
Quadratkilometer mit künstlicher Intelligenz zu verbinden.

Autos, Häuser, Städte, Fabriken, Arbeitsplätze und vieles andere, ja sogar die
Türen unserer Häuser, werden smart werden: smartes Auto, smartes Haus, smart
city, smart factory, smart working. In einer Sitzung des World Economic Forum
in Davos haben die großen Finanzmächtigen beschlossen, dass sie die durch
die Pandemie verursachten wirtschaftlichen Katastrophen ausnutzen werden,
um eine neue, vollständig digitale Gesellschaft zu errichten. Wir müssen uns
daher sofort die Frage stellen, wie all diese neuen Technologien genutzt werden.
Werden sie dem Gemeinwohl dienen? Oder wird die derzeitige Machtelite sie
ausnutzen, um ihre absolute Herrschaft über die Massen durchzusetzen?

Diejenigen, die verstehen, dass es sich hierbei nicht mehr um Science Fiction handelt, sondern um das, was uns in den nächsten zehn Jahren wirklich

erwartet, sollten sich ernsthaft Sorgen machen. Wir werden in einer »neuen Welt« leben, die von künstlicher Intelligenz mit Drohnen, Kameras und Robotern mit Gesichtserkennung regiert wird, in der jeder Aspekt des Lebens der Bürger in Echtzeit überwacht, verfolgt, gespeichert und gelenkt wird, in der eine kleine Gruppe privilegierter Personen mit Zugang zu den Schlüsseln des Systems uns den Zugang zu Orten, Waren und Dienstleistungen erlauben oder verbieten wird.

Kurz gesagt, die neue smarte Gesellschaft wird durch eine hochgradig zentralisierte Macht gekennzeichnet sein, die es den menschlichen Managern des »großen Bruders« erlauben wird, unser Leben zu regieren und alles über uns zu wissen, während wir nicht in der Lage sein werden, irgendetwas über sie zu wissen. Auch werden wir nicht in der Lage sein, irgendetwas zu unternehmen, falls sie eine Tyrannei im Orwell'schen Stil errichten.

Enders: Die Krise um das Coronavirus, die im Jahr 2020 begann, hat angebliche Gesundheitsprobleme in den Vordergrund gerückt. Was sind die Chancen und Risiken von modernen Impfstoffen wie der mRNA-Impfung?

Pizzuti: Leider sehe ich in den neuen SARS-CoV-2-Impfstoffen keine wirkliche Chance, denn es gibt keinen Notfall. Das Virus ist mutiert und mutiert weiter, sodass die Impfstoffprophylaxe kaum wirksam ist. Außerdem heilt Covid-19 in den allermeisten Fällen fast immer ohne Komplikationen aus, die Letalitätsrate ist gering und betrifft fast ausschließlich Menschen über 80 Jahre mit zwei oder drei Vorerkrankungen. Was die neuen Boten-RNA-Impfstoffe betrifft, muss man wissen, dass sie ein absolutes Novum sind, sie bergen erhebliche Risiken aufgrund fehlender Mittel- oder Langzeitstudien. Während herkömmliche klassische Impfstoffe Fragmente aktiver oder abgeschwächter Viren enthalten, um das Immunsystem zur Bildung spezifischer Antikörper zu veranlassen, funktionieren mRNA-Impfstoffe nach einem völlig neuen Prinzip: Einzelsträngige Ribonukleinsäure (Messenger-RNA) wird verwendet, um Informationen in die Zellen einzuschleusen und die Produktion von Antikörpern gegen das »Spike«-Protein des Virus auszulösen. Uns wird gesagt, dass mRNA-Impfstoffe harmlos und frei von Nebenwirkungen seien, aber diese Behauptungen sollten mit Vorsicht betrachtet werden. In der bisher umfangreichsten Studie zu einem mRNA-Tollwutimpfstoff, an der 101 Freiwillige teilnahmen, traten bei 78 Prozent Nebenwirkungen wie Schüttelfrost und Fieber auf. Einer der Probanden erlitt eine Gesichtsnervenlähmung, und noch sind keine weiteren Langzeitnebenwirkungen bekannt.[300] Es gibt viele Beispiele bei konventionellen Impfungen (den am besten untersuchten und bewährten der Welt) für Komplikationen, die erst Jahre nach einer Impfung auftraten. So kam es bei einem 2018 zugelassenen Gürtelrose-Impfstoff nach längerer Zeit als Nebenwirkung zu schweren Hauterkrankungen. Erst im Jahr 2020 wurde die Arzneimittelkommission der deutschen Ärzteschaft darauf aufmerksam und begann mit entsprechenden Untersuchungen.[301]

Enders: Ist davon auszugehen, dass Impfungen in Zukunft mit einem digitalen Identitätsnachweis verknüpft werden, wie es in Bangladesch im Rahmen des ID2020-Programms bereits umgesetzt wurde? Werden die Bürger in Zukunft von Staaten und Unternehmen durch Programme wie ID2020 stärker überwacht?

Pizzuti: Mainstream-Medien, Gesundheitsbehörden und die Legionen von »Faktenprüfern«, die vom Machtestablishment über das Web verstreut werden, behaupten, dass ein solches Risiko nur in den Köpfen von Verschwörungstheoretikern existiert. Hält man sich jedoch an die offiziell anerkannten Fakten, so ist zweifelsfrei zu erkennen, dass einflussreiche Persönlichkeiten wie Bill Gates, die Rockefellers und Big Pharma mit der ID2020-Allianz das Ziel verfolgen, Gesundheit und Identität der Bürger in Echtzeit zu kontrollieren.[302] Dies impliziert natürlich auch die Verfolgung und ständige Überwachung jeder Aktivität der Bevölkerung, mit anderen Worten, die absolute Kontrolle. Mit Einführung der digitalen Identität werden sogar Bankkonten – Mastercard hat sich dem Projekt bereits offiziell angeschlossen[303] – und alle anderen persönlichen Daten der Bürger in die von der ID2020-Allianz entwickelten Quantum Dots Tattoos, eine Art Quanten-Mikrochip,[304] eingefügt, die jeder Person als interaktiver Barcode implantiert werden können.

Enders: Welche Rolle spielt die WHO in diesem Zusammenhang?

300 Alberer M., Gnad-Vogt U. et al.: »Safety and immunogenicity of a mRNA rabia vaccine in healthy adults: an open-label, non-randomised, prospective, first-in-human phase 1 clinical trial«, *Lancet*, 2017 Sep 23;390(10101):1511–1520. doi: 10.1016/S0140−6736(17)31665−3

301 Studie des Paul-Ehrlich-Instituts zu Verdachtsfällen von Gürtelrose sowie anderen Hautreaktionen nach einer Impfung mit dem Herpes Zoster Vaccine Shingrix, Paul-Ehrlich-Institut, 16. Oktober 2020: https://nebenwirkungen.bund.de/EN/newsroom/hp-news/2020/200415-shingrix-study-varicella.html

302 https://id2020.org/alliance

303 Mastercard Joins ID2020 Alliance, Mastercard Newsroom, 21. Mai 2020: https://www.mastercard.com/news/press/press-releases/2020/may/mastercard-joins-id2020-alliance/

304 Alexander Tartakovskii, Quantum Dots: Optics, Electron Transport and Future Applications, Cambridge University Press, Cambridge, 2012

Pizzuti: In der kollektiven Vorstellung ist die WHO die unparteiischste und maßgebliche öffentliche Gesundheitsorganisation der Welt. In Wirklichkeit ist sie jedoch eine private Einrichtung, da drei Viertel ihrer Finanzierung aus der pharmazeutischen Industrie stammt, die alle ihre gesundheitspolitischen Maßnahmen und Entscheidungen lenkt.[305] Nur 20 Prozent des Gesamtbudgets kommen von den 194 Mitgliedsstaaten.[306] Bill Gates ist der wichtigste private Geldgeber und wird von der Führungsgruppe des Gremiums als deren Chef angesehen. Jede Entscheidung der WHO zur Pandemie wurde also von Bill Gates und der Pharmaindustrie diktiert, zu Zwecken, die nichts mit Wissenschaft, Medizin und dem kollektiven Interesse an der öffentlichen Gesundheit zu tun haben.

Wie korrupt und gefährlich die WHO ist, haben wir bereits 2009 bei dem großen Schweinepandemie-Betrug gesehen: Damals haben die Experten des Gremiums im Auftrag der Impfstoffhersteller für ein Virus, das weniger tödlich ist als die saisonale Grippe, den globalen Alarm auf die maximal mögliche Stufe 6 erhöht, nur um den Nationen Hunderte von Millionen Dosen zu verkaufen.[307] Zum Glück wurde dieser Betrug aufgedeckt, bevor die Weltbevölkerung geimpft war. Doch die Hersteller hatten den Staaten bereits ihre Medikamentenbestände verkauft und ein Vermögen kassiert.

Trotz der Schwere der Ereignisse bei der »Schweinepandemie« genossen die Verantwortlichen Straffreiheit, weil keine gerichtliche Untersuchung eingeleitet und der Fall schnell vertuscht wurde. Genau zehn Jahre später hat die WHO es erneut versucht, diesmal aber mit vollem Erfolg. Das Gremium hat in der Tat eine sehr große Verantwortung für alles, was während der Pandemie passiert ist, weil es den Gesundheitsnotstand zum Nutzen seiner privaten Puppenspieler verschlimmert und ausgenutzt hat: Die WHO hat schuldhaft die Entsendung ihrer Experten nach China verzögert und damit Zeit vergeudet, während sich das Virus rasant ausbreitete; sie hat Autopsien behindert, die für die Suche nach Heilungsmöglichkeiten unerlässlich sind. Die Experten der WHO empfahlen ein

---

305 Time to turn the tide: WHO's engagement with non-state actors and the politics of stakeholder governance and conflicts of interest, B. M. J., 2014: https://www.bmj.com/content/348/bmj.g3351/rr

306 Milena Gabanelli, Simona Ravizza, Oms, chi comanda davvero: i 194 stati, Bill Gates o la Cina?, *Corriere della Sera*, 10. Mai 2020

307 Marc Girard, More queries about H1N1 scandal, BMJ, 2010;341:c3716; Deborah Cohen und Philip Carter, WHO and the pandemic flu »conspiracies«, BMJ 2010;340:c2912; MEPs criticise WHO over H1N1 pandemic advice, BMJ, 2011;342:d652

betrügerisches System zur Zählung der Todesfälle von Covid-19, das auf einem einfachen positiven Abstrich bei Verstorbenen basierte, um die Statistiken eines Virus mit geringer Letalität, die zwischen 0,3 und 0,6 Prozent liegt,[308] aufzublähen. Die WHO hat eine Gesundheitsdiktatur errichtet. Sie hat nutzlose und verheerende Lockdowns empfohlen, die den Weg für die große spekulative Finanzindustrie geebnet haben. Diese kann jetzt durch Verschuldung den Staaten leicht jede Übertragung von Souveränität im Austausch für Kredite aufzwingen.

Enders: Was haben Oligarchen wie Bill Gates noch für den Rest der Menschheit geplant? Was werden wir tun dürfen – was nicht?

Pizzuti: Die Elite hatte schon seit Jahren den Boden für den »Great Reset« vorbereitet, und die grüne Revolution erreichte den Höhepunkt der Popularität mit der Erfindung der Figur »Greta Thunberg«, einem Teenager mit Asperger-Syndrom, der von den etablierten Mainstream-Medien die gleiche Aufmerksamkeit wie ein großes Staatsoberhaupt erhielt. Ihre Absicht: Die Massen sollten glauben, dass die grüne Revolution eine spontan von unten gestartete Bewegung ist. Dieses Ziel haben sie vollständig erreicht. Tatsächlich begannen die Oligarchen »zufällig« genau an den Tagen, an denen das neue Virus offiziell entdeckt wurde, öffentlich über »Reset« zu sprechen. Am 30. Dezember 2019 hat die *Financial Times* zum Beispiel eine YouTube-Präsentation mit dem Titel »Why Capitalism Must Be Reset in 2020« veröffentlicht. Das Thema war »Aktionärskapitalismus«, wonach »die Entscheidungen eines Unternehmens gegenüber Menschen, dem Planeten und Innovationen – einschließlich der Art und Weise, wie es den Wert seiner Daten schützt und anwendet – mehr Raum über die Kapitalallokation einnehmen müssen«.

Sobald also die Epidemie ausbrach, lautete das neue Motto des politisch-medialen Establishments: »Nichts wird mehr so sein wie früher.« Dies diente dazu, die Massen an das Konzept des »neuen Normalen« zu gewöhnen, das uns im Rahmen eines Polizeistaates erwartet, in dem im Namen der öffentlichen Gesundheit und Sicherheit individuelle Freiheiten auf unbestimmte Zeit abgeschafft werden können.

Im Juni 2020 hat der IWF den Artikel »From the Great Lockdown to the Great Transformation« veröffentlicht, in dem die geschäftsführende Direktorin

---

308   Barbara Paknazar, Storia ed evoluzione dei coronavirus: parola a Giorgio Palù, Università di Padova, 7. Oktober 2020 – https://ilbolive.unipd.it/index.php/it/news/storia-evoluzione-coronavirus-parola-giorgio-palu

Kristina Georgieva in enthusiastischen Tönen von einer totalen Blockade der Wirtschaft und der Bewegungsfreiheit der Menschen sprach.[309]

Enders: Was kann Frau Georgieva denn einer totalen Blockade der Wirtschaft abgewinnen?

Pizzuti: Laut Georgieva bietet die Blockade der Wirtschaft in der Tat große »Chancen« wie die »digitale Transformation« und die Möglichkeit, sich in Richtung einer ökologisch-nachhaltigen Gesellschaft zu bewegen. Aber in Wahrheit stehen hinter den wie üblich formulierten guten Absichten, Geld an die Massen zu verteilen, andere Projekte für die Menschheit in der nahen Zukunft. Der Präsident und Gründer des WEF (Weltwirtschaftsforum in Davos), Klaus Schwab, fasste die Ziele der Eliten unter dem Konzept eines »Great Reset« zusammen, das heißt einem Plan für die epochale Umstrukturierung des aktuellen, durch die Pandemie in Schutt und Asche gelegten Wirtschaftssystems. Dieses wird durch einen »Green New Deal« ersetzt werden.

Unter den Teilnehmern des virtuellen WEF-Treffens im Mai 2021 befand sich die gesamte Elite der Globalisten: von Prinz Charles von Wales als Vertreter des britischen Königshauses, über Gina Gopinath, Chefvolkswirtin des Internationalen Währungsfonds, bis hin zu António Guterres, Generalsekretär der Vereinten Nationen. Prinz Charles brachte seine Begeisterung für das Projekt deutlich zum Ausdruck: »Wir haben eine goldene Gelegenheit, aus dieser Krise etwas Gutes mitzunehmen. Seine beispiellosen Schockwellen könnten die Menschen empfänglicher für große Visionen der Veränderung machen.«[310] Die gleiche Auffassung über Viren als große Chance wird Charles' Vater, Prinz Philip von Edinburgh, zugeschrieben, der 1988 während einer Pressekonferenz gesagt haben soll: »Wenn ich wiedergeboren würde, dann würde ich ein tödliches Virus sein wollen, um die Überbevölkerung zu beseitigen, denn das Wachstum der Menschheit ist die größte Bedrohung für den Planeten.«[311] Schwab hingegen definierte die aktuelle Situation als »einzigartiges Fenster der Gelegenheit« und erklärte, dass »wir einen neuen Gesellschaftsvertrag aufbauen müssen, unsere

309 Kristalina Georgieva, From Great Lockdown to Great Transformation, FMI, 9. Juni 2020 – https://www.imf.org/en/News/Articles/2020/06/09/sp060920-from-great-lockdown-to-great-transformation
310 Chloe Taylor, Coronavirus crisis presents a ›golden opportunity‹ to reboot the economy, Prince Charles says, *CNBC*, 3. Juni 2020
311 Quella volta che il principe Filippo disse: »Se dovessi reincarnarmi vorrei essere un virus letale«, Il Fatto Quotidiano, 31. März 2020

Mentalität und unseren Lebensstil ändern müssen«. Das war eine klare Anspielung auf das Grundeinkommen.

Die Diskussion um das von Schwab geförderte Konzept des »Great Reset« war das zentrale Thema des Gipfels in Davos, Mai 2021. Aber um zu verstehen, um was es sich handelt, halten Sie sich einfach an die Konzepte, die Schwab selbst in dem Buch »Covid-19: The Great Reset« beschreibt, das er zusammen mit Thierry Malleret, Direktor des WEF Global Risk Network,[312] geschrieben hat und das von den auf der Website des Weltwirtschaftsforums veröffentlichten Ausblicken konkretisiert wird.[313] Technisch gesehen ist ein Reset ein Neuanfang: In der Computersprache bedeutet dieser Begriff, dass alle alten Daten gelöscht werden und der Computer neu gestartet wird. Übertragen auf die menschliche Tätigkeit bedeutet es eine Revolution.

In ihrem Buch schreiben Schwab und Malleret mit unangebrachter Genugtuung, dass Millionen von Arbeitsplätzen verloren gehen und in atemberaubendem Tempo weiter abgebaut werden, zusammen mit Millionen von kleinen und mittleren Unternehmen, die für immer aufhören werden zu existieren. Die einzigen, die überleben werden, sind natürlich die großen globalisierten und öko-nachhaltigen Konglomerate der Elite, die sich jetzt die Ökologie auf die Fahne schreiben wollen. Diese benutzen sie als Vorwand, um kleine und mittlere Unternehmen auszulöschen, die nicht die wirtschaftliche Möglichkeit haben, sich an die neuen ökologischen Einschränkungen anzupassen.[314]

Enders: Die Idee eines ökologisch nachhaltigen Wirtschaftssystems erscheint indes nachvollziehbar.

Pizzuti: Es genügt, sich mit dem Inhalt der auf der offiziellen WEF-Website veröffentlichten Artikel zu befassen, um zu verstehen, wie die Weltfinanzelite nun als ein Club guter philanthropischer Kapitalisten erscheinen will, die das höchste Wohl der Menschheit anstrebt. Sie ist jedoch verantwortlich für mehr als ein Jahrhundert schwerwiegender sozialer Ungleichheiten und wahlloser Ausbeutung der natürlichen und menschlichen Ressourcen der Dritten Welt. Im »Great Reset« werden in der Tat viele positive und sozialistische Ziele vorgeschlagen, wie Einkommensgleichheit, die jedoch alle Eigenschaften von

---

312   Klaus Schwab, Thierry Malleret, COVID-19: The Great Reset, ISBN Agentur Schweiz, Zürich, 2020
313   Cristiano Puglisi, »Grande Reset« e »amazonizzazione« della società: cosa prevede il paradiso terrestre della »superclass«, Il Giornale (blog), 23. Oktober 2020
314   Klaus Schwab, Thierry Malleret, a. a. O.

Falschgold haben, das dem ahnungslosen Touristen verkauft werden soll. Und während die von der Pandemie in die Knie gezwungenen Völker hoffen, so schnell wie möglich zu dem freien Leben zurückzukehren, das sie vorher hatten, arbeiten die Eliten stattdessen daran, alles zu zerstören, was von der alten Welt übriggeblieben ist.

Sie versprechen die Gewährung von Almosen – das universelle Grundeinkommen – für verloren gegangene Arbeitsplätze. Doch selbstverständlich wird dies an die Erfüllung aller auferlegten Verpflichtungen gebunden sein. Zudem kündigen sie eine vollständige Digitalisierung der Wirtschaft und des Arbeitsmarktes an, den Ersatz traditioneller Energiequellen durch alternative – mit höheren Steuern und Geldstrafen für kleine und mittlere Unternehmen –, die nicht in der Lage sein werden, die neuen Vorgaben umzusetzen. Sie kündigen eine »vierte industrielle Revolution durch die neuen 5G- und 6G-Netzwerke mit Drohnen, Robotern und künstlicher Intelligenz der neuesten Generation an, die die totale Kontrolle der Massen ermöglichen werden«[315] und die globale Reduzierung schädlicher Emissionen.[316] Solche guten Absichten sind jedoch nur ein »Feuerwerk«, hinter dem sich der dunkle Wunsch nach absoluter Kontrolle über Menschen verbirgt, die nicht der herrschenden Kaste angehören.

Diejenigen, die das Loblied der grünen Wirtschaft und des kollektiven Wohlbefindens singen, sind in Wirklichkeit dieselben, die mit der Pandemie das totale Chaos verursacht haben. Um zur »Phase 2« des »Great Reset« überzugehen, schreiben sie jetzt mit den Richtlinien, die alle zu befolgen sind, vor, wie die Heilung erfolgen soll. Nur ein Verrückter könnte die verlockende Idee eines neuen Wirtschaftsmodells ablehnen, das endlich »grün« ist, die Umwelt respektiert und eine Gesellschaft verspricht, in der alle ein Einkommen erhalten. Das aber sind sicher nicht die wahren Absichten der Globalisierer. Die »neue Welt«, die sich die Elite vorstellt, wird der dystopischen und technokratischen Vorhersage von Aldous Huxley viel ähnlicher sein als einem irdischen Paradies. Kurz gesagt, der ungezügelte Neoliberalismus hat beschlossen, sich die Maske eines philantropen Kapitalismus aufzusetzen und sich mit dem neuen großartigen Image des »Inklusionskapitalismus« in fabianisch-sozialistischer Soße zu schmücken.

---

315 Marco Pizzuti, Dossier 5G, Mondadori, Mailand, 2020
316 Cristiano Puglisi, a. a. O.

Wenn also die durch den Ausnahmezustand und Lockdowns verursachte Verschuldung die souveränen Staaten ausgelöscht haben wird, werden die Spin-Doktoren des »Great Reset« die Qual der Wahl haben, was die Lösungen angeht. Sie können die Inflation galoppieren lassen, bis sie alle Ressourcen des Staates und der Mittel- und Arbeiterklasse auffrisst, oder die Zahlung eines sehr hohen Geldbetrages von den Girokonten der Bürger vorschlagen, um das gleiche Ergebnis zu erreichen: die Einführung eines universellen Bürgergeldes und die schrittweise Abschaffung des Privateigentums. Das Endziel ist die Konstituierung eines schein-sozialistischen, aber zutiefst ungerechten Superstaates, in dem nicht mehr das Volk regiert, sondern die Technokraten der Finanzaristokratie. Diese werden dank des elektronischen Geldes, künstlicher Intelligenz, Digitalisierung und der industriellen Revolution 4.0 die absolute Macht über den Rest der Menschheit ausüben, die sich nur noch mit Techno-Glibber beschäftigt. Die Rufe nach Sozialismus dienen nur dazu, die Massen zu täuschen, um deren Zustimmung nach der traditionellen Strategie der Fabian Society zu gewinnen. Die neue globale Regierung wird von denselben gefräßigen und rücksichtslosen Oligarchen des »Überwachungskapitalismus« beherrscht werden.[317]

Enders: Werden die Strippenzieher dieses Planes damit durchkommen?

Pizzuti: Der Wandel der Gesellschaft und die kommenden Veränderungen, die Schwab beschreibt, werden so radikal und plötzlich sein, dass einige Experten unsere Zeit bereits in »vor dem Coronavirus« (BC) und »nach dem Coronavirus« (AC) einteilen. Schwab beharrt auch immer wieder darauf, dass Covid genutzt werden muss, um eine neue Weltordnung einzuleiten: »Jetzt ist der historische Zeitpunkt, nicht nur das Virus zu bekämpfen, sondern das System für die Post-Corona-Ära zu gestalten.« Er schreibt in seinem Buch sogar explizit, die Finanzelite würde es niemals zulassen, dass das Leben zur Normalität zurückkehrt, und deutet an, dass Lockdowns und andere Einschränkungen dauerhaft werden: »Viele von uns fragen sich, wann die Dinge zur Normalität zurückkehren werden, die kurze Antwort ist: niemals. Nichts wird jemals wieder zu dem Gefühl der Normalität zurückkehren, das vor der Krise herrschte, denn die Coronavirus-Pandemie markiert einen grundlegenden Wendepunkt in unserer globalen Entwicklung [...]. Wir werden weiterhin von der Schnelligkeit

---

317   Shoshana Zuboff, Il capitalismo della sorveglianza. Il futuro dell'umanità nell'era dei nuovi poteri, Luiss University Press, Rom, 2019

und der unerwarteten Natur dieser Veränderungen überrascht sein.«[318] Statt einer Rückkehr zur Normalität werden wir uns dann daran gewöhnen müssen, mit der Situation zu leben, die die Eliten gerne als »new normal« bezeichnen. Als erste Wissenschaftlerin prägte die Ökonomin Shoshana Zuboff von der Harvard Business School die Definition des superdigitalisierten und hypervernetzten Überwachungskapitalismus. Sie hat Regierungen davor gewarnt, Infektionsverfolgungs-Apps an private Großkonzerne zu vergeben.[319] Mit der fortschreitenden Digitalisierung des gesamten gesellschaftlichen Alltags ist es in der Tat nicht mehr zu vermeiden, dass die sogenannten »Big Five« der Technologie (Facebook, Google, Amazon, Apple und Microsoft) immer stärker in das Leben der Menschen eindringen und es kontrollieren. In den Plan für den »Great Reset« fließen auch die programmatischen Punkte des Dokuments mit der Bezeichnung »Agenda 2030« ein, das 2015 von den Vereinten Nationen veröffentlicht wurde. Wie der Analyst F. William Engdahl berichtet, fasst die Agenda das Bestreben zusammen, eine Welt »mit Einkommensgleichheit, Geschlechtergleichheit und Impfstoffen für alle unter der Schirmherrschaft der WHO und der 2017 vom WEF in Zusammenarbeit mit der Bill & Melinda Gates Foundation ins Leben gerufenen Coalition for Epidemic Preparedness Innovations« zu schaffen.[320]

Auf formaler Ebene scheint die Agenda 2030 nur für sehr vernünftige und anerkennenswerte Ziele zu stehen: nachhaltiges Wirtschaftswachstum, nachhaltige Landwirtschaft – was in der Realität patentierte gentechnisch veränderte Organismen (GVOs) und die fortschreitende Eliminierung von natürlichem Saatgut bedeutet –, nachhaltige Energie und Entwicklung aus erneuerbaren Quellen – was in der Realität Steuern und Verbote bedeutet –, nachhaltige Städte und nachhaltige Industrialisierung – in der Realität Einführung von Gesetzen, die so restriktiv sind, dass sie nur diejenigen begünstigen, die über großes Kapital verfügen, um alte Anlagen nachzurüsten. In der Praxis wird Nachhaltigkeit zum Schlagwort der grünen Revolution, aber wenn man tiefer gräbt, wird sofort klar, dass es sich um ein »Codewort« handelt, hinter dem

---

318   Klaus Schwab e Thierry Malleret, a. a. O.
319   Jaime D'Alessandro, Shoshana Zuboff: »Le app per il controllo della pandemia possono essere obbligatorie come i vaccini«, La Repubblica, 9. April 2020
320   F. William Engdahl, Now Comes the Davos Global Economy »Great Reset«. What Happens After the COVID-19 Pandemic?, Global Research, 24. Juli 2020: https://journal-neo.org/2020/06/09/now-comes-the-davos-great-reset/

sich eine Neuordnung des Weltwohlstands mit Mitteln wie Strafsteuern auf Kohlenstoff verbirgt, die also die Bewegungsfreiheit der Bürger mit Flug- und Fahrzeugen drastisch einschränken wird.[321]

Unter dem Vorwand des Umweltschutzes planen die Regierungen, sobald die Lockdowns aufhören, beispielsweise Plastik als Schadstoff zu besteuern.[322] Insider wie Peter Koenig, Ökonom und geopolitischer Analyst mit 30-jähriger Karriere und einer Vergangenheit zwischen Weltbank und Weltgesundheitsorganisation, hat vollkommen recht, wenn er argumentiert, dass der »Great Reset« oder die »Great Transformation/Agenda 2030« zwar edle Ziele im Interesse aller vorschlagen, tatsächlich aber eher eine x-te elitäre Dystopie bedeuten. Ein Ziel ist die massive Erosion der Einkommen der Mittelschicht, um so den Konsum sowie die Emissionen zu reduzieren. Die angestrebte »Einkommensgleichheit« kann angesichts der Struktur des »Überwachungskapitalismus« nur in eine Gleichheit nach unten übersetzt werden, mit dem konsequenten Transfer der aus der Mittelschicht abgezogenen Einkommen an die Spitze der Pyramide.

Laut einem aktuellen Bericht der UBS-Group und PWC (Price Waterhouse Cooper) haben viele Mitglieder der sogenannten »Superklasse« ihr Vermögen während des aktuellen großen Wirtschaftsabschwungs um mehr als ein Viertel erhöht. Es genügt zu sagen, dass allein das Vermögen von Amazon-Patron Jeff Bezos um 76 Milliarden Dollar gestiegen ist, während Hunderttausende von kleinen und mittleren Unternehmen in Konkurs gingen. Und auch laut Forbes stieg das Vermögen der Top 400 Milliardäre allein im Jahr 2020 um 8 Prozent. Nach Josef Stadler, Leiter des UBS-Family Office, ist die Vermögenskonzentration weltweit nach der Pandemie auf das Niveau von 1905 zurückgegangen, als die Kämpfe um Arbeiterrechte und Löhne noch in den Kinderschuhen steckten.[323]

Der »Great Reset« wird die Senkung des Konsums und des Lebensstandards der Bevölkerung im Namen eines glücklichen Degrowth, also Wachstumsrückgangs, erzwingen, um »den Planeten zu retten«. Er wird die Merkmale einer »Neuen Welt Ordnung« sowjetischen Stils haben, eines totalitären Staates, der

---

321   Ebd.

322   Luisiana Gaita, L'agenda ambientale 2021 dopo i provvedimenti »sospesi« per la pandemia: plastic tax e guerra al monouso, limiti alle emissioni, *Il Fatto Quotidiano*, 1. Januar 2021

323   Cristiano Puglisi, a. a. O.

von technokratischen Oligarchen mit unbegrenzten Befugnissen regiert wird, die ihre schlimmsten Absichten hinter edlen Proklamationen verstecken.

Enders: Warum funktionieren die staatlichen Kontrollorgane an dieser Stelle nicht? Warum ist die Bevölkerung darüber nicht ausreichend informiert?

Pizzuti: Die repräsentative Demokratie hat sich über die Jahrzehnte als Totalausfall erwiesen, oder besser gesagt, als fromme Illusion. Dies ist geschehen, weil alle Pyramidensysteme und hochhierarchisierten Regierungsstrukturen dem Willen von Oligarchen untergeordnet werden können, die nur die obersten Männer bestechen. Den Massen bleibt dann nichts anderes übrig, als zu verzweifeln oder weiterhin den Versprechungen der Politiker zu glauben, die diese systematisch brechen. Sicherlich ist der Grad der Korruption von Staat zu Staat sehr unterschiedlich, beispielsweise zwischen Italien und Deutschland, und dass die Elite sie mit verschiedenen Strategien an die besonderen Eigenschaften jedes einzelnen Volkes anpassen muss. Aber im Grunde ist es immer der Tiefe Staat, der jede Frage von primärer Bedeutung für die Nationen entscheidet und was mit der Pandemie passiert ist, beweist dies über jeden vernünftigen Zweifel hinaus. Alle Schlüsselpositionen im Staat, Ausnahmen bestätigen die Regel, sind Männern anvertraut, die den Segen der Elite haben. Nach den italienischen Wahlen 2018 weigerte sich beispielsweise der Präsident der Republik, Sergio Mattarella, die Ernennung von Paolo Savona ins Wirtschaftsministerium zu unterschreiben, nur weil sie eine für die »Märkte« unerwünschte Person war.[324]

Um diese Situation zu korrigieren, sollten wir die Machtstruktur revolutionieren. Wir sollten Instrumente der direkten Demokratie einführen, damit die Bürger die Möglichkeit bekommen, immer dann einzugreifen, wenn die gewählten Vertreter ihr Mandat verraten. Die repräsentative Demokratie kann nur funktionieren, wenn Journalisten ihre eigentliche Aufgabe erfüllen, indem sie frei und unabhängig der Bevölkerung alles berichteten, was sie wissen sollte. Leider werden jedoch alle großen Nachrichtensender direkt oder indirekt von den Oligarchen geleitet, die den Redakteuren ihre Agenda diktieren. In dieser Situation werden die Massen wahrhaftig einer Gehirnwäsche unterzogen, damit sie ihre Unterdrücker lieben und ihre treuesten Tribunen hassen, die als verrückte Verschwörer verhöhnt und verunglimpft werden. In den letzten

---

324 Marco Galluzzo e Dino Martirano, Il no di Mattarella a Savona, Conte rinuncia, convocato Cottarelli. Affonda il governo Lega-M5S, *Corriere della Sera*, 27. Mai 2018

Jahren geben sich die großen Nachrichtensender nicht einmal mehr die Mühe, Respekt vor dem Pluralismus zu simulieren, und alle Nachrichten- und Unterhaltungssendungen sind zum Ausdruck eines einzigen dominanten Gedankens geworden, der keine freie Debatte auf Augenhöhe mit den systemfeindlichen Stimmen zulässt. Alles, was dem Tiefen Staat widerspricht, wird als Fake News gebrandmarkt und ohne Gerichtsverfahren und ohne Beweise zensiert, einfach indem die Fakten manipuliert und die Quellen verunglimpft werden. Tatsächlich können private Konzerne wie Facebook, Twitter, Instagram oder YouTube nun alles zensieren, was dem Einheitsgedanken widerspricht, und freie Stimmen sind in den traditionellen Medien und sogar in den großen sozialen Netzwerken von jeglicher Möglichkeit einer Antwort ausgeschlossen.

Enders: Welche Rolle spielt die Wissenschaft in diesem Zusammenhang? Und wer entscheidet über die Bedeutung der Ergebnisse ihrer Forschung?

Pizzuti: In diesem Moment der Geschichte, in dem die Parlamente die Befehle der WHO-Wissenschaftler und der nationalen wissenschaftlichen Komitees ausführen, ist es von grundlegender Bedeutung zu verstehen, was sich hinter dem Medienslogan »wir müssen an die Wissenschaft glauben« verbirgt und auf welche Art von »Wissenschaft« sich die Medien tatsächlich beziehen. Zuallererst sollten wir uns von dem märchenhaften und völlig irreführenden Konzept einer »wissenschaftlichen Gemeinschaft« verabschieden, die von freien Forschern lebt, die sich auf gleicher Augenhöhe austauschen. In Wirklichkeit verfügen unabhängige akademische Forscher nur über wenige öffentliche Mittel und wenig Aufmerksamkeit, weil das gesamte Forschungssystem so strukturiert ist, dass sich von der Industrie finanzierte Wissenschaftler mehr Aufmerksamkeit verschaffen können.

Um als Wissenschaftler eine Koryphäe unter den »Meinungsmachern« zu werden, müssen Sie Ihre Arbeit in den renommiertesten Fachzeitschriften der Welt veröffentlicht haben.

Die wichtigste Einnahmequelle dieser Zeitschriften sind die von der Industrie bezahlten Anzeigen. Die Verlage sind also ihren Geldgebern ausgeliefert und werden auch unter Druck gesetzt, jene Forschung abzulehnen, die deren Geschäft schadet. Wie Richard Smith, der frühere Herausgeber des *British Medical Journal*, mutig anprangerte, ist außerdem die skandalöse Praxis der Ghostwriter in diesen Zeitschriften weit verbreitet. Big Pharma bezahlt Koryphäen üppig dafür, dass sie wissenschaftliche Junk-Studien absegnen. Diese wurden von deren

Marketing-Direktoren erstellt, um beispielsweise die positiven Wirkungen eines Medikaments hervorzuheben oder seine Nebenwirkungen zu minimieren.[325] Das bedeutet natürlich nicht, dass alle Artikel, die in den renommiertesten wissenschaftlichen Zeitschriften der Welt veröffentlicht werden, auf diese Weise entstehen, sondern nur, dass das Gewicht der Industrie bei der Ausrichtung medizinischer Vorgehensweisen und wissenschaftlicher Forschung auch in diesem Bereich entscheidend ist.

Wenn also eine Studie über die Nebenwirkungen eines Medikaments oder eines anderen Vorzeigeprodukts der Industrie veröffentlicht wird, gehen Protestanrufe bei den Redakteuren ein und ein »Tauziehen« beginnt, das in den meisten Fällen mit der Löschung des unbequemen Artikels endet.[326] Die Junk-Forschung von Big Pharma hingegen gelangt immer sehr schnell in die Journale und wird nur in seltenen Fällen zurückgezogen. Tatsächlich hat eine in *Nature* veröffentlichte Studie gezeigt, dass über 70 Prozent der untersuchten veröffentlichten wissenschaftlichen Untersuchungen den Reproduzierbarkeitstest (die Grundlage des Galilei'schen Systems) nicht bestanden haben.[327] Eine solch alarmierende Zahl kann nur zum Nachdenken anregen, denn wie die Autoren der Studie selbst zugeben, befindet sich das derzeitige Wissenschaftssystem in einer Krise.

Die wissenschaftlichen Manipulationen von Big Pharma sind heute an der Tagesordnung, dank eines Systems, das auf die Unterstützung von Wissenschaftsjournalisten, Akademikern und Koryphäen zählen kann, die dafür bezahlt werden, alles zu unterstützen, was der Industrie in den Kram passt. Diese Tatsache ist für »Insider« so offensichtlich, dass es unmöglich geworden ist, sie zu verbergen, und sogar die angesehene wissenschaftliche Zeitschrift *Le Scienze* hat eine ihrer Titel der Unmöglichkeit gewidmet, den Pharmaunternehmen zu vertrauen.[328]

Enders: Gegen Ende des Jahres 2020 führten »Anti-Corona-Maßnahmen« in einigen Ländern zu Protesten, wurden aber von der Mehrheit der Bevölkerung akzeptiert und toleriert. Für andere Themen, wie den CO2-Gehalt in der Luft, lassen sich die Menschen leichter mobilisieren. Was ist der Grund dafür?

---

325 Marcia Angell, a. a. O.
326 Marco Pizzuti, Scoperte mediche non autorizzate, a. a. O.
327 Monya Baker, »1,500 scientists lift the lid on reproducibility«, *Nature*, 25. Mai 2016
328 Charles Seife, »Fidarsi di BIG Pharma? Le conseguenze per la nostra salute dei legami finanziari tra ricerca clinica e aziende farmaceutiche«, *Le Scienze* (edizione italiana di Scientific American), Februar 2013, S. 534

Pizzuti: Die Antwort ist sehr einfach. Wer gegen die Anti-Corona-Maßnahmen der Regierung protestiert, läuft Gefahr, die vom Tiefen Staat orchestrierte Pandemie-Inszenierung zu untergraben, während CO_2-Emissions-Demonstrationen einen Konsens für seine Great Reset-»grüne Revolution« bringen, die mit der Medienerfindung der Greta-Thunberg-Figur begann.

Enders: Inwieweit ist es möglich, Stimmungen und Meinungen über soziale Netzwerke wie Facebook zu steuern? Wie genau funktioniert das, wenn jeder seine Meinung im Netz verbreiten kann? Wie ist es möglich, dass wir denken, was wir denken?

Pizzuti: In dem Moment, als das Internet für jedermann zugänglich wurde, wurde es sofort zum Symbol der Freiheit und zum wichtigsten Zufluchtsort für dissidente Intellektuelle. Die Elite hatte jedoch andere Pläne mit uns und heute wird das Netz ausschließlich von den Softwaresystemen der multinationalen Konzerne des Tiefen Staates, von Suchmaschinen wie Google bis hin zu den großen sozialen Netzwerken beherrscht, die alle unbequemen Nachrichten unter dem paternalistischen Vorwand zensieren, die Bevölkerung vor Fake News schützen zu wollen. In den allermeisten Fällen bemerken wir das nicht einmal, weil sie Shadow Banning verwenden, ein für den Autor der veröffentlichten Beiträge oder Videos unsichtbares System der Zensur. In dem Aufsatz »Cryptocracy« habe ich auch untersucht, was hinter der Entstehung von sozialen Netzwerken wie Facebook steckt, und dokumentiert, wie das Projekt von primärem Interesse für die US-Geheimdienste war.

Im Grunde handelt es sich um ein ausgeklügeltes System, das die Weltbevölkerung dazu bringen soll, sich selbst bloßzustellen, indem sie alle persönlichen Informationen veröffentlicht: politische Ansichten, Fotos, Kontakte, religiöse Überzeugungen, außereheliche Affären, Interessen, etc. Und da die meisten Bürger Informationen passiv aufnehmen, saugen sie die gesamte Mainstream-Propaganda des Tiefen Staates wie ein Schwamm auf und werden so zum Beispiel alle zu »Grünen«, sind pro-Austerität, pro-Finanzherrschaft und für alle Regelungen gegen Covid etc. etc. Kurzum, das Netz ist heute zu einem Netz im wahrsten Sinne des Wortes geworden. Abgesehen davon, dass es zur sozialen Kontrolle genutzt wird, soll keine menschliche Aktivität außerhalb des Netzes bleiben. Mit der bevorstehenden Digitalisierung aller Produktionsketten, der Amazonisierung der Gesellschaft und dem Einzug der künstlichen Intelligenz in die Verwaltung aller Lebensbereiche wird die Elite ihre von George Orwell

(1984) und Aldous Huxley (Schöne Neue Welt) vorhergesagte dystopische Herrschaft zeitnah realisieren.

Enders: Wird die Gedankenkontrolle in Zukunft noch umfangreicher werden? Gibt es neue Technologien – wie Gehirnimplantate –, die eine solche Kontrolle ermöglichen?

Pizzuti: Wir befinden uns im Jahr 2021, aber im Vergleich zur Zeit vor 50 Jahren ist im Wesentlichen alles beim Alten geblieben: Der Mensch ist unangefochtener Protagonist unseres Planeten und die Technologie in seinem Dienst. Jetzt aber ist alles bereit für einen noch nie da gewesenen Evolutionssprung in der künstlichen Intelligenz. Die Zeit ist gekommen, in der der Schüler den Meister übertrifft, und innerhalb von zehn Jahren wird der Mensch das Zepter des Kommandos verlieren. Aber das ist noch nicht alles. Viele andere Technologien werden bereits entwickelt und implementiert, mit denen die klare historische Linie zu den Grenzen der Kontrolle, so wie wir sie in der Vergangenheit kannten, überschritten wird. Früher konnten Menschen zu Sklaven gemacht und gezwungen werden, dem Herrn körperlich zu gehorchen, aber ihr Geist konnte immer noch frei bleiben.

Was wir also wissen müssen, ist, dass es diese Grenzen heute nicht mehr gibt: Unsere Identität, unser Gedächtnis, unsere Art, Sinneswahrnehmungen zu verarbeiten, sowie alle unsere Gedanken befinden sich in einem elektromagnetischen Feld. Jedes Bild, jeder Ton und jeder Gedanke entspricht einer bestimmten elektromagnetischen Welle, die zu entschlüsseln eine Software gelernt hat. Diese wurde Jahr für Jahr verfeinert, sodass ihre Genauigkeitsschwelle schon über 90 Prozent beträgt. Nicht nur das: Einige Experimente im Jahr 2014 haben sogar gezeigt, dass wir mit unseren Hirnströmen den Körper eines anderen Individuums durch den Einsatz einer einfachen nicht-invasiven neuronalen Schnittstelle bewegen können, auf die wir in naher Zukunft vielleicht sogar verzichten können.[329]

Mit anderen Worten, unser Gehirn ist das exakte Äquivalent eines biologischen Computers, der wie der Mikrochip und die Festplatte von Computerprozessoren gelesen und manipuliert werden kann. Schon bald könnten Menschen alle von ihnen hergestellten elektronischen Geräte durch bloße

---

329   Rajesh P. N. Rao und Andrea Stocco, The dawn of human brain to brain communication has arrived, *Scientific American*, November/Dezember 2014

Gedanken über eine dieser neuronalen Schnittstellen fernsteuern, denn diese wurden bereits 2013 hergestellt.[330] Selbst Telepathie – Gedankenlesen – ist dann kein Thema der Pseudowissenschaft mehr, sondern eine erworbene technologische Tatsache. Was, wenn die Elite bereits daran denkt, sie zu nutzen? Eine weitere absolute Neuheit sind die Nanobots, also Armeen von unsichtbaren Robotern, die in Nanometer-Dimensionen sowohl aus künstlichen Materialien als auch aus DNA bestehen. Sie können durch die Atemluft oder über die Haut in den Körper eindringen. Da sie kleiner sind als Zellen, können sie sich darin bewegen, ihr einprogrammiertes Ziel erreichen, Energie aus den biologischen Prozessen des Menschen gewinnen, sich an die vorhandene DNA binden, sich selbst zusammensetzen und vermehren, um das gewünschte Implantat zu bilden oder die ihnen zugewiesene Mission auszuführen. In der Medizin sollen sie zur Heilung von Krankheiten und zur Ausrottung von Krankheitserregern eingesetzt werden, aber im militärischen Bereich können sie eine gewaltige Waffe gegen feindliche Armeen darstellen, die viel effektiver, präziser und tödlicher ist als die Atombombe. Auch für die verdeckte Ermordung politischer Gegner und dissidenter Intellektueller ist ihr Einsatz bestens geeignet.

Wissenschaftler im Dienste der Elite wie Ray Kurzweil, Direktor des technologischen Forschungssektors von Google, haben bereits erklärt, an der Entwicklung von neuronalen Schnittstellen zu arbeiten, die von Nanobots gebildet werden, die, sobald sie in den Körper eingedrungen sind, im menschlichen Gehirn zusammengebaut werden. Dort bilden sie dann die neuronalen Schnittstellen und schaffen bis zum Jahr 2030 eine permanente Verbindung mit dem Netzwerk und mit den Maschinen: »In den 2030er-Jahren werden wir Nanoroboter in das Gehirn schicken, die eine vollständige Immersion der virtuellen Realität aus dem Nervensystem heraus ermöglichen und unseren Neokortex mit der Cloud verbinden werden. So wie wir heute die Leistung unserer Smartphones in der Cloud drahtlos um das 10.000-fache erweitern können, so werden wir auch unseren Neokortex erweitern können.«[331]

---

330 Brian Handwerk, Come comandare le macchine con la forza del pensiero, *National Geographic*, 3. September 2013

331 Marie Boran, Nanobots will live in our brains in the 2030s, says Google boss, *Irishtimes.com*, 19. Oktober 2017 – https://www.irishtimes.com/business/technology/nanobots-will-live-in-our-brains-in-the-2030s-says-google-boss-1.3259597

Nanobots wurden bereits in mehreren medizinischen Experimenten[332] erfolgreich eingesetzt, aber es ist nicht bekannt, welchen Entwicklungsgrad sie im militärischen Bereich erreicht haben. Im Jahr 2013 wurden an der US-Universität Minnesota bereits Spielzeugdrohnen getestet, die über neuronale Schnittstellen[333] gesteuert wurden. Im Jahr 2016 hatten einige Unternehmen sie bereits für etwas mehr als hundert Dollar zum Verkauf angeboten, doch dann waren sie auf mysteriöse Weise nicht mehr verfügbar.[334] Vermutlich wollte die Elite die Gedankenlesetechnologie aus den Augen der Massen entfernen. Daher ist für mich klar, dass, wenn die Elite diese neuen Technologien in der gleichen Weise einsetzt, wie sie die Massenmedien bereits zur Kontrolle der Massen eingesetzt hat, könnten die Menschen die unmenschlichste Form der totalen Sklaverei in der Geschichte der ganzen Menschheit erleben.

Enders: Wie wichtig sind neue Mobilfunkstandards wie 5G oder bald 6G, damit diese Technologien funktionieren?

Pizzuti: Das 5G-Netz ist von grundlegender Bedeutung, um das volle Potenzial der industriellen Revolution 4.0 und aller anderen neuen Technologien wie Nanoroboter, neuronale Schnittstellen und so weiter ausschöpfen zu können. Es ist daher kein Zufall, wenn die Elite alle Regierungen dazu gebracht hat, einen großen Teil ihrer finanziellen Ressourcen zur massiven Entwicklung der Digitalisierung bereitzustellen, zu deren ersten Zielen offensichtlich die Installation des 5G-Netzes gehört. Im Jahr 2030 wird das 6G-Netz debütieren, zusammen mit dem sogenannten »digitalen Schatten«, der Smartphones wie eine Erinnerung an alte Zeiten aussehen lassen wird. Ingenieure, die an dessen Realisierung arbeiten, beschreiben die Einführung von 6G tatsächlich als den Moment der endgültigen Verschmelzung der digitalen mit der physischen Welt. Statt eines Smartphones werden wir einen digitalen Schatten haben, der uns überall hin folgt und der alle unsere Daten sammelt, die mit unserer ganzen Umgebung in Echtzeit interagieren. In der Praxis ähnelt das dem Film »Ghost in The Shell« von Masamune Shirow oder dem Roman »Virtual Light« von William Gibson. Das 6G-Netz soll, kurz gesagt, die epochale Revolution vollenden,

---

332 Yamaan Saadeh et al., Nanorobotic Applications in Medicine: Current Proposals and Designs, Am J Robot Surg. 2014, Juni; 1(1): 411

333 Controlling a Flying Robot with Your Mind, Wall Street Jornal, 6. Juni 2013 – https://www.youtube.com/watch?v=tJqQuk99F2M

334 Jack Colman, Step into the future with the telepathic drone controlled by brain power, redbull.com, 18. März 2019; https://www.youtube.com/watch?v=HyarxPqZfyU; https://www.youtube.com/watch?v=hLjxMjBlB9k

die mit 5G gerade erst begonnen hat. Die Menschen werden zu Cyborgs, die stets mit der künstlichen Intelligenz der Elite verbunden sind und von ihr kontrolliert werden.

Enders: Wie viel Macht wird in diesem Zusammenhang den nationalen Parlamenten der einzelnen Länder überlassen? Haben demokratische Strukturen eine Überlebenschance? Oder werden ein paar Milliardäre das Schicksal der Welt bestimmen?

Pizzuti: Seit einiger Zeit haben die dominanten Akteure der Finanzwelt und der Industrie die Kontrolle über die gesamte Gesellschaft und die großen Medien übernommen. Sie haben ihre eigenen Vertrauten in alle Ganglien des Staates eingeschleust, damit sie die Regeln schreiben, die den Privatbankiers die Kontrolle über die Zentralbanken – und folglich über alle Nationen durch das Instrument der Verschuldung – garantieren. Die Parlamente haben nur dazu gedient, die wirkliche Macht zu verbergen und die Massen glauben zu machen, dass ihre Stimme etwas zählt. Natürlich gibt es Ausnahmen, aber zu unabhängige Präsidenten und Politiker haben immer ein schlechtes Ende genommen und hinter dem Massaker an der Kennedy-Familie oder am italienischen Ministerpräsidenten Aldo Moro stand schon immer die longa manus (die »lange Hand«) des Tiefen Staates. Ohne die Einführung von Instrumenten der direkten Demokratie, die es erlauben, die Politik von unten zu kontrollieren, wird die Demokratie weiterhin nur eine Illusion bleiben.

Enders: Besonders im Zuge der aktuellen Corona-Krise, aber auch schon davor, steigen die Schulden einzelner Staaten rasant an. Wird dies zu einer globalen Finanzkrise und der Einführung von digitalen Währungen führen? Wer wird sie kontrollieren und was bedeutet das für den normalen Bürger?

Pizzuti: In meinem letzten Aufsatz »Unerlaubte Pandemien«[335] habe ich Beweise dafür gesammelt, dass SARS-CoV-2 im Labor erzeugt wurde und »dass der aktuelle Gesundheitsnotstand im Voraus geplant wurde«. Kurzum, die Pandemie war ein weiterer wichtiger »Schritt« in der Agenda der Elite, die alte Wirtschaftsordnung zu demontieren und Nationen mit Schulden zu erpressen, bis sie aller Souveränität beraubt sind, wie es bereits mit schwächeren Staaten wie Griechenland geschehen ist. In diesem Zusammenhang werden wir auch erleben, dass Bargeld schnell vollständig durch digitales Geld ersetzt wird. Für

---

335 https://www.ilgiardinodeilibri.it/libri/__pandemie-non-autorizzate-marco-pizzuti-libro.php

den normalen Bürger bedeutet dies den Verlust jeglicher Art von wirtschaftlicher Sicherheit, da die Banken alles kontrollieren werden.

Enders: Gibt es Alternativen?

Pizzuti: Die Quelle der Macht der Eliten liegt in ihrer Kontrolle über die Zentralbanken und die Emission von Schuldgeld. Wenn man den Bankern alles wegnimmt, was sie haben, ihnen aber die Kontrolle über das Geld lässt, werden sie in kürzester Zeit die ganze Welt zurückkaufen und die Männer in den Institutionen wieder korrumpieren. Die Menschen sollten verstehen, dass es keine Freiheit ohne Geldsouveränität geben kann, genauso wie es keine wahre Demokratie ohne Instrumente der direkten Demokratie geben kann, die es erlauben, die Staatsmaschine und die nationale Politik von unten zu kontrollieren. Allerdings bleiben diese Vorstellungen leider bloße Utopien, weil das Fernsehen das Orakel der Massen ist und die Eliten dieses mächtige Instrument der mentalen Konditionierung genauso kontrollieren wie die Mainstream-Medien. Ohne korrekte Informationen bleibt die Wahrheit dann im Schlamm von Fake News und Verschwörungen begraben.

Enders: Was können die Menschen tun, um die Macht der Eliten zu begrenzen und in Zukunft in Freiheit zu leben?

Pizzuti: Ich befürchte, es ist zu spät, die Macht der Oligarchen zu begrenzen, denn sie haben bereits gewonnen. Was auf der ganzen Welt mit der Pandemie geschehen konnte, beweist zweifelsfrei, dass es ausreicht, die Medien zu kontrollieren. So gelingt es, den Verstand der Menschen mit Angst zu steuern, bis zu dem Punkt, dass sie jeden Akt der Entbehrung oder Unterwerfung akzeptieren, bis zu dem Punkt, dass Familien getrennt werden und sich nicht einmal bei der Beerdigung eines verstorbenen Lieben gegenseitig trösten können.

Das britische Tavistock-Institut, eine Einrichtung, die die Führungseliten ausbildet, untersucht seit dem Ersten Weltkrieg, wie Trauma- und Schocksituationen Männer so gefügig wie Lämmer machen. Tatsächlich ist es wissenschaftlich erwiesen, dass jenseits einer Schwelle der Angsttoleranz jede Form des psychologischen Widerstands dahinschmilzt wie Butter in der Sonne.[336] Aus meiner Sicht wird die Elite durch das Anfachen von Panik und kollektiver Psychose damit fortfahren, den Bürgern eine Freiheit nach der anderen zu

---

336 Daniel Estulin, Tavistock Institute: Social Engineering the Masses, Trine Day, Walterville (Oregon), USA, 2015

nehmen. Ich persönlich war immer optimistisch, aber ich muss auch realistisch sein, denn ich glaube, ohne eine interne Spaltung der Elite oder ein sofortiges kollektives Bewusstsein der Bevölkerung wird alles, was in den nächsten Jahren passieren wird, wie ein bereits gelaufener Film sein.

Das Einzige, was wir tun können, ist, den Ernst der Lage zu erkennen und so vielen Menschen wie möglich die Augen zu öffnen.

DER MENSCH DER »VIERTEN INDUSTRIELLEN REVOLUTION« – WUNSCHBILD ODER HORRORVISION?

WOLFRAM ROST

Nach Auffassung des Weltwirtschaftsforums (WEF) befinden wir uns seit der Jahrhundertwende in der »Vierten Industriellen Revolution«. Für Klaus Schwab, den Begründer und Vorstandsvorsitzenden des Forums, handelt es sich dabei um eine technologische Revolution, die mit nichts Geringerem als einem tiefgreifenden Wandel der gesamten menschlichen Zivilisation einhergeht und »die unsere Art zu leben, zu arbeiten und miteinander zu interagieren, grundlegend verändern wird«.[337] Mit dieser Revolution werde ein völlig »neues Kapitel der menschlichen Entwicklung«[338] eröffnet.

Als besonderes Merkmal der »Vierten Industriellen Revolution« nennt Klaus Schwab die Verfügbarkeit und Verschmelzung neuer, ganz außergewöhnlicher Technologien. Dies führe schließlich dazu, dass »die Grenzen zwischen der physikalischen, der digitalen und der biologischen Sphäre verschwimmen«[339] werden. Das betrifft in erster Linie den Einsatz der Bio- und Neurotechnologien, der implantierbaren Technologien sowie des Internets der Körper (IoB). Es handelt sich dabei um Technologien, die weniger auf die Umwelt des Menschen, sondern vor allem auf die Veränderung des Menschen selbst ausgerichtet sind und einen nachhaltigen Einfluss auf sein Wesen und seine Identität haben werden. Mit der »Vierten Industriellen Revolution« – so Klaus Schwab – stehe uns »eine Veränderung des Menschen bevor, wie wir sie noch nie zuvor erlebt haben«.[340]

---

337 Klaus Schwab, Die Vierte Industrielle Revolution, München 2016, S. 9
338 Klaus Schwab, Die Zukunft der Vierten Industriellen Revolution. Wie wir den digitalen Wandel gemeinsam gestalten, München 2019, S. 21f
339 Klaus Schwab, Davos 2016. Die Vierte Industrielle Revolution. In: *Handelsblatt*, 20. Januar 2016
340 Klaus Schwab, Die Vierte Industrielle Revolution, München 2016, S. 149

DIE TECHNISIERUNG DES MENSCHEN

Mit kaum zu überhörender Begeisterung äußert sich Schwab über die bevorstehenden technischen Innovationen und die von ihm erwartete Technisierung des Menschen. Bald schon würde man damit beginnen, »digitale Technologien in unserem Körper zu integrieren«. Dabei könnten die neuen Technologien »buchstäblich ein Teil von uns werden«. Dies werde die Grenzen zwischen Technologien und Lebewesen auflösen. In Anspielung auf die »Cyborg«-Metapher entwickelt er seine technokratische Utopie von einem neuen Menschen und prophezeit, dass es in Zukunft »kuriose Mischformen aus digitalem und analogem Leben geben (könnte), die unser ureigenes Wesen neu definieren«.[341]

Es ist der alte Traum von einem neuen, vollkommeneren Menschen, der aus Schwabs Worten spricht. Dieser Traum hat eine lange Geschichte. Immer wieder wünschten sich die unterschiedlichsten Denker einen perfekteren Menschen und waren zugleich von einem immerwährenden Fortschritt der Menschheit überzeugt. Mitunter verband sich dieser Fortschrittsglaube mit einem unerschütterlichen Glauben an die Leistungen der Wissenschaft und später auch an die Möglichkeiten, die mit einer breiten Anwendung der Technik verbunden waren. Der neue Mensch der »Vierten Industriellen Revolution« unterscheidet sich jedoch grundlegend von früheren Menschenbildern, die zum Beispiel Jesus, Friedrich Nietzsche oder Karl Marx entwarfen. An die Stelle moralischer Werte, der Charakterstruktur oder der sozialen Verhältnisse ist allein die Technik getreten. Nicht mehr durch Bildung, Erziehung, praktische Erfahrung oder revolutionäres Handeln wird eine Besserung des Menschen erwartet, sondern allein durch die erfolgreiche Anwendung neuer Techniken. Der aus der kommenden wirtschaftlichen Umgestaltung hervorgehende Mensch soll – nach dem erklärten Willen des Weltwirtschaftsforums – in erster Linie das Produkt von neuen Technologien sein. Ziel dieser transhumanistischen Zukunftsvision ist es, den Menschen durch den Einsatz neuer technischer Verfahren sowie mittels technologischer Eingriffe *in seinen Körper* zu vervollkommnen und weiter zu perfektionieren. Vertreten wird dabei ein technokratisches Menschenbild, das elitär und repressiv ist und dessen weit reichende Folgen sich gegenwärtig noch gar nicht abschätzen lassen.

341 Klaus Schwab, 2019, a. a. O., S. 113

NEUROTECHNOLOGIEN ZUR GEHIRN- UND VERHALTENSSTEUERUNG

Das Weltwirtschaftsforum hält insbesondere die Neurotechnologien für das eigentliche Wesen der »Vierten Industriellen Revolution«. Ermöglichen sie doch »beispiellose Erkenntnisse – nicht nur darüber, wie das Gehirn mit seinem physischen und sozialen Umfeld interagiert, sondern auch über neue Wege, das Leben zu erfahren«.[342] Auch könnten sie bei einer Reihe von neurologischen Erkrankungen und körperlichen Behinderungen wirksam werden und dabei helfen, »die Industrie der Technisierung des menschlichen Körpers voranzubringen«.

Nicht selten kommen die notwendigen Mittel für Neurotechnologien und andere Spitzenforschung aus dem militärischen Bereich. Dort stellt man sie zunächst in den »Verteidigungskontext« und nutzt später dann ihre Ergebnisse. So steht das menschliche Gehirn – gerade auch »im Grenzbereich von Kriegsführung und Sicherheit« – im Mittelpunkt. Selbst für die Überschreitung einer Landesgrenze könnte in Zukunft ein detaillierter Gehirnscan zur Einschätzung des Sicherheitsrisikos einer Person notwendig werden, prophezeit Schwab.[343]

Auch für Arbeitgeber werde es zunehmend interessanter, die Neurotechnologien zur Leistungssteigerung und ebenso zur Beurteilung von Stellenbewerbern oder zur Überwachung von Mitarbeitern einzusetzen. Nach dem Einsatz biometrischer Systeme am Arbeitsplatz und der Verfolgung per Radiofrequenz-Identifikation (RFID) könnte es zukünftig dahin kommen, »dass Arbeitgeber direkt oder indirekt die Gehirne von Arbeitnehmern überwachen«. Für den Einzelhandel kündigt sich ebenfalls ein verstärkter Einsatz von Geräten zur Gehirnüberwachung an. Damit ließen sich wesentliche Entscheidungsmuster der Verbraucher durchschauen, um sie dann leichter zu einer von den Unternehmen gewünschten Verhaltensweise veranlassen zu können.[344]

Grundsätzlich erweist sich der Einsatz der Neurotechnologien als bestens geeignet zur Beeinflussung des Bewusstseins und des Denkens der Menschen. Zudem sind solche Technologien äußerst hilfreich bei der Entschlüsselung von Gedanken, bei der Korrektur von »Fehlern« im Gehirn sowie bei der »Verbesserung« von dessen Funktion. In einer von Algorithmen und allgegenwärtiger

---

342 Ebd., S. 252
343 Ebd., S. 247f, S. 250
344 Ebd., S. 250

Datenerfassung gesteuerten Welt lässt sich damit ein Zugriff selbst auf die intimsten Gedanken eines Menschen kaum mehr ausschließen.[345]

BIOTECHNOLOGIEN UND DESIGNER-BABYS

Das Weltwirtschaftsforum misst auch den Biotechnologien ein hohes Potenzial zur weiteren Technisierung des Menschen bei. Ebenfalls lieferten sie wichtige Werkzeuge und Strategien, mit denen sich die Beziehung des Menschen zur Natur völlig neu definieren ließe.[346] Dabei seien die jüngsten Entwicklungen in der Biologie – insbesondere in der Genetik – atemberaubend. Große Fortschritte habe es beispielsweise bei der Editierung von Genen gegeben. Bereits im April 2015 veröffentlichten Forscher »der Yat-sen University in Guangzhou die erste wissenschaftliche Abhandlung der Welt zur Veränderung der DNS menschlicher Embryonen«. So sei es inzwischen leichter geworden, »das Genom schon bei lebensfähigen Embryonen präzise zu verändern«. Dies alles bedeute, »dass in Zukunft Designer-Babys geboren werden können, die besondere Merkmale besitzen oder gegen eine bestimmte Krankheit resistent sind«.[347]

Den nächsten Entwicklungsschritt auf diesem Gebiet sieht das Forum dann folgerichtig in der breiten Anwendung der synthetischen Biologie, in der Erschaffung von Designer-Organismen. Für die Menschheit bedeute dies letztendlich den Eintritt »in ein ganz neues Zeitalter des Metabolic Engineering und der synthetischen Biologie«.[348] Damit soll es möglich werden, Organismen selbst herzustellen und »durch das Schreiben von DNA maßzuschneidern«. Schließlich gehe es um nichts Geringeres »als darum, in den genetischen Code zukünftiger Generationen einzugreifen«,[349] meint Schwab.

IMPLANTATE ZUR OPTIMIERUNG DES MENSCHEN

Mit implantierbaren Technologien soll Computertechnik nicht mehr am Körper getragen oder mitgeführt (Wearables), sondern direkt in den menschlichen

345   Ebd., S. 242f
346   Ebd., S. 227
347   Klaus Schwab: Die Vierte Industrielle Revolution, München 2016, S. 41f, S. 225
348   Klaus Schwab, 2019, a. a. O., S. 237
349   Klaus Schwab: Die Vierte Industrielle Revolution, München 2016, S. 38, S. 41

Körper implantiert werden. Neben medizinischen Zwecken soll dies vor allem der besseren Kommunikation sowie der Ortung und Verhaltensüberwachung des Menschen dienen.[350] Klaus Schwab spricht in diesem Zusammenhang von »aktiven implantierbaren Mikrochips, die die Hautbarriere unseres Körpers durchbrechen und faszinierende Optionen« schaffen. Dies betrifft integrierte Therapiesysteme bis hin »zu Möglichkeiten der Optimierung und Erweiterung menschlicher Fähigkeiten (Human Enhancement)«. Auf diese Weise sollen kleine Computer in den menschlichen Körper integriert und »allmählich auch physisch Teil von uns« werden.[351] Es handelt sich also um technologische Eingriffe in den Körper, die praktisch zu einer Verschmelzung des Menschen mit der Maschine führen werden. Ziel ist, eine rein technisch orientierte Weiterentwicklung und Optimierung des Menschen zu ermöglichen, was nicht zuletzt auch zur Steigerung seiner Leistungsfähigkeit beitragen soll.

Seit einigen Monaten spricht das Weltwirtschaftsforum in seinen Veröffentlichungen auch von einem Internet der Körper (IoB). Jüngst gemachte technologische Fortschritte hätten die neue Ära des IoB eingeläutet. Gekennzeichnet sei diese Ära durch eine noch nie dagewesene Anzahl vernetzter Geräte und Sensoren, die am Körper des Menschen angebracht (nicht-invasiv), aber auch implantiert oder anderweitig in den Körper (invasiv) eingebracht werden können. Zu den invasiven Technologien gehören beispielsweise digitale Pillen, deren erste Verwendung im Jahr 2017 in den USA genehmigt wurde. Sie enthalten winzige Sensoren, die in Verbindung mit einem Medikament stehen, im Magen des Patienten aktiviert werden und entsprechende Daten liefern. Mit dem Internet der Körper wird es grundsätzlich möglich, enorme Mengen an biometrischen Daten und Daten über das menschliche Verhalten zu generieren. Der menschliche Körper soll dabei in eine Art »Technologieplattform« verwandelt werden.[352]

Doch bei weitem nicht jeder wird sich die mitunter sehr teuren technischen Optimierungen seiner körperlichen und geistigen Funktionen leisten können, was zu einer weiteren Benachteiligung bestimmter Gruppen und damit zur

---

350 Ebd., S. 172
351 Klaus Schwab, 2019, a. a. O., S. 125
352 World Economic Forum: Shaping the Future of the Internet of Bodies: New challenges of technology governance. Briefing Paper, July 2020; http://www3.weforum.org/docs/WEF_IoB_briefing_paper_2020.pdf; World Economic Forum: The Internet of Bodies is here. This is how it could change our lives, 04 Jun 2020. https://www.weforum.org/agenda/2020/06/internet-of-bodies-covid19-recovery-governance-health-data/

Vertiefung der ohnehin schon bestehenden sozialen Spaltung innerhalb der Gesellschaft führen muss. In diesem Falle – so Schwab – »dürfte sich vermutlich eine Schere öffnen zwischen all jenen, die ihre Körper technisch aufrüsten, und den Abgehängten«.[353]

DEMOKRATIEFREIE EPOCHENWENDE

Nach Auffassung des Weltwirtschaftsforums steht die Welt gegenwärtig »an der Schwelle eines radikalen Systemwandels«. Dabei polarisiere sich die Welt zunehmend, »in diejenigen, die den Wandel begrüßen, und solche, die ihn ablehnen«. Die daraus entstehende »ontologische Ungleichheit scheidet die Anpassungswilligen und -fähigen von den Anpassungsverweigerern« und definiere damit im Grunde schon, wer die Gewinner und wer die Verlierer dieses Prozesses sein werden. Während die Gewinner »von gewissen Formen radikaler Optimierungen des Menschen« – wie etwa der Gentechnik – profitieren würden, bliebe dies den Verlierern vorenthalten. Die sich daraus ergebenden Spannungen begünstigten wiederum die Entstehung von »Klassenkonflikten und anderen Auseinandersetzungen, die anders sein werden als alles, was wir kennen«.[354] Damit bestehe die große Gefahr, »dass es in einer hypervernetzten Welt mit wachsender Ungleichheit zu verstärkter Fragmentierung, Ausgrenzung und sozialen Unruhen kommt«.[355]

Noch im Jahr 2016 schrieb Schwab, dass es an einem in sich stimmigen, positiven und verbindenden Narrativ fehle, das die Chancen und Herausforderungen der »Vierten Industriellen Revolution« aufzeigt. Dies sei jedoch unverzichtbar, wenn man unterschiedliche Menschen und Gemeinschaften zu aktiver Mitgestaltung bewegen möchte und gleichzeitig verhindern wolle, »dass eine breite gesellschaftliche Gegenreaktion gegen die grundlegenden Veränderungen entsteht«. Auch lasse sich unter solchen Bedingungen das vorhandene Potenzial der »Vierten Industriellen Revolution« nicht effektiv und umfassend ausschöpfen. So mangele es der Politik vielfach an Führungsstärke und an dem nötigen Verständnis für die sich vollziehenden Veränderungen.

---

353 Klaus Schwab, 2019, a. a. O., S. 252
354 Klaus Schwab: Die Vierte Industrielle Revolution, München 2016, S. 145f
355 Ebd., S. 122

Zudem sei der notwendige institutionelle Ordnungsrahmen nur unzureichend oder gar nicht vorhanden.[356]

CORONA – SCHOCKSTRATEGIE UND »CHANCE« FÜR EINEN AUTORITÄREN ZENTRALISMUS

Mit dem Ausbruch der Coronavirus-Pandemie und den damit verbundenen Beschränkungen des öffentlichen Lebens habe die digitale Transformation der Gesellschaft nun aber ihren »Impulsgeber« gefunden, wie Klaus Schwab und Thierry Malleret in ihrem Buch »Covid-19: Der große Umbruch« schreiben. Aus diesem Grund sehen sie in der Pandemie auch »einen grundlegenden Wendepunkt« in der globalen Entwicklung. Jetzt endlich sei die Zeit für einen Paradigmenwechsel gekommen. Eine neue Welt mit einer neuen Normalität könne nunmehr in den nächsten Jahrzehnten entstehen.[357]

Die Veranstalter des Weltwirtschaftsforums sehen in der durch die Corona-Pandemie ausgelösten Krise die seltene Chance zur Durchführung eines »Großen Neustarts« der kapitalistischen Wirtschaftsordnung. Es geht ihnen dabei um einen fundamentalen Umbruch der gesamten bisherigen Wirtschafts- und Lebensweise, um die weltweite Umsetzung tiefgreifender wirtschaftlicher und gesellschaftlicher Veränderungen. Bei den angestrebten Maßnahmen zur Durchsetzung ihrer technokratischen Vision setzen sie auf einen verstärkten Zentralismus mit stark autoritären Zügen. Innerhalb eines globalen ordnungspolitischen Rahmens (Global Governance) werde es nötig, »dass sich ›ermächtigte‹ Akteure als Teile eines weitverzweigten Machtsystems verstehen, das nur mit kooperativeren Formen der Interaktion erfolgreich sein kann«.[358]

Mit Blick auf die durch die Pandemie ausgelöste weltweite Krise äußern Schwab und Malleret ihre Überzeugung, dass gerade tiefe, existenzielle Krisen »das Potenzial für einen Wandel« in sich bergen. Im Ausmaß ihrer transformativen Kraft sei die Corona-Pandemie sogar mit dem Zweiten Weltkrieg vergleichbar, denn »beide haben das Potenzial einer transformativen Krise von bisher unvorstellbaren Dimensionen«. Wie schon der Zweite Weltkrieg eine »grundlegende Veränderung der Weltordnung und der Weltwirtschaft« auslöste, so

356 Ebd., S. 20
357 Klaus Schwab/Thierry Malleret: Covid-19: Der große Umbruch, Genf 2020, S. 11f, S. 12
358 Schwab, Klaus: Die Vierte Industrielle Revolution, München 2016, S. 46

wäre auch heute wieder »die Zeit für einen Paradigmenwechsel gekommen«.[359] Die Pandemie beschleunige diesen Wechsel, indem sie als Katalysator für die schon vor der Krise eingeleiteten technologischen Veränderungen wirke.[360]

Die Theorie über den engen Zusammenhang zwischen einer Krise und einem darauf folgenden gesellschaftlichen Wandel geht zurück auf den im Jahr 2006 verstorbenen Wirtschaftswissenschaftler Milton Friedman, einen der einflussreichsten Ökonomen der letzten Jahrzehnte. Friedman schrieb: »Nur eine Krise – eine tatsächliche oder empfundene – führt zu echtem Wandel. Wenn es zu einer solchen Krise kommt, hängt das weitere Vorgehen von den Ideen ab, die im Umlauf sind«.[361]

Naomi Klein bezeichnet diese Aussage von Friedman als das strategische Kerndogma, das zu einer Art Mantra für seine Bewegung werden sollte: die Schockdoktrin. Dabei bestehe die Methode darin, »Momente kollektiver traumatischer Erfahrungen dazu zu nutzen, einen radikalen sozialen und wirtschaftlichen Umbau durchzusetzen«.[362] Und so funktioniert die Schockdoktrin: Ein ursprüngliches Desaster versetzt nahezu die gesamte Gesellschaft in einen kollektiven Schockzustand und klopft diese für die kommenden Veränderungen weich. Auf diese Weise »geben schockierte Gesellschaften oft Dinge auf, die sie ansonsten vehement verteidigen würden«. Unternehmen und Politiker würden die Angst und Orientierungslosigkeit der Menschen durch den »Schock ausnutzen, um eine wirtschaftliche Schocktherapie durchzusetzen«. Damit diese uneingeschränkt angewandt werden kann, sei »ein großes kollektives Trauma vonnöten, das demokratische Praktiken entweder vorübergehend außer Kraft setzt oder sie völlig unterbindet«. Dazu bedarf es autoritärer Verhältnisse und des gezielten Einsatzes der Organe der staatlichen Ordnungsmacht.[363]

Bereits vor mehr als zehn Jahren bezeichnete Naomi Klein dieses Szenario als »Schockstrategie« und nannte die gesellschaftlichen Verhältnisse »Katastrophen-Kapitalismus«. Der größte und wirkungsvollste Schockzustand tritt jedoch dann ein, wenn sich Menschen durch eine auftretende Gefahr unmittelbar in ihrem Leben bedroht fühlen, wenn es für sie – und sei es nur scheinbar – um

---

359 Klaus Schwab/Thierry Malleret, a. a. O., S. 11f, S. 18
360 Ebd., S. 178
361 Zit. nach: Naomi Klein: Die Schock-Strategie. Der Aufstieg des Katastrophen-Kapitalismus, Frankfurt am Main 2016, S. 17
362 Ebd., S. 20, S. 197
363 Ebd., S. 32, S. 42, S. 23f

Leben und Tod geht. Da der Tod in der westlichen Kultur seit langem schon tabuisiert und aus dem Bewusstsein der Menschen verdrängt wird, können sie sich mit ihrer eigenen Sterblichkeit kaum abfinden.

In einem – zunächst vertraulichen – ministeriellen Strategiepapier zur Eindämmung von COVID-19 wird die von Friedman entwickelte Schockstrategie aufgegriffen und angewandt. Das Papier wurde durch eine Gruppe von Wissenschaftlern – mehrheitlich Wirtschaftswissenschaftler – erstellt und dürfte eine wichtige Rolle bei der Entscheidung der Bundesregierung für die wirtschafts- und grundrechtseinschränkenden Maßnahmen der Lockdowns gespielt haben. Statt die Menschen mit sachlich begründeten Informationen zu versorgen und aufzuklären, um auf diese Weise Vertrauen zu schaffen und vorhandene Ängste abzubauen, setzten die Wissenschaftler auf eine völlig andere Vorgehensweise. So plädieren sie in aller Offenheit für eine Strategie, deren Ziel es sein müsse, die Bevölkerung durch eine »gewünschte Schockwirkung« in Angst zu versetzen. Dazu soll beispielsweise die »Urangst« eines jeden Menschen, die Angst zu »ersticken oder nicht genug Luft (zu) kriegen«, wachgerufen werden.[364]

Auch Schwab und Malleret betrachten die Schockwirkung auf Menschen, welche durch eine Krise verursacht wird, als große Chance für einen sich vollziehenden gesellschaftlichen Wandel. So sei die Corona-Pandemie »ein enormer Schock«, der »die beunruhigende Gewissheit mit sich bringt, dass er sowohl unerwartete als auch ungewöhnliche Folgen haben wird«. Bei aller Vielschichtigkeit der bevorstehenden Veränderungen werde die Pandemie aber zumindest einen Systemwandel beschleunigen, welcher sich schon vor der Krise abgezeichnet habe. Dazu gehöre die »wachsende Macht der Technologie« sowie die beschleunigte Automatisierung. Für viele Menschen bedeute dies, dass die Technologisierung ihres Lebens stark zunehme, wodurch »das Leben, wie sie es bisher kannten, mit alarmierender Geschwindigkeit aus den Fugen« geraten werde.[365] Zugleich liege aber in der Technisierung des Lebens eine Chance und darin auch der eigentliche Sinn der »Vierten Industriellen Revolution« begründet.

---

364 Bundesministerium des Innern, für Bau und Heimat: Wie wir COVID-19 unter Kontrolle bekommen. https://www.bmi.bund.de/SharedDocs/downloads/DE/veroeffentlichungen/2020/corona/szenarienpapier-covid19.html

365 Klaus Schwab/Thierry Malleret, a. a. O., S. 18f, S. 11

TECHNOLOGIE DER REPRESSION –
KONTROLLE UND ÜBERWACHUNG

In den Auswirkungen der gegenwärtigen Corona-Krise sehen die Vertreter und Anhänger des Weltwirtschaftsforums die einmalige Möglichkeit, eine umfassende Technisierung des Menschen, wie auch den von ihnen prognostizierten und für unerlässlich empfundenen Systemwandel, in einer beschleunigten Form und ohne größeren Widerstand weltweit durchsetzen zu können. Der angestrebte radikale Systemwandel verlange – so Schwab – eine kontinuierliche Anpassung des Menschen an die sich vollziehenden Veränderungen. Andererseits sei aber auch noch nicht klar, »wie sich die unerbittliche Integration der Technik in unser Leben auf unseren Identitätsbegriff auswirkt und ob sie wesentliche menschliche Fähigkeiten wie Selbstreflexion, Empathie und Anteilnahme beeinträchtigen kann«.[366]

Außerdem bestehe die reale Gefahr, dass Regierungen Technologien kombinieren, um zivilgesellschaftliche Organisationen und Bürgerinitiativen zu unterdrücken, die für Transparenz staatlicher und wirtschaftlicher Handlungen eintreten. Die Einschränkung der Unabhängigkeit und Tätigkeit solcher Gruppen durch Gesetze und andere politische Maßnahmen führe schließlich dazu, dass der zivilgesellschaftliche Raum weiter schrumpfe. So ermöglichten die Instrumente der Vierten Industriellen Revolution auch »neue Formen der Überwachung und neue Möglichkeiten zur Kontrolle, die gesunden, offenen Gesellschaften zuwiderlaufen«.[367] Zudem schaffe die Corona-Pandemie mit der Ausweitung und Fortentwicklung der digitalen Welt zugleich bessere Möglichkeiten zur Überwachung und Kontrolle des Menschen.

Dabei scheint das »Contact Tracing« (Kontaktverfolgung), welches eine wichtige Rolle zur Bekämpfung von COVID-19 spiele, schon vorbestimmt zu sein, »ein Wegbereiter für Massenüberwachung zu werden«.[368] Vor allem die Unternehmen tendierten zunehmend dazu, den Gesundheitszustand ihrer Mitarbeiter zu verfolgen. So sei zu vermuten, dass es in Zukunft zu einer stärkeren Überwachung der abhängig Beschäftigten kommen werde. Als Grund ließe sich dabei die Sorge um deren Gesundheit und Sicherheit anführen. Doch auch für

---

366 Klaus Schwab: Die Vierte Industrielle Revolution, München 2016, S. 145f
367 Ebd., S. 143f
368 Klaus Schwab/Thierry Malleret, a. a. O., S. 178f

die Zeit nach der Pandemie würden die Instrumente der technischen Überwachung – nach Auffassung von Schwab und Malleret – wohl weiter bestehen bleiben. Dies ergebe sich allein schon daraus, dass »die Arbeitgeber keinen Anreiz haben, ein einmal installiertes Überwachungssystem zu entfernen, insbesondere, wenn einer der indirekten Vorteile der Überwachung darin besteht, die Produktivität der Arbeitnehmer zu überprüfen«.[369]

Grundsätzlich eignen sich technische Lösungen, die zur Eindämmung einer Pandemie angeboten werden, aber ebenfalls zum Ausbau eines Überwachungsstaates. Lassen sich diese doch genauso als politische Überwachungstechnologie einsetzen und somit zu einer noch effektiveren Kontrolle des Menschen sowie auch zu weiteren repressiven Maßnahmen nutzen. An einer anderen Stelle ihres Buches fordern Schwab und Malleret sogar »ein globales Überwachungsnetz«. So wird – ihrer Meinung nach – »der einmal freigelassene Flaschengeist der technischen Überwachung« dann zudem in der Zeit nach der Pandemie »nicht wieder zurück in die Flasche gesteckt werden« und somit den Gesellschaften noch über eine lange Zeit erhalten bleiben.[370]

CHAOS, ZERFALL UND DYSTOPIE

Beide Autoren erwarten außerdem, dass sich nach der Pandemie »die Zahl jener dramatisch erhöhen (werde), die nun zu den Arbeitslosen, Besorgten, Unglücklichen, Empörten, Kranken und Hungrigen gehören«.[371] Auch weisen sie darauf hin, dass es vor allem »zwei Kategorien von Menschen« sein werden, die dann mit einer »besonders düsteren Beschäftigungssituation konfrontiert« würden: »junge Menschen, die erstmals in den von der Pandemie verwüsteten Arbeitsmarkt eintreten, und Arbeitnehmer, die durch Roboter ersetzt werden können«.[372] Hinzukommen werden persönliche Tragödien sowie der Ärger und die Verzweiflung von Menschen aus den verschiedenen gesellschaftlichen Bereichen. Der Ausbruch sozialer Unruhen muss damit als eine der größten Gefahren betrachtet werden, wobei eine solche Entwicklung – ihrer Einschätzung nach – in einigen extremen Fällen sogar »zum gesellschaftlichen Zerfall und

---

369 Ebd., S. 194f
370 Ebd., S. 37, S. 202
371 Ebd., S. 97
372 Ebd., S. 61

politischen Zusammenbruch führen« könnte. Andererseits habe die Geschichte gelehrt, dass die Hoffnung auf eine Verringerung der bestehenden Ungleichheiten »ohne vorausgehende massive soziale Unruhen unwahrscheinlich ist«.[373]

Zwar hätten Regierungen und Unternehmen auch schon in den vorangegangenen Jahren »immer ausgefeiltere Technologien eingesetzt, um Bürger und Angestellte zu überwachen und manchmal auch zu manipulieren«. Doch könnten die im Zusammenhang mit der Corona-Krise geschaffenen Möglichkeiten die Rechte und Freiheiten des Einzelnen noch weitaus stärker beeinträchtigen und damit zu einem »Wendepunkt in der Geschichte der Überwachung« werden. Eine Verstärkung autoritärer Tendenzen und zunehmende Repression wären die Folgen einer solchen Entwicklung. Vielleicht stellen einige Menschen bald schon fest, »dass sich ihr Land plötzlich in einen Ort verwandelt hat, an dem sie nicht mehr leben wollen«, befürchten selbst Schwab und Malleret.[374]

Am Ende laufe doch »alles auf Menschen und Werte hinaus«, lautet das Resümee von Klaus Schwab. Deshalb müsse es gelingen, eine lebenswerte Zukunft für die Menschen zu gestalten, denn »in ihrer schlimmsten, entmenschlichten Form hat die ›Vierte Industrielle Revolution‹ in der Tat das Potenzial, Menschen zu Robotern zu machen, die kein Herz und keine Seele mehr haben«, warnt Schwab. Zudem habe es niemals zuvor eine Zeit gegeben, »die mit mehr Versprechungen, aber gleichzeitig mit einem so großen drohenden Übel einherging«.[375] Die Utopie von der technischen Vervollkommnung des Menschen könnte auf diese Weise bereits früher als gedacht in eine dystopische Welt führen, die alles andere als eine lebenswerte Zukunft für die Menschheit bereithält.

Der Wunsch nach einem neuen, technisierten Menschen entstand nicht zufällig, sondern ist das Produkt einer langen historischen Entwicklung. Eine solche Entwicklung ist für die Menschheit aber weder vorbestimmt, noch zwingend notwendig. Sie kann also durchaus korrigiert werden. Niemand muss sich ihr schicksalhaft ergeben. Wir sind gewarnt!

---

373 Ebd., S. 96
374 Ebd., S. 197
375 Klaus Schwab: Davos 2016. Die Vierte Industrielle Revolution. In: *Handelsblatt*, 20. 01. 2016

DER MENSCH ALS CYBORG[376]

JENS BERNERT

Das Weltwirtschaftsforum (World Economic Forum, WEF), bekannt durch seine Jahrestreffen im schweizerischen Davos, ist die einflussreichste Plattform der Superreichen und Mächtigen. Das WEF wurde zwar von niemandem gewählt, geriert sich aber seit vielen Jahren wie die Weltregierung und offenbart regelmäßig die Pläne, die die westlichen Machteliten für die Menschheit vorgesehen haben. Längst ist klar, die Macht liegt nicht in den Händen gewählter Abgeordneter oder von Regierungen, sondern in den Händen von Kapitalsammelstellen wie BlackRock und Co., die Billionenvermögen verwalten, und Multimilliardären wie Bill Gates oder Menschen, die noch reicher sind, aber nie in Erscheinung treten. Im folgenden Text verwende ich die Begriffe »Superreiche«, »Machteliten« und »Weltwirtschaftsforum« synonym.

WEF-Chef Klaus Schwab verkündete im Juli 2020 in seinem gemeinsam mit Thierry Malleret geschriebenen Buch den Great Reset.[377] Mit dem Great Reset will das WEF die globale Wirtschaft vollkommen neu gestalten. Dabei erstreckt sich der Umbau nicht nur auf die Staaten der »westlichen Wertegemeinschaft«, sondern darüber hinaus auch auf alle Staaten, die den Erpressungen, Nötigungen und Regime-Change-Operationen westlicher Regierungen und scheinbar neutraler Organisationen wie IWF und Weltbank nicht standhalten können oder wollen. Diesem Umbau-Angriff auf den gesamten Planeten, können sich Russland und China vielleicht entziehen. Ermöglicht wurde er erst durch die von WEF & Co. geschaffene Corona-Krise. Die Grundlage hierfür war die irrwitzige Behauptung, die Weltgesundheitsorganisation WHO sei so etwas wie eine Weltregierung und nicht etwa ein hochkorrupter Seitenarm der Vereinten Nationen. Aber wer das Corona-Spiel nicht mitspielt, der hat schnell die ganze Welt gegen sich. Und genau das ist die Absicht.

---

376   Mischwesen aus Organismus und Maschine
377   https://www.amazon.de/COVID-19-Great-Reset-Klaus-Schwab/dp/2940631123

Experten wie der ehemalige Vize-Präsident des Pharma-Konzerns Pfizer, der Pharmakologe, Biochemiker und Toxikologe Dr. Michael Yeadon, sagen mittlerweile klar, dass die Handlungen der Machteliten in der Corona-Krise offensichtlich keinem medizinischen Zweck dienen:

»Es ist völlig absurd, die ganze Welt durchzuimpfen. Unsere Politiker hier in Großbritannien und deren Berater lügen uns einfach an und führen uns auf den falschen Weg. Das ist ein Verbrechen. Das fängt mit dem nicht vertrauenswürdigen PCR-Test an. Damit werden die Menschen verängstigt. So können restriktive Maßnahmen durchgesetzt werden. Ich kann nur nicht-medizinische Gründe für die weltweiten Impfungen erkennen.«[378]

Im Great Reset sollen alle Menschen ins »neue normale« System eingebettet werden. Dies vollzieht sich im Zeitlupentempo, damit nicht alle Menschen gleichzeitig aufwachen und gegen den »Neuen Irrsinn« aufstehen. Der Great Reset ist ein kalter, institutioneller Putsch im weltweiten Maßstab: Es werden diktatorische Verhältnisse geschaffen, die offensichtlich jeden friedlichen Wandel ausschließen und auch ausschließen sollen. Der Widerstand gegen die neue Diktatur soll soweit getrieben werden, dass er zu den Waffen greift. Die Herrschaftseliten gehen mit Corona-Krise und Great Reset so weit, die Gesellschaften mit allen möglichen Mitteln zu terrorisieren oder sogar missliebige Einzelpersonen zu eliminieren. Sie schrecken vor nichts mehr zurück und senden auch genau diese Botschaften aus.

Besonders bemerkenswert an der Corona-Krise ist jedoch, dass die geopolitischen Gegner Russland und China das üble Spiel zumindest zum Teil mitmachen. Ob beispielsweise die unrühmliche Rolle Chinas in der Corona-Krise nur aufgrund des Drucks durch die USA und die dortigen Machteliten zu erklären ist, ist fraglich. Der Historiker Eric Angerer schreibt zu Schwabs Great-Reset-Visionen:

»Die Thematik war bereits das Motto des WEF-Jahrestreffens 2016, und Schwab hat seine Vorstellungen dazu in den Büchern zum Thema ausgeführt. Schwab beschreibt Fortschritte in den Bereichen der Medizin/Genetik/Biologie (DNA-Sequenzierung, Neurotechnologie, Bioprinting, Gentechnik, intelligente Zellfabriken, Impftechnologie), der Technik (Robotik, künstliche Intelligenz, 3D-Druck, Drohnen, Chat-Bots, 5G, Quantencomputer,

---

378 http://www.barth-engelbart.de/?p=227266

Gesichtserkennungssoftware) und der Ökonomie (On-Demand-Economy, digitale Plattformen). (…) Schwab ist ein anerkannter Vertreter des Großkapitals und bejubelt die Entwicklung auf eine technokratische und elitäre Weise. Er ist für gentechnologische Landwirtschaft und Digitalisierung menschlicher Beziehungen; der Mensch soll zu Hause bleiben, persönlichen Kontakt meiden und eine VR-Brille aufsetzen. Schwab hält Massenkontrolle, Überwachung, systematisierte Impfprogramme, digitale ID von Menschen und die Verschmelzung von Mensch und Technologie zu Biorobotern für eine gute Sache. Er bejubelt ›erweiterte Realitäten‹, Sensoren in Wohnungen und Kleidung, Künstliche Intelligenz, ›Designer-Babys‹, die gegen Krankheiten immun sind, und die Möglichkeit, ›unsere Gene und die unserer Kinder zu manipulieren‹. Diese neuen Techniken würden ›Teil von uns selbst‹ werden, nämlich ›in unsere Körper und unser Gehirn implantiert‹, über Microchips, ›intelligente Tätowierung‹, ›biologisches Computing‹. Es könnten sogar Sensoren und Schaltkreise in menschliche Darmbakterien eingebaut und künstliche Erinnerungen im Gehirn implantiert werden. Unter der Kontrolle einer neoliberalen kapitalistischen ›Elite‹ von Superreichen sind diese Perspektiven ein wahrlich dystopischer, autoritärer, menschenfeindlicher und unmenschlicher Horror.«[379]

Wesentlicher Bestandteil des Umbaus von Wirtschaft und Gesellschaft unter Einschluss des Internets ist auch die vollständige Kontrolle jedes einzelnen Menschen und seine Normierung als zuverlässige Bio-Einheit in den Prozessketten der Unternehmen der Superreichen und Supermächtigen. Eine effiziente und kostengünstige »Matrix light«. In diesem Zusammenhang hat das Weltwirtschaftsforum ganz offiziell das Internet der Körper verkündet. Und die Mächtigen planen bereits weit schlimmere Zukunftsszenarien, die nur noch auf ihre Verwirklichung warten.

Lange, kostspielige Testphasen schenken sich die Herrschenden, wie die Corona-Krise zeigt. Sie schrecken dabei selbst vor Gen-Versuchen an Menschen – und nichts anderes sind die mRNA-Impfungen durch Pfizer/BioNTech oder Moderna – nicht zurück. Der Hersteller Moderna sagt auf seiner Webseite ganz offen, wohin die Reise geht:

»Wir haben das breite Potenzial der mRNA-Wissenschaft erkannt und eine mRNA-Technologieplattform geschaffen, die ähnlich wie ein Betriebssystem

---

379   https://www.rubikon.news/artikel/totalitarer-globalismus

auf einem Computer funktioniert. Sie ist so konzipiert, dass sie austauschbar mit verschiedenen Programmen zusammenarbeiten kann. In unserem Fall ist das ›Programm‹ oder die ›App‹ unser mRNA-Medikament – die einzigartige mRNA-Sequenz, die ein Protein kodiert.«[380]

Der Great Reset wurde auch von dem Frontrunner der Corona-Kampagne, Bill Gates, skizziert. In einem Interview mit dem US-Sender *NBC* in der Sendung »Meet the Press« erklärte der Unternehmer, zu dem man noch vor wenigen Jahren in der Presse lesen konnte »Die WHO hängt am Tropf von Bill Gates«,[381] dem fragenden Journalisten, die Corona-Maßnahmen – samt Lockdowns, Verhaltensregeln und Maskenzwang – müssten etwa weitere vier Jahre bestehen bleiben, bis »der Virus ausgelöscht ist«. Der Wiederaufbau der Wirtschaft – besser gesagt der Umbau – könne zehn Jahre oder mehr in Anspruch nehmen. Wörtlich heißt es in dem Interview vom Oktober 2020:

»Bill Gates: Der einzige Weg, wie wir vollständig zur Normalität zurückkehren können, besteht darin, dass wir vielleicht nicht die erste Generation Impfstoffe, aber danach einen Impfstoff haben, der super-effektiv ist und den eine Menge der Menschen nehmen und dass wir die Krankheit auf einer globalen Basis eliminieren. Dann können wir endlich beginnen, die ganzen Probleme anzugehen, die geschaffen wurden bei der Bildung und bei der geistigen Gesundheit …

Interviewer: Sie haben gesagt, dass uns diese Pandemie … zurückgeworfen hat … Wir haben Fortschritte gemacht bei der Verringerung der Armut auf der ganzen Welt und bei der Verringerung derjenigen ohne Nahrung. … Diese Pandemie hat im Wesentlichen 20 Jahre Fortschritt ausgelöscht. Wie lange (dauert es noch), bevor wir wieder Fortschritte machen können? (Wann haben wir) … dieses Virus weltweit unter Kontrolle, sprechen wir von 2022, 2023, …?

Bill Gates: … Die Auswirkungen auf die Armut, die Auswirkungen auf die Bildung werden eher zehn oder mehr Jahre sein …«[382]

Während es bei dem bereits bekannten »Internet der Dinge« lediglich um die Realisierung von Überwachungsmöglichkeiten à la Orwells »1984« geht, will das »Internet der Körper« (Internet of Bodies) tief in den Menschen eindringen – und das nicht nur bei Freiwilligen. Im Juli 2020 verkündete das

---

380   https://www.modernatx.com/mrna-technology/mrna-platform-enabling-drug-discovery-development
381   https://www.fr.de/wirtschaft/privatisierung-weltrettung-11077940.html
382   https://www.youtube.com/watch?v=_Q8D1tdpeIU&t=1408s

Weltwirtschaftsforum ganz offiziell in einem Briefing-Paper den Eintritt in die neue Ära des »Internets der Körper«. In dem Beitrag »Das Internet der Körper ist da. So könnte es unser Leben verändern« vom Juni 2020 heißt es auf der Webseite des Weltwirtschaftsforums:

»Wir treten in die Ära des ›Internet der Körper‹ ein: Wir sammeln unsere physischen Daten über eine Reihe von Geräten, die implantiert, verschluckt oder getragen werden können. Das Ergebnis ist eine riesige Menge an gesundheitsbezogenen Daten, die das Wohlbefinden der Menschen auf der ganzen Welt verbessern und sich als entscheidend für die Bekämpfung der COVID-19-Pandemie erweisen könnten.«[383]

Des Weiteren wird unter der Zwischenüberschrift »Connecting our bodies« – »Unsere Körper verbinden« – auf die vielfältigen Überwachungsmöglichkeiten der neuen Körpervernetzung hingewiesen sowie darauf, dass darüber auch die Abgabe von Stoffen in den Körper gesteuert wird. Es wird also nicht nur überwacht, sondern auch per Knopfdruck oder Programm in den Körper des Menschen eingegriffen. Die entsprechenden Nano-Roboter nennt das WEF beschönigend »digitale Pillen«. Die Missbrauchsmöglichkeiten, Gebrauchsmöglichkeiten und Steuermöglichkeiten sind hier fast grenzenlos. Dies gilt selbstverständlich nicht nur für Gesundheitsexperten. Das Weltwirtschaftsforum schreibt hierzu:

»Für Gesundheitsexperten öffnet das Internet der Körper das Tor zu einer neuen Ära der effektiven Überwachung und Behandlung. 2017 genehmigte die US Federal Drug Administration die erste Verwendung digitaler Pillen in den Vereinigten Staaten. Digitale Pillen enthalten winzige, einnehmbare Sensoren sowie ein Medikament. Nach dem Verschlucken wird der Sensor im Magen des Patienten aktiviert und überträgt Daten an sein Smartphone oder andere Geräte.«[384]

Vernetzt wie eine Borg-Drohne oder ein Matrix-Opfer sollten die Menschen fortan immer schön brav bleiben. Das WEF schreibt weiter: »Gleichzeitig können die Daten aus dem Internet der Körper genutzt werden, um Vorhersagen

---

383 https://www.weforum.org/agenda/2020/06/internet-of-bodies-covid19-recovery-governance-health-data/; Siehe ferner: http://www3.weforum.org/docs/WEF_IoB_briefing_paper_2020.pdf; https://blog.fdik.org/2020-12/WEF_IoB_briefing_paper_2020.pdf; http://blauerbote.com/wp-content/uploads/2020/12/WEF_IoB_briefing_paper_2020.pdf
384 https://www.weforum.org/agenda/2020/06/internet-of-bodies-covid19-recovery-governance-health-data/

und Rückschlüsse zu treffen, die den Zugang einer Person oder Gruppe zu Ressourcen wie Gesundheitsversorgung, Versicherungen und Beschäftigung beeinflussen können.«[385]

Im WEF-Bericht »Das Internet der Körper ist da; Neue Herausforderungen der Technologie-Governance angehen« vom 6. August 2020 heißt es in der Einleitung: »Jüngste technologische Fortschritte haben eine neue Ära des ›Internets der Körper‹ (IOB) eingeläutet, bei der eine beispiellose Anzahl von vernetzten Geräten und Sensoren am menschlichen Körper befestigt oder sogar implantiert und in den menschlichen Körper aufgenommen wird.«[386]

WEF-Vorsitzender Schwab schrieb bereits 2016 über die »Vierte Industrielle Revolution«, die sich seinen Vorstellungen zufolge nun im Great Reset und Internet der Körper manifestieren soll, eingebettet in die üblichen dekorativ-heuchlerischen Sorgenbekundungen: »Eine der größten individuellen Herausforderungen neuer Informationstechnologie ist der Datenschutz. Wir verstehen instinktiv, warum es so wichtig ist, aber die Verfolgung und Weitergabe von Informationen über uns ist ein entscheidender Teil der neuen Konnektivität. Debatten über grundlegende Fragen wie die Auswirkungen des Kontrollverlusts über unsere Daten auf unser Innenleben werden sich in den kommenden Jahren nur noch intensivieren. In ähnlicher Weise werden uns die Revolutionen in der Biotechnologie und KI, die das Menschsein neu definieren, indem sie die aktuellen Grenzen der Lebensdauer, Gesundheit, Kognition und Fähigkeiten verschieben, dazu zwingen, unsere moralischen und ethischen Grenzen neu zu definieren.«[387]

Die Machteliten setzen ihre Vision eines totalitären Globalismus als düstere Techno-Dystopie um. Diese benötigen sie offenbar dringend, um auch weiterhin und vor allem langfristig an der Macht bleiben zu können. Man gewinnt den Eindruck, sie hätten sich sämtlicher Dystopien und Science-Fiction-Stories bedient, vor denen seinerzeit Schriftsteller warnten, und dabei haben sie sich offensichtlich die widerwärtigsten Methoden des »Bösen« abgeschaut.[388] Viel-

---

385   Ebd.
386   https://www.weforum.org/reports/the-internet-of-bodies-is-here-tackling-new-challenges-of-technology-governance
387   https://www.weforum.org/agenda/2016/01/the-fourth-industrial-revolution-what-it-means-and-how-to-respond/
388   https://www.rubikon.news/artikel/totalitarer-globalismus; https://www.rubikon.news/artikel/totalitarer-globalismus-2; https://www.rubikon.news/artikel/die-techno-dystopie; https://kenfm.de/die-upgedatete-menschheit-von-walter-van-rossum/

leicht stellen in nicht zu ferner Zukunft geschundene und instrumentalisierte menschliche Körper als »Living Foundries« (lebendige Gießereien) sogar einmal künstliches Leben oder begehrte Stoffe her, wie es der US-Behörde DARPA – einer Forschungseinrichtung des Pentagon – vorschwebt.[389]

Bei der Umsetzung der Cyborgisierung des Menschen – der Realisierung eines Mischwesens aus Mensch und Maschine – lassen sie nicht nur beim Thema »genetische Manipulation« alle Hemmungen fallen. Die von Bill Gates gesponsorte Johns-Hopkins-Universität, die in der Corona-Krise eine sehr unrühmliche und tragende Rolle spielte und spielt, präsentierte im November 2020 »Theragripper«.[390] Es handelt sich dabei um winzige Maschinen, die sich im Darm des Menschen festkrallen: »Inspiriert von einem parasitären Wurm, der seine scharfen Zähne in den Darm seines Wirts gräbt, haben Johns-Hopkins-Forscher winzige, sternförmige Mikrogeräte entwickelt, die sich an der Darmschleimhaut festkrallen und Medikamente in den Körper abgeben können. (...) Die Technologie ist über Johns Hopkins Technology Ventures zur Lizenzierung verfügbar.«[391]

Das eher äußerliche Anbringen von Informations- und Überwachungstechnik am Lebewesen durch Chippen wiederum kannte man bisher eher aus der Nutzviehhaltung. Im US-Bundesstaat Michigan verabschiedete das Repräsentantenhaus im Juni 2020 ein Gesetz, das es Firmen verbietet, ihre menschliche Belegschaft zwangsweise mit Chips zu versehen und zu überwachen:

»Die Chips, die ungefähr die Größe eines Reiskorns haben, werden in die Hände der Angestellten implantiert und dienen als Ersatz für Ausweise, Zeitkarten, Benutzernamen und Passwörter für die Sicherheitsfreigabe und sogar Kreditkarten. (...) [Die Abgeordnete Kahle sagt:] ›Microchipping wurde in vielen Gesprächen vorgeschlagen, bei denen Unternehmen im ganzen Land kosteneffektive Wege zur Steigerung der Arbeitsplatz-Effizienz untersucht haben. (...) Obwohl diese Art von Technologie noch nicht ganz in unserem Staat Einzug gehalten hat, wäre ich nicht überrascht, wenn sie in den nächsten Jahren landesweit zu einer Standard-Geschäftspraxis wird.‹«[392]

389   https://www.darpa.mil/program/living-foundries
390   https://blog.fdik.org/2021-02/s1612904616.html
391   https://hub.jhu.edu/2020/11/25/theragripper-gi-tract-medicine-delivery/
392   http://gophouse.org/rep-kahles-plan-to-make-microchipping-in-michigan-voluntary-for-workers-and-job-providers-passes-house-unanimously/

Bei der Speicherung von Impf-Daten unter der Haut gehen Forscher aus den USA allerdings noch einen Schritt weiter:

»MIT-Forscher haben jetzt eine neuartige Methode entwickelt, um die Impfgeschichte eines Patienten aufzuzeichnen: Die Daten werden in einem für das bloße Auge unsichtbaren Farbstoffmuster gespeichert, das gleichzeitig mit dem Impfstoff unter die Haut gegeben wird. (…) Um eine dezentralisierte Krankenakte ›des jeweiligen Patienten‹ zu erstellen, entwickelten die Forscher einen neuen Typ von Quantenpunkten auf Kupferbasis, die Licht im nahen Infrarot-Spektrum aussenden. Durch die selektive Beladung der Mikronadeln mit Mikropartikeln erzeugen die Pflaster ein Muster in der Haut, das für das bloße Auge unsichtbar ist, aber mit einem Smartphone gescannt werden kann, bei dem der Infrarotfilter entfernt wurde. Das Pflaster kann so angepasst werden, dass verschiedene Muster eingeprägt werden können, die der Art des verabreichten Impfstoffs entsprechen. Es ist möglich, dass dieser ›unsichtbare‹ Weg eines Tages neue Möglichkeiten für Datenspeicherung, Biosensorik und Impfstoffanwendungen schaffen könnte«.[393]

Damit immer noch nicht genug: Denn Elon Musk geht mit seinem Gehirnimplantat »Neuralink« noch weiter. Das Gamer-Magazin »Mixed« berichtete am 1. Februar 2021 in dem Artikel »Elon Musk: Affe zockt begeistert mit Neuralink-Gehirnchip«:

»Elon Musk verrät neue Details über das Gehirnchip-Projekt seines Start-ups Neuralink. Derzeit soll das Implantat an Affen getestet werden, mit dem Ziel, dass sie Videospiele per Gedankenkraft steuern. (…) Letzteres Start-up soll ein Hirn-Computer-Interface entwickeln, das der Menschheit maschinelle Denkfähigkeiten verleiht, damit diese nicht von Künstlicher Intelligenz abgehängt wird. Das letzte Update zum Stand der Forschung gab es im Sommer 2020: Neuralink hatte einem Schwein eine neue Version des firmeneigenen Gehirnchips eingebaut. Er besteht aus Elektroden-Drähten, deren Dicke etwa ein Zehntel des menschlichen Haars betragen und die neuronale Signale messen und drahtlos an einen Computer senden.«[394]

In einem Weckruf weist der Hirnforscher Professor Dr. Karl Hecht eindringlich auf die Gefahren des Hirnimplantats hin und verweist auf die Anfänge der

393   https://www.rubikon.news/artikel/unter-der-haut
394   https://mixed.de/elon-musks-neuralink-affe-soll-per-gedankenkraft-videospiele-spielen/; siehe ferner: http://blauerbote.com/2021/03/31/elon-musks-gehirnimplantat-neuralink/

technischen Experimente zur Gedankenkontrolle in den 1950er- und 1960er-Jahren, die aus heutiger Sicht ein »alter Hut« seien. Inhaltlich gehe es um eine bisher verdeckte Operation im Krieg der »Superreichen« gegen die große Mehrheit der Menschheit. Das Ziel sei die Errichtung einer Neuen Weltordnung.[395]

»Anschließend geht er auf die heutige Digitalisierungsideologie ein, die eine große Begeisterung für diese Technologie erzeugt und viel verspricht: Wohlstand, Komfort, bessere Schulbildung und sogar Gesundheit und Unsterblichkeit. Doch in Wirklichkeit würde die Digitalisierung die totale Überwachung bringen, Arbeitsplätze verschwinden lassen, Menschen krank machen und letztlich überflüssig. Die öffentliche Meinung würde manipuliert werden und am Ende würde der Mensch die Kontrolle über die Technik verlieren. Als Beispiel führt Professor Hecht eine aktuelle Erfindung von Elon Musk an, einem dieser superreichen Philanthropen und Weltverbesserer. Es ist eine schockierende Nachricht für ihn – und für uns alle: Musk hat einen Neuralink von der Größe einer Euromünze erfunden und ist dabei, ihn mit einem Schnitt durch die Kopfhaut auf dem Schädel zu platzieren. Dadurch würde eine Verbindung oder Schnittstelle zwischen dem Gehirn, diesem Neuralink und einem Computer oder Handy entstehen. Laut Musk ist diese Verbindung zwischen Gehirn und Computer notwendig, damit die Menschheit mit der künstlichen Intelligenz (KI) Schritt halten kann. Elektromagnetische Funkwellen und die Installation des 5G-Mobilfunk-Standards, auch im Weltraum, sind dafür unerlässlich.«[396]

Musk hat für seine Ambitionen auch viele ehemalige Mitarbeiter der DARPA abgeworben. In dieser militärischen US-Regierungsbehörde, die Zukunftstechnologien entwickelt, wurden quasi zuvor die Grundlagen für Neuralink gelegt. Es ging und geht hier vor allem darum, lesend und schreibend auf das Gehirn zuzugreifen und man spricht ganz offen auch von der Steuerung und Manipulation von Menschen, wie die Journalistin Withney Webb[397] in einem Artikel berichtet:

»... [D]ie Führung der DARPA [hat] keinen Zweifel daran gelassen, dass sie keinen Unterschied mache zwischen einer medizinischen Verwendung von BMIs und einer Verwendung, um durch ›Lenkung‹ seiner Gedanken und sogar seiner Bewegungen eine nachgerade totale Kontrolle über einen Menschen

---

395 https://einarschlereth.blogspot.com/2021/03/die-versteckte-gefahr-digitalisierung.html
396 Ebd.
397 https://www.rubikon.news/artikel/die-techno-dystopie

auszuüben. Solch ein unverblümtes Eingeständnis seitens der DARPA-Führung lässt es lohnenswert erscheinen, den Stand dieser aktuellen ›Gehirn-Maschine‹-Schnittstellenprogramme sowie ihre ausdrücklichen Zielsetzungen genauer zu untersuchen. Beispielsweise besteht eines der Ziele des DARPA-Programms Next-Generation Nonsurgical Neurotechnology (N3) darin, durch ›nicht-invasive oder minimal-invasive Gehirn-Computer-Schnittstellen‹ direkt ›lesend und schreibend‹ auf das Gehirn zuzugreifen. Gemäß einem kürzlich erschienenen Bericht über das N3-Programm der DARPA wäre ein Beispiel ›minimal-invasiver‹ Technologien: ›die Injektion eines Virus‹, der lichtempfindliche Sensoren trägt oder andere chemisch, biotechnologisch oder selbst erzeugte Nanobots, die individuelle Neuronen erreichen und deren Aktivität selbstständig steuern können, ohne eine Schädigung empfindlichen Gewebes. Der vorgeschlagene Verwendungszweck dieser Technologien ist noch nicht genau spezifiziert, aber wie sich in Tierversuchen gezeigt hat, reicht es, die Aktivität einzelner Neuronen an mehreren Punkten zu kontrollieren, um künstliche Erinnerungen an Angst, Verlangen und Erfahrungen direkt ins Gehirn zu programmieren. (…) Die chemischen Prozesse und die Funktionalität des menschlichen Gehirns auf zellularer Ebene zu verändern, ist nur eine von unzähligen Initiativen der DARPA, hinter denen die Absicht steht, das Denken und die Wirklichkeitswahrnehmung der Menschen zu verändern. Seit 2002 bestätigt die DARPA, dass man sich bemühe, ein ›Brain-Machine-Interface (BMI)‹ (Gehirn-Maschine-Schnittstelle, Anm. d. Übers.) zu entwickeln. Obwohl es zunächst das Ziel war, ›ein drahtloses Gehirnmodem für eine sich frei bewegende Ratte‹ zu schaffen, mit dem sich die Bewegungen des Tieres fernsteuern ließen, hatte die DARPA auch keine Bedenken, die Anwendung einer solchen ›Verbesserung‹ des Gehirns beim Menschen anzustreben.«[398]

Dass bei einem Thema wie der Verbindung von menschlichem Hirn und Computer viele Akteure der Machteliten, Transhumanisten wie Gates und Schwab, auch von einer Art »ewigem Leben« durch die Flucht ihres Bewusstseins in die Maschine träumen, ist eigentlich längst klar. Unabhängig davon, wie der Kopf des neuen faschistischen Kastensystems aussehen soll, ist die Rolle der »Untergebenen« längst definiert: Als letztlich willenlose Drohne dem System

---

398 Ebd.; siehe ferner: https://singularityhub.com/2019/06/05/darpas-new-project-is-investing-millions-in-brain-machine-interface-tech/

dienend. Obwohl dies auch schon ohne Neuralink möglich ist, funktioniert das mit einer direkten Verbindung ins Hirn natürlich noch sehr viel besser.

Viele »Cyborgs« aus dem Land der »Rautenkönigin« werden beispielsweise auch behaupten, sie hätten einen freien Willen, weil sie zwischen »5000 Brands bei Zalando« auswählen können, wie es so schön in der Werbung heißt, oder weil sie doch ihren Lieblingsfußballverein frei wählen können. Wer empört sich heute eigentlich noch, wenn ein Karl Lauterbach,[399] der nicht einmal der Bundesregierung angehört, sondern lediglich Abgeordneter ist, spontan über die Auswertung von Bewegungsprofilen der Menschen in Deutschland twittert:

»Wir wissen aus den Bewegungsprotokollen der Fahrzeuge und der Handydaten, dass abends sehr viele Treffen stattfinden.«[400]

So wie die Herrschaftseliten in den letzten Jahren unter dem Motto »Kampf gegen den Terror« die Überwachung der Bevölkerung intensiviert haben, eskalieren sie diese jetzt exzessiv in der Corona-Krise. Passend zu den Ambitionen des Drohnen-Matrix-Systems: Wer kann eigentlich die unzähligen »freundlichen Überwachungsangebote« und »Datenspendenaufrufe« noch zählen? Selbstverständlich alles »wegen Corona«. Wer nicht mitmacht, wird gebrandmarkt, beruflich und gesellschaftlich, in Einzelfällen auch physisch vernichtet. Aber Bill Gates kann noch mehr: Er will durch Sprayen der Atmosphäre die Sonne verdunkeln,[401] spricht von weltweiter Bevölkerungsverringerung,[402] gilt offiziell jedoch als völlig normal. Wie sagte Ursula von der Leyen doch so schön: »Thank you Bill for Leadership.«

»WESTLICHE WERTEGEMEINSCHAFT« AM ENDE

Hinsichtlich ihrer Glaubwürdigkeit war die »westliche Wertegemeinschaft« inklusive ihrer Machteliten bereits vor der Corona-Krise völlig am Ende. Man konnte ihre Lügen und billigen Propagandastories nicht mehr zählen, die von immer zahlreicheren und unerschrockenen Autoren, Whistleblowern und »Ehemaligen der Staatsapparate« aufgedeckt wurden. Und dann »ereignete«

---

399 https://www1.wdr.de/nachrichten/themen/coronavirus/corona-treiber-pandemie-infektionen-100.amp
400 https://blog.fdik.org/2021-03/s1617090722.html
401 https://www.rubikon.news/artikel/der-chemtrail-papst
402 http://blauerbote.com/2020/06/05/bill-gates-weltbevoelkerung-um-10-15-reduzieren/

sich die zuvor in Lockstep-Szenarios[403] und Veranstaltungen wie Event 201[404] eingeübte Corona-Krise. Gleich zu Beginn der »Corona-Krise« schrieb ich einem befreundeten Autor:

»Das sterbende Monster opfert in seinem Todeskampf alles und alle – außer sich selbst natürlich – und versucht jetzt, sich noch einmal zu häuten und wiederaufzuerstehen.«

Auch das ist ein Aspekt der Corona-Krise und, wie wir mittlerweile gesehen haben, ist die »Häutung« der alten Ordnung das eigentliche Ziel der Groß-Operation und ebenfalls im Rahmen des Great Reset der aktuelle Umbau der Weltgesellschaft – das heißt im »Idealfall« des ganzen Planeten.

In ihrem Wahn drehen die Herrschaftseliten nun völlig durch und haben damit begonnen, alles Menschliche zu zerstören, die Grundlagen der Kommunikation völlig zu pervertieren und schließlich die absolute Kontrolle über Körper und Geist ihrer »Untertanen« in einer neuen Art von Sklavenhaltergesellschaft zu erlangen. Maskenzwang, Impfterror, Genexperimente und soziale Isolation sind vor allem ein Angriff auf Alte und Kinder.[405] Sie sind perfekte, perfide und perverse Mittel des modernen Staatsterrors sowie eine Form psychologischer Kriegführung nach innen. Dieser Terror kann nur geschehen, weil sich die Menschen in der Gewalt des Staates befinden. Offensichtlich verschafft den obersten Chargen der Machteliten – den Psychopathen an der Macht – die Erniedrigung der Bürgerinnen und Bürger ein unglaubliches Gefühl der Befriedigung. Die totale Spaltung der Gesellschaft ist Teilplan der neuen Tyrannei.

Was die Kinder anbelangt, kommt noch ein weiterer Aspekt hinzu, der innerhalb der »wahrhaft satanischen Logik« der Herrschaftseliten sehr viel Sinn ergibt. Selbstverständlich verfolgen sie noch weitere Absichten, beispielsweise wollen sie die »Untertanen« frühzeitig abrichten. Die Kinder sind entscheidend, sie sind der Nachwuchs einer Gesellschaft. Und genau darum ist es die Absicht der Herrschaftseliten, die junge Bevölkerung langfristig genetisch zu manipulieren und »an sich zu binden«. Auch bekämen die jüngeren Erwachsenen genetisch modifizierte Kinder. Aber solange es noch »freie« Menschen gibt, besteht die Möglichkeit, dass die Menschheit der Gen-Cyborg-Falle entkommt. Diese

403 https://www.rockefellerfoundation.org/wp-content/uploads/Annual-Report-2010-1.pdf
404 https://www.centerforhealthsecurity.org/event201/scenario.html
405 http://blauerbote.com/2021/04/06/masken-auf-dauer-koennten-unsere-kinder-die-zukunft-kosten/; https://www.rubikon.news/artikel/verbrechen-gegen-die-menschlichkeit-2

»Freien« könnten ihren Häschern entkommen, sich vermehren, das System in Frage stellen, Parallelgesellschaften gründen und die Machteliten langfristig zu Fall bringen.

CHINA UND DIE
GROSSE TRANSFORMATION[406]

AYA VELÁZQUEZ

Vom 20. bis 24. Januar 2020 tagte das World Economic Forum (WEF) im schweizerischen Davos zum 50. Mal. Am 23. Januar verhängte China den ersten Lockdown in der Geschichte der Menschheit, und die globale Berichterstattungslawine über Corona begann. Nur wenige Tage später lobte WHO-Direktor Tedros Adhanom Ghebreyesus Chinas Weg als »richtungsweisend«. In den kommenden Monaten kopierten fast sämtliche Länder der Erde Chinas Vorgehen. Derweilen freute sich Klaus Schwab, Vorsitzender des WEF, über die einmalige Gelegenheit für einen »Great Reset«, den er Anfang Juni 2020 in Davos vor der Weltöffentlichkeit aus der Tasche zauberte. Jeder weitere Tag Lockdown bringt Big Tech, Big Pharma und Big Money sagenhafte Gewinne. Über Zufälle und Interessenkonvergenzen im 21. Jahrhundert.

Wuhan war die erste in einen Lockdown versetzte Megacity der Welt: dabei wurden 19 Millionen Menschen fünf Wochen lang in ihren Wohnungen eingesperrt. Im Großraum Hubei wurde ein Teil-Lockdown über 57 Millionen Menschen verhängt.[407] Die Menschen in Wuhan waren nicht begeistert; versprochene staatliche Nachbarschaftshilfe sei vielfach nicht eingetroffen. Die Bilder verzweifelt aus ihren Hochhausfenstern rufender Menschen wurden sogar über chinesische Staatsmedien ausgestrahlt, vermutlich um die Diskurshoheit über das Ereignis zu wahren.[408] Auch der *Guardian* berichtete darüber.[409]

---

406 Mit freundlicher Genehmigung durch die Autorin. Dies ist eine gekürzte Version der Originalversion aus: *Demokratischer Widerstand* Nr. 28 vom 28. November 2020: https://demokratischerwiderstand.de/artikel/158/china-und-der-great-reset; das Datum in Klammern hinter den einzelnen Fußnoten bezieht sich jeweils auf den letzten Zugriff.

407 Baker, Sinead: China extended its Wuhan coronavirus quarantine to 2 more cities, cutting off 19 million people in an unprecedented effort to stop the outbreak. In: Business Insider: https://www.businessinsider.nl/china-wuhan-coronavirus-quarantine-extended-cities-cut-off-2020-1/; (15.05.2021)

408 *Global Times News* Tweet: https://twitter.com/globaltimesnews/status/1235770706765451264; (15.05.2021)

409 Kuo, Lily: ›Fake, Fake‹: senior Chinese leader heckled by residents on visit to coronavirus city. In: *The Guardian.* https://www.theguardian.com/world/2020/mar/06/fake-fake-senior-chinese-leader-heckled-by-residents-on-visit-to-coronavirus-epicentre; (15.05.2021)

Auf den in China verbotenen Plattformen YouTube, Facebook, Twitter und Instagram gingen etliche Videos aus Wuhan viral.[410] Die Welt staunte nicht schlecht über das angeblich geleakte Video eines »Falling Man«, ein unvermittelt auf offener Straße kollabierender Staatsbeamter. Angeblich die Folge einer akuten Corona-Pneumonie.[411]

Wem nützte die global einsetzende Panik vor dem Corona-Killer-Virus sowie das Narrativ einer erfolgreichen chinesischen Pandemiebekämpfung durch einen in der Medizingeschichte beispiellosen, harten Lockdown – während bereits ab Februar 2020 ausländische Journalisten des Landes verwiesen worden waren?[412]

Als fast sämtliche Länder der Erde dominoartig Lockdowns verhängten, wurde der US-amerikanische Anwalt und Investigativjournalist Michael P. Senger aus Atlanta Anfang März hellhörig. Er fragte sich, warum selbst bitterarme Länder, die fast keine Covid-Fälle hatten und mit einem niedrigen Altersdurchschnitt nur kaum betroffen waren, nahezu schablonenhaft das chinesische Lockdown-Modell umsetzten – ungeachtet der Tatsache, dass zusammenbrechende Lieferketten und Ausgangssperren unweigerlich hunderte Millionen Menschen weltweit zusätzlich an den Rand des Verhungerns bringen würden.

Nach umfangreichen Recherchen kam Senger zu dem Schluss, dass wir es mit einer groß angelegten »Information Operation«, einem Informationskrieg der Kommunistischen Partei Chinas (Chinese Communist Party, CCP) zu tun haben. Sengers solide Erkenntnisse zu den Umtrieben der CCP bilden die Grundlage dieses Artikels und sind in meinen Augen das fehlende Puzzleteil, ohne das sich die aktuelle Situation der Weltgemeinschaft nicht verstehen lässt. Sengers Hauptthese in seinem sehr lesenswerten Artikel »China's Global Lockdown Propaganda« lautet, Lockdowns seien nicht evidenzbasiert, sondern chinesische Staatspropaganda im Sinne eines Flu d'état – eines Staatsstreichs auf Grundlage eines Virus, mithilfe des Exports schädlicher, pseudowissenschaftlicher

---

410 A Generation grows ups in China without Facebook, Twitter, Instagram and Co. In: *The Guardian*. https://www.nytimes.com/2018/08/06/technology/china-generation-blocked-internet.html; (09.06.2021)

411 Tweet: https://www.youtube.com/watch?v=E4xn0nk6NXQ; (15.05.2021)

412 Graham Harrison & Kuo: China to expel WSJ journalists over ›malicious' coronavirus column. In: *The Guardian*. https://www.theguardian.com/world/2020/feb/19/china-bars-wall-street-journal-reporters-over-derogatory-column (15.05.2021)

Maßnahmen.[413] Die Beweislast, die Senger hierfür erbringt, ist erdrückend. Auf seinem Twitter-Account[414] dokumentiert er hunderte seriöse Publikationen, die einen geostrategisch motivierten Fake der CCP plausibel nahelegen. In einem Thread »Offener Brief an Xi Jinping« belegt Senger 70 »Fakes«, mit denen China operiert habe, um sein weltweites Pandemie-Management zu promoten, darunter »fake pandemic response, fake infection data, fake hospitals, fake WHO reports, fake WHO representatives, fake humanism, fake whistleblower«, um nur einige Punkte der beeindruckenden Liste zu nennen.[415] In Sengers Augen kommt dabei »fake social media accounts«, gemeinhin »Bots« genannt, eine zentrale Rolle zu.

Bots sind falsche Konten auf Social Media. Häufig werden diese von Algorithmen generiert, in einer wachsenden Zahl jedoch auch von echten Menschen in armen oder totalitären Staaten, die für Propaganda-Kommentare im Sinne ihrer Auftraggeber bezahlt werden. Anfang Mai wurde die Social-Media-Plattform Twitter vom US-Außenministerium auf eine stark erhöhte Aktivität chinesischer Bot-Netzwerke hingewiesen und aufgefordert, 250.000 Fake-Accounts zu löschen, die als Echokammer für CCP-Propaganda und Desinformation dienten. Twitter verweigerte die Schließung der betreffenden Konten und behauptete rasch, man könne keine Hinweise für Propaganda-Aktivitäten feststellen, werde aber die Aktivitäten des Netzwerks weiter im Auge behalten. Twitter steckt in einem Dilemma: Als der Konzern 2018 selbst Untersuchungen zu Bot-Aktivitäten anstellte, fiel sofort der Aktienpreis. Möglicherweise gibt es weitere Gründe für ein absichtliches Wegschauen: Twitter ist einer der Digitalkonzerne, die von jedem weiteren Tag Lockdown finanziell profitieren. Erst nachdem das Thema größere mediale Wellen schlug, schritt Twitter ein und löschte etwa 200.000 Fake-Accounts – eine Spitze des Eisbergs.[416]

Studien zufolge unterhält die Kommunistische Partei Chinas die größte Internet-Troll-Armee der Welt. Bereits 2013 gingen Schätzungen von 500.000

---

413 Michael P. Senger, Chinas Global Lockdown Propaganda Campaign. Inside the CCP's use of social media bots and other disinformation tactics to promote its own response to the coronavirus pandemic and attack its critics. In: Tablet Mag: https://www.tabletmag.com/contributors/michael-p-senger; (09.06.2021)
414 @michaelpsenger
415 Michael P. Senger, Twitter Thread, 70 Fakes surrounding Chinas pandemic response: https://twitter.com/MichaelPSenger/status/1307849676834603009 (09.06.2021)
416 Paul D. Shinkman: Government feuds with Twitter over claims China is exploiting Coronavirus. In: *USNews*: https://www.usnews.com/news/national-news/articles/2020-05-11/government-feuds-with-twitter-over-claims-china-is-exploiting-coronavirus; (09.06.2021)

bis zu zwei Millionen realen Personen aus, die mit der gezielten Manipulation von Social-Media-Plattformen im In- und Ausland beauftragt sind.[417] Ihr Spitzname ist 50-Cent-Armee, da die Kommentarschreiber angeblich 50 Cent (5 Yuan) pro Beitrag bekommen.[418]

Vor Corona lag der Fokus dieser gigantischen digitalen Söldnerarmee vornehmlich auf Inlandsaktivitäten; seit Corona seien sie in nie dagewesenem Ausmaß auf ausländischen Plattformen tätig geworden.[419] Die CCP verfügt über eine Hybridstruktur aus digitalen und humanen Bots. Der Vorteil humaner Bots – realer Personen, die Online-Kommentare verfassen – liegt zum jetzigen Zeitpunkt in ihrer Unaufspürbarkeit durch Algorithmen. Während systemeigene Künstliche Intelligenz (KI) computergenerierte Bots detektieren kann, sind manuell gemanagte Bots nur gezielt durch Netzwerkanalysen von Social-Media-Analysten auffindbar. Wenn es in China an einem nicht fehlt, so ist es Manpower, Menschen. In Größenordnungen hunderter Millionen Posts lassen sich effektiv und berechenbar Meinungsbildungsprozesse in allen Ländern der Welt steuern.[420]

Als Italien als erstes Land Europas seinen Covid-19-Ausbruch hatte – wir erinnern uns an die Bilder aus Bergamo – stand China umgehend mit Rat und Tat zur Seite und überschwemmte das Land nicht nur mit Beatmungsgeräten, Masken und Desinfektionsmitteln, sondern auch mit hunderttausenden Social-Media-Posts mit herzerwärmenden Hashtags wie #forzaCinaeItalia (#voranChinaundItalien) und #grazieCina (#dankeChina). Italienischen Digital-Media-Analysten zufolge stammten Mitte März 2020 bis zu 46,3 Prozent aller Twitter-Posts mit diesen Hashtags, also kampagnenartigen Schlagworten, von Bots.[421]

Das Bewusstsein darüber, dass es im Jahr 2020 in sozialen Medien von Bots

417 King et al (2017): How the Chinese Government Fabricates Social Media Posts for Strategic Distraction, not Engaged Argument. In: Harvard Press. https://gking.harvard.edu/files/gking/files/50c.pdf?m=1463587807; (09.06.2021)
418 Joshua Phillipp: Leaked emails show Chinese Regime employs 500.000 Internet Trolls. In: *Epoch Times*: https://www.theepochtimes.com/leaked-emails-show-chinese-regime-employs-500000-internet-trolls_1142634.html; (09.06.2021)
419 Jeff Kao & Mia Shuang Li (26.03.2020): How China built a Twitter Propaganda Machine then let it loose on Coronavirus. In: *Propublica*: https://www.propublica.org/article/how-china-built-a-twitter-propaganda-machine-then-let-it-loose-on-coronavirus; (09.06.2021)
420 Silverman et al: Disinformation for Hire. How a new Breed of PR firms is selling lies online: https://www.buzzfeednews.com/article/craigsilverman/disinformation-for-hire-black-pr-firms; (09.06.2021)
421 https://formiche.net/2020/03/china-unleashed-twitter-bots-covid19-propaganda-italy/; (09.06.2021)

unterschiedlichster Interessengruppen nur so wimmelt, ist sowohl in Europa als auch in den USA noch relativ gering. Viele haben vielleicht schon einmal gehört, dass russische Bots und die Firma Cambridge Analytica maßgeblich den vorletzten US-Wahlkampf beeinflusst haben, aber den tatsächlichen Anteil von Bots in den sozialen Medien kann sich kaum jemand vorstellen. Auch Politiker und Medien sind nur mangelhaft über das Phänomen aufgeklärt und werden daher leicht zu Opfern geheimdienstlicher Operationen. Chinesische Bot-Armeen agieren nach dem Prinzip der Pawlow'schen Konditionierung: Belohnen und bestrafen.[422]

In zahlreichen Kommentaren scheinbar aus dem Nichts auftauchender Konten wurden im Frühjahr 2020 zahlreiche westliche Politiker wie Boris Johnson sowie die Regierungen der USA, Schweden und alle anderen, die sich für Herdenimmunität einsetzten, durch chinesische Staatsmedien und deren virtuelle Echokammern moralisch unter Druck gesetzt; ihnen sei »die Wirtschaft« wichtiger als der Schutz der eigenen Bevölkerung.[423]

Gelobt hingegen wurde der Erfolgskurs Chinas in der Pandemie. Im August, als sich fast die gesamte Welt in erzwungener Lockdown-Schockstarre befand, sorgten plötzlich Videos ausgelassener Massen-Poolparties in Wuhan weltweit für erneutes Erstaunen. Die Suche nach »Wuhan Pool Party« ergibt tausende Einträge auf YouTube. Bilder, die eine unfassbare Reichweite erzielten und für westliche Social-Distancing-Jünger nun schon fast skandalös anmuteten.[424] Doch auch diese Bilder fügen sich bei näherer Betrachtung nahtlos ein in eine fein gewebte Erzählung der kulturellen Überlegenheit: Schaut her, wir feiern wieder!

Die Kernbotschaft der CCP-Propaganda ist immer dieselbe: China hat als einziges Land der Welt die Pandemie perfekt bewältigt. Das chinesische System ist überlegen. Wer es nicht so wie China macht, ist unmenschlich.

Mit einem kurzen, aber harten Lockdown, Quarantäne, Desinfektion der Innenstädte, Social Distancing, flächendeckenden PCR-Tests, rigoroser Kontaktnachverfolgung und Totalüberwachung aller Bürger, Gesichtserkennung,

422 Zhong et al: Behind China's Twitter campaign, a murky supporting chorus. In: *New York Times*: https://www.nytimes.com/2020/06/08/technology/china-twitter-disinformation.html; (09.06.2021)
423 Zhang Tengjun: US political elites attempt to save economy before people's lives. In: *Global Times China*: https://www.globaltimes.cn/content/1184026.shtml; (09.06.2021)
424 Höhepunkt der China-Propaganda: youtube.com/watch? In youTube eingeben: v=ot4LwLDiRHE&feature=youtu.be; (09.06.2021)

Schnelltests und Temperaturmessung an allen Eingängen zu öffentlichen Gebäuden ließe sich ein »Containment« und »Zerocovid«, das heißt eine komplette Eindämmung des Corona-Virus, erreichen. Regierungen und Politiker, die stattdessen auf eine Durchseuchung oder Herdenimmunität setzen, seien amoralisch, nahe an der Eugenik und für tausende vermeidbare Tode verantwortlich.[425]

Das Kalkül einer psychologischen Kriegsführung dieses Ausmaßes ist so einfach wie bestechend: Bringt man andere Länder dazu, durch langandauernde Lockdowns deren Volkswirtschaften an die Wand zu fahren, kann man dort Produkte, Betriebe, Branchen und ganze Infrastrukturen aufkaufen; selbst anwachsen und andere schrumpfen lassen – und all das ohne Blutvergießen. Gleichzeitig kann man sich als moralisch überlegen inszenieren und eigene kulturelle Werte in die Welt exportieren. Mitte November 2020 befinden sich die meisten Länder der Erde nach monatelangen Lockdowns tief in der Rezession, während sich China einer Wachstumsrate von 4,9 Prozent erfreut.[426]

Fragen, die sich bei all dem aufdrängen: Schlafen unsere Geheimdienste? Sind die Teilnehmer der Pandemie-Simulation »Event 201« am 18. September 2019 in New York – die Gates-Foundation, das WEF, die Seuchenschutzbehörden der USA und Chinas, die chinesische Regierung, Big Money, Big Pharma, Big Data – seither zu einer mysteriösen Interessen- und Schicksalsgemeinschaft verschmolzen?[427] Warum warben selbst westliche Investmentmogule Anfang März für einen Lockdown?[428] Und wie weit reicht der Arm der Kommunistischen Partei Chinas inzwischen in Institutionen wie die WHO oder das WEF hinein – und andersherum?

---

425   Vanessa Molter & Renee Diresta: Pandemics & propaganda: How Chinese State Media creates and propagates CCP coronavirus narratives. In: Misinformation Review: https://misinforeview.hks.harvard.edu/article/pandemics-propaganda-how-chinese-state-media-creates-and-propagates-ccp-coronavirus-narratives/; (09. 06. 2021)

426   Terry Glavin: The coronavirus pandemic is the breakthrough Xi Jinping has been waiting for. In: Macleans. https://www.macleans.ca/opinion/the-coronavirus-pandemic-is-the-breakthrough-xi-jinping-has-been-waiting-for-and-hes-making-his-move/; (09. 06. 2021)

427   Event 201: https://www.centerforhealthsecurity.org/event201/videos.html; (09. 06. 2021)

428   David Goldmann: Bill Ackman: Shutdown the economy for a month. In: *CNN Business*: https://edition.cnn.com/2020/03/26/investing/bill-ackman-coronavirus/; (09. 06. 2021)

XIS GLOBALER CHINA-CLUB: GROSSE UND KLEINE FREUNDE

Von Davos bis zum Silicon Valley lobpreisen inzwischen CEOs, Manager und Transhumanisten die Effizienz und Präzision des chinesischen Systems. Die Kommunistische Partei Chinas baut seit Jahrzehnten ihren institutionellen Einfluss in der westlichen Welt aus. Inzwischen hat sie die richtigen Freunde und Unterstützer an den richtigen Schaltstellen.

Die WHO agiert in der Corona-Krise wie eine Art Schatten-Weltregierung und Instrument der Lockdown-Reset-Apologeten, indem sie über die Gesundheitsämter der einzelnen Länder die vereinbarten Pandemiepläne durchsetzt. Der diktaturerprobte WHO-Direktor Tedros Adhanom Ghebreyesus verdankt seinen Posten als WHO-Direktor dem Stimmgewicht Chinas.[429] Eine Hand wäscht die andere: Am 30. Januar 2020, nur sechs Tage nach dem in Wuhan verhängten Lockdown, lobte er Chinas Krisenmanagement in höchsten Tönen – zu einem Zeitpunkt, als sich rein empirisch noch gar nicht einschätzen ließ, ob dieses wirkte.

KLAUS SCHWAB UND DIE »VIERTE INDUSTRIELLE REVOLUTION«

Einer der mächtigsten Freunde Chinas im Westen ist Klaus Schwab, seit fünf Jahrzehnten Vorsitzender und Gründer des alljährlichen »World Economic Forum« (WEF) in Davos, welches seit mehr als 30 Jahren engste Beziehungen mit der kommunistischen Zentralregierung in Peking sowie chinesischen Universitäten pflegt. Schwab ist bekennender Transhumanist und China-Fan. Seit 2009 besuchen chinesische Funktionäre das Forum: 2009 der damalige Premierminister Wen Jiabao, 2010 Li Keqiang als Vizepremier, 2015 als Premierminister. Auf den Foren tummeln sich hunderte chinesische Unternehmer, darunter Schwergewichte wie Jack Ma, der Gründer von Alibaba, oder Ren Zhengfei, der Gründer von Huawei. Xi Jinping trat erstmals 2017 beim WEF-Gipfeltreffen auf. Klaus Schwab stellte ihn der Trump-und-Brexit-gebeutelten Globalisten-Elite regelrecht als Retter des freien Welthandels vor.

Staatsmännisch und ganz im Zeichen gegenseitiger Annäherung eröffnete

---

429 Stacey Rudin: What's behind the WHO's Lockdown Mixed Messaging. In: American Institute for Economic Research (AIER): https://www.aier.org/article/whats-behind-the-whos-lockdownmixed-messaging/; (09.06.2021)

Xi daraufhin seine Rede mit dem Charles-Dickens-Zitat: »It was the best of times, it was the worst of times«, in Anlehnung an die Welt nach der Ersten Industriellen Revolution: Die beste und schlechteste aller Zeiten. Laut Xi lebten auch wir heute in einer Welt der Gegensätze – die einstmals globalistischen USA zögen sich in den Protektionismus zurück, wohingegen »die Türen Chinas weit offen stünden«.[430]

Klaus Schwab ist auch persönlich eng mit China verbunden. Sein Sohn Olivier Schwab ist mit einer Chinesin verheiratet und leitet seit 2011 das WEF-Büro in Peking. Der Westen könne heute ebenso viel von China lernen wie China vom Westen, schwärmt Schwab Junior gegenüber der *Handelszeitung*.[431]

Schwab Senior sagt gegenüber dem chinesischen Nachrichtenmagazin *Xinhua News*, China sei technologisch auf einem sehr guten Weg, entscheidend sei nun die flächendeckende Akzeptanz und »Absorbtion« dieser neuen Technologien wie Drohnentechnik auch im Westen.[432] Schwab befürwortet zudem eine Abkehr vom Neoliberalismus, hin zu einer Art kommunistischem Supernanny-Staat, im grünen Mäntelchen als Köder für Gutbürger.[433] Darin ist zwar jeder Bürger gläsern und unfrei, aber per digitaler Zerstreuung gut vom Staat alimentiert, im Austausch für Daten, dem Öl der Zukunft. Klaus Schwabs Traum ist die Errichtung eines biometrisch-technokratischen Überwachungsstaats nach chinesischem Vorbild. Er ist Autor mehrerer Bücher und Ko-Autor von »Covid 19 – The Great Reset, Der große Umbruch«.[434]

Klaus Schwab, ein wahrer Dr. Mabuse der Postmoderne, der gerne im Darth-Vader-Kostüm posiert, fantasiert über das bevorstehende Zeitalter Künstlicher Intelligenz: Die Verschmelzung von Mensch und Maschine, Designer-Babies, Designer-Organismen, Geoengineering, Digital-Homeschooling, Smart-Homes und Cities, in denen jedes Ding an eine allwissende Super-KI angeschlossen

---

430 Isaac Stone Fish: A Communist Party Man at Davos. Xi Jinping tries to charm the capitalist elite. In: The Atlantic: https://www.theatlantic.com/international/archive/2017/01/china-davos-xi-jinping-trump-globalization/513521/; (09.06.2021)

431 Stefan Barmettler: Der Westen kann von China viel lernen. In: *Handelszeitung*: https://www.handelszeitung.ch/unternehmen/der-westen-kann-von-china-viel-lernen-728165; (09.06.2021)

432 *Xinhua News* Interview mit Schwab: https://www.facebook.com/XinhuaNewsAgency/videos/211702547528662/; (09.06.2021)

433 Klaus Schwab's vision of a post-COVID world, and how the economy can work with nature – The Great Reset podcast: https://www.weforum.org/agenda/2020/07/klaus-schwab-nature-jobs-great-reset-podcast/; (09.06.2021)

434 Beatrice Di Caro: Covid 19: The Great Reset: https://www.weforum.org/agenda/2020/07/covid-19-the-great-reset/; (09.06.2021)

wird – eine vollkommen sichere Welt dank totaler Überwachung. Für Schwab, der Sätze sagt wie: »Eine Welt voller Drohnen bietet eine Welt voller Möglichkeiten«[435] sind Menschen eine gesichtslose Verwaltungsmasse.

Er spricht vom »Systemmanagement menschlicher Existenz«, ermöglicht durch Built-in-Smartphones oder Smart Tattoos, die Sensordaten des menschlichen Körpers an das Internet der Dinge übermitteln oder künstliche Eindrücke erzeugen können.[436] Oder, warum nicht gleich Smart Dust, intelligenter Staub, der sich mit Mikrosensoren versehen im menschlichen Darm einnisten kann, wie Schwab voller Entzücken zu berichten weiß: »Smarter Staub, Mikrocomputer mit Antennen, jeder von ihnen kleiner als ein Sandkorn, kann sich nun im menschlichen Darm selbst organisieren«.[437]

Was sich anhört wie die megalomanen Fieberträume eines Psychopathen, ist die real angestrebte Vision eines der mächtigsten Player der Weltwirtschaft, die sogenannte »4. Industrielle Revolution« (4IR). Zu den Partnern dieses Projektes gehören Großbanken, Big Pharma, die Impfallianz GAVI, Versicherungen, Ölkonzerne, Beratungsunternehmen wie McKinsey, Digitalkonzerne wie Microsoft, Facebook und Netflix – und last but not least, der chinesische Technologiegigant Huawei.[438]

Klaus Schwab, Jahrgang 1938, träumt von einem »Neuen Normal« nach chinesischem Vorbild – ein totalitäres »Systemmanagement menschlicher Existenz«. Leider träumt er diesen Traum nicht allein.

XI) CHINA-CLUB IN DEUTSCHLAND: ALTE FREUNDE

Deutschland ist für die Kommunistische Partei Chinas einer der wichtigsten strategischen Partner in der Eurozone. Mit 120 Personen sendet kein anderes Land der Welt so viele Diplomaten nach Deutschland wie China, auf Bundesebene bestehen hunderte weitere bilaterale Kontaktstellen. China finanziert in Deutschland 19 Konfuzius-Institute, die offiziell die chinesische Sprache und Kultur fördern sollen, inoffiziell jedoch auch gezielt auf Hochschul-Diskurse Einfluss nehmen.

---

435 Klaus Schwab: Shaping the Future of the Fourth Industrial Revolution.
436 Ebd.
437 Ebd.
438 Teilnehmerliste 4IR: https://www.weforum.org/centre-for-the-fourth-industrial-revolution/; (09.06.2021)

Darüber hinaus pflegt die Kommunistische Partei Chinas in Deutschland seit Jahrzehnten ein engmaschiges Lobbyisten-Netzwerk. Großer Beliebtheit erfreut sich der Ex-SPD-Verteidigungsminister Rudolf Scharping, von den Chinesen »lao pengyou« – alter Freund – genannt. Als es in der Corona-Krise im Saarland an Masken fehlte, konnte Scharping im Nu einen 600.000-Masken-Deal mit seinen chinesischen Freunden einfädeln. Im Oktober 2019 lud er SPD-Staatsminister Niels Annen aus dem Auswärtigen Amt, Finanzstaatssekretär Jörg Kukies, Ex-Außenminister Sigmal Gabriel und eine Delegation hochrangiger chinesischer Staatsbeamter zu einem geheimen Treffen ins Frankfurter Marriott-Hotel.[439] Einmal jährlich veranstaltet Scharping sein kleines Möchtegern-Davos, die »Deutsch-Chinesische Wirtschaftskonferenz«.[440]

Wie ein inzwischen gelöschter, bemerkenswerter Artikel des *Capital*-Magazins kommentierte: »Scharpings Lobbyarbeit ist dabei nur ein kleiner Teil von Chinas großem Bemühen, politischen Einfluss in Deutschland auszubauen. Seit sich der Konflikt mit den USA zuspitzt, gilt Deutschland als Schlüsselland, um die Europäer auf die Seite Chinas zu ziehen. ›Die chinesische Führung mobilisiert ihr gesamtes Netzwerk in Deutschland in einem Maße, wie wir es noch nie gesehen haben‹, hört man besorgt aus Berliner Sicherheitskreisen.«[441]

CHINA-LOBBYISTEN IN DER »COVID-19-TASKFORCE«

Ab dem 22. März 2020 kursierte in Abgeordnetenbüros und Medien ein internes Strategiepapier/Panikpapier des Bundesinnenministeriums (BMI) mit dem Titel: »Wie wir COVID-19 in den Griff bekommen«.[442] Das Dokument lag Kanzlerin Merkel, Gesundheitsminister Jens Spahn, Verteidigungsministerin Annegret Kramp-Karrenbauer, diversen Bundestagsabgeordneten, allen größeren Medienhäusern wie der »Tagesschau«, dem *WDR*, dem *Spiegel*, der

439 Propaganda Beijing's German China Club. In: *Personal Financial*, 09.08.2020: https://personal-financial.com/2020/08/09/propaganda-beijings-german-china-club/; (09.06.2021)
440 Deutsch-Chinesische Wirtschaftskonferenz: https://bri-rsbk.de/de/; (09.06.2021)
441 Pekings deutscher China-Club. In: *The World News*, 09.08.2020: https://theworldnews.net/de-news/pekings-deutscher-china-club
442 Martin Knobbe: Vertrauliche Regierungsstudie beschreibt Corona-Szenarien für Deutschland: https://www.spiegel.de/politik/deutschland/corona-in-deutschland-vertrauliche-regierungsstudiebeschreibt-verschiedene-szenarien-a-1cafaac1-3932-434d-b4de-2f63bce0315d (10.06.2021)

Süddeutschen und der *Taz* vor, die stark selektiv und mit bemerkenswert schwacher Quellenkritik daraus berichteten.[443]

Einer der Autoren ist Otto Kölbl, ein Germanist aus Lausanne, der nach eigenen Angaben seit 2007 über die »sozio-ökonomische Entwicklung in China« forscht sowie »über deren Darstellung in den westlichen Medien« und diese »mit anderen Entwicklungsländern« vergleicht. Von 2005 bis 2006 war er Sprachlehrer an der Northwestern Polytechnical University in Xi'an, China.[444] Er lebt inzwischen wieder in der Schweiz und betreibt einen Blog namens »rainbowbuilders.org«, in dem er unter anderem Hongkong als »parasitär« bezeichnet[445] und Chinas vorbildliche Erschließung Tibets lobt.[446] Kölbl kann als China-Propagandist bezeichnet werden, vertritt ganz offensichtlich Chinas Perspektive auf die Welt, das Menschenrechtsfragen im Inneren absolut blind gegenübersteht. Zudem vertritt er eine problematische Haltung zu evidenzbasierter Medizin und Wissenschaft. In einem YouTube-Interview verneint er die Kompetenz der Wissenschaft in der Corona-Krise: »Im Hinblick auf diese COVID-19-Krise muss man, um die richtigen Entscheidungen zu treffen, damit beginnen, der Wissenschaft nicht zuzuhören.«[447] Sondern lieber von China und ganz allgemein Asien lernen, so Kölbls Narrativ auf Twitter.

Neben Otto Kölbl ist Maximilian Mayer ein weiterer China-Experte und Mitautor des Panikpapiers. Seine Expertise über China ist unbestreitbar, seine Publikationsliste ist lang. Er lehrte an der »University of Nottingham« im chinesischen Ningbo und kehrte seit Corona als Junior-Professor für Internationale Beziehungen und globale Technologiepolitik an die Hochschule Bonn zurück.[448] Fraglich ist nur, was den Politikwissenschaftler mit China-Schwerpunkt plötzlich zu einem Experten für eine »epidemische Lage nationaler Tragweite« ausweist.

---

443   Hanno Charisius, Georg Mascolo und Nicholas Richter: Innenministerium dringt auf massive Ausweitung von Corona-Tests. In: Süddeutsche: https://www.sueddeutsche.de/politik/coronavirus-tests-strategie-1.4858950 (10.06.2021)

444   Otto Kolbl/Otto Kölbl: https://www.unil.ch/all/fr/home/menuinst/mitarbeitende-1/assoziierte-mitarbeitende/kolbl-otto.html; (10.06.2021)

445   Otto Kolbl: HongKong – an extreme example of parasitic development: http://rainbowbuilders.org/china-development/hong-kong-economy; (10.06.2021)

446   Otto Kolbl: Have Tibetans benefited from recent economic development?: http://rainbowbuilders.org/tibet-development/tibet-development-aid; (10.06.2021)

447   Interview with Otto Kölbl on fighting the virus in Germany: https://www.mixcloud.com/Resonance/speakers_corner_20_may_2020_1-2/; (10.06.2021)

448   Über Maximilian Mayer: https://www.politik-soziologie.uni-bonn.de/de/personal/jun.-prof.-maximilian-mayer; (10.06.2021)

Zwei Tage vor seiner Mitarbeit am Panikpapier, am 17. März 2020, sagte er in einem *Phoenix*-Interview: »Der Lockdown und die Grenzen dicht zu machen, das reicht nicht aus, um die Seuche einzudämmen (…). Man kann bereits jetzt schon sagen, dass so 'ne Art neue globale Pandemie-Ordnung entsteht, und China führt in dieser Ordnung ganz klar. (…) In Deutschland sollte man ganz schnell von dem Ansatz der Durchseuchung sich abwenden und auf Eindämmung setzen. (…) Aus meiner Sicht das Wichtigste, was man jetzt tun müsste, wäre das Testen massiv ausweiten. Und das ist aber nicht genug. Es braucht ein kompaktes System, das ist das, was wir aus Asien lernen können, was Testen verbindet mit der Kontaktsuche und dem Isolieren von allen infizierten Menschen. Diese Quarantäne, die wir dann einführen müssen, die wird Leben retten. Das ist 'ne Art von Bürgerpflicht.«[449] Ob ihm der *Phoenix*-Auftritt den Job in der Taskforce verschafft hat oder seine früheren Beratungstätigkeiten für das BMI?

Otto Kölbl und Maximilian Mayer, die beiden China-Experten, kannten sich bereits vor der Taskforce. Sie veröffentlichten am 4. März 2020, kurz vor dem Lockdown in Deutschland, ein gemeinsames Papier mit dem Titel: »Learning from Wuhan – there is no Alternative to the Containment of COVID-19«/ »Von Wuhan lernen – es gibt keine Alternative zu einer Eindämmung von COVID-19«.[450] Sie skizzierten darin Horrorszenarien, sollte keine rigorose Kontaktverfolgung und Isolierung von »Infizierten« erfolgen. »Failing is not an option«, Scheitern sei keine Möglichkeit, sonst gäbe es »Millionen Tote«. Wer oder was bewegt eigentlich einen Linguisten und einen Politikwissenschaftler dazu, sich solch gewagter, fachfremder Prognosen zu erdreisten?

Bis heute stellen die nicht evidenzbasierten, CCP-inspirierten Behauptungen des Panikpapiers – darunter symptomlose Übertragung, Lockdown, Social Distancing und »Kinder als Treiber der Pandemie« – die medial propagierte Mainstream-Meinung dar. Das Papier schließt mit den Worten: »Nur mit gesellschaftlichem Zusammenhalt und gemeinsam distanziert voneinander kann diese Krise nicht nur mit nicht allzu großem Schaden überstanden werden, sondern auch zukunftsweisend sein für eine neue Beziehung zwischen Gesellschaft und Staat.« An anderer Stelle findet sich die beleglos hinzugefügte These:

449 Maximilian Mayer im Interview bei *Phoenix*: youtube.com/watch?v=m-vZLITbLrM (10.06.2021)
450 Otto Kolbl & Maximilian Mayer: Learning from Wuhan – there is no Alternative to the Containment of COVID-19 In: *Researchgate*: https://www.researchgate.net/publication/339721905_Learning_from_Wuhan__there_is_no_Alternative_to_the_Containment_of_COVID-19; (10.06.2021)

»Um das Testen schneller und effizienter zu machen, ist längerfristig der Einsatz von Big Data und Location Tracking unumgänglich.«[451]

DAS KONZEPT DER »BIOSECURITY«

Seit 2003 wird weltweit ein neues Paradigma namens »Biosecurity«, die Verschmelzung von Medizin, Künstlicher Intelligenz und Militär vorangetrieben, um eine angeblich global wachsende Bedrohung durch Pandemien oder Biowaffen abzuwehren.[452] Der chinesische Begriff für »Biosecurity« lautet Fangkong (chin. = Sauberkeit, Sicherheit) – eine Ideologie, mit der die Xi Jinping sowohl den innerchinesischen Überwachungstotalitarismus, die Niederschlagung der Hongkonger Demokratiebewegung als auch die »Reinigung« der Uiguren von einer »Kontamination durch terroristisches Gedankengut« in Umerziehungslagern rechtfertigt.[453]

Eine Militarisierung und Faschisierung des Gesundheitssektors war auch bei uns bereits lange vor Corona zu beobachten: Während des H1N1-Schweinegrippe-Fehlalarms 2009 wurde Bundeswehrgeneral Hans-Ulrich Holtherm in das Bundesgesundheitsministerium (BMG) berufen. Pünktlich vor Corona, am 17. Februar 2020, wurde ebenjener General erneut von Gesundheitsminister Jens Spahn zum Leiter der BMG-Abteilung »Gesundheitsschutz« ernannt.[454] Seit Corona und General Holtherm läuft die Implementierung von Biosecurity in Deutschland auf Hochtouren: Der Einsatz von Bundeswehrsoldaten in den Gesundheitsämtern,[455] die geplante Verabreichung des Corona-Impfstoffs an 60 militärisch abgesicherten, bislang geheimen »Standorten«,[456] die Corona-

---

451 BMI 2020: Wie wir COVID-19 unter Kontrolle bekommen: https://www.bmi.bund.de/SharedDocs/ downloads/DE/veroeffentlichungen/2020/corona/szenarienpapier-covid19.pdf?__blob=publication File&v=6; (10. 06. 2021)

452 Paul Schreyer: Chronik einer angekündigten Krise. Westend Verlag, 2020, S. 34

453 Michael P. Senger: Chinas Global Lockdown Propaganda Campaign, a. a. O.

454 BMG beruft Bundeswehrgeneral als Leiter der Abteilung Gesundheitsschutz. In: Ärzteblatt. https://www. aerzteblatt.de/nachrichten/109585/BMG-beruft-Bundeswehrgeneral-als-Leiter-der-Abteilung-Gesund- heitsschutz; (10. 06. 2021)

455 Bundeswehrsoldaten in jedem zweiten Gesundheitsamt eingesetzt. https://www.spiegel.de/politik/ deutschland/corona-krise-bundeswehr-soldaten-in-jedem-zweitengesundheitsamt-eingesetzt-a-f63a8b6e- 328b-4a41-ae2f-1016bc7c5298 (10. 06. 2021)

456 Lars Petersen: Vorbereitungen für Corona-Impfungen laufen: Bundeswehr soll Impfstoff bundesweit an 60 geheime Standorte liefern. In: Business Insider. https://www.businessinsider.de/politik/deutschland/ vorbereitungen-fuer-corona-impfungen-laufen-bundeswehr-soll-impfstoff-bundesweit-an-60-geheime- standorte-liefern-c/; (10. 06. 2021)

Tracking-App, erzwungene Tests und Quarantäne oder Maskenscanner an Klinikeingängen.[457] Die Androhung einer »Absonderung« von Kindern aus ihren Familien in Quarantänezentren auf Anweisungen der Gesundheitsämter ist ein trauriger Höhepunkt dieser besorgniserregenden Entwicklung.[458]

In der Corona-Krise fragen sich viele, warum die Staaten der Erde so synchron agieren, als stünden sie bereits jetzt unter der Führung einer unsichtbaren Corona-Weltregierung. Während des unaufhaltsamen Aufstiegs Chinas und Abstiegs der USA sind längst neue transnationale Machtkartelle aus dem sterbenden Imperium hervorgegangen: Big Data, Big Pharma und Big Money. Bemerkenswerterweise befinden sich diese während der Corona-Krise in einer historisch einmaligen Interessenkonvergenz mit China; »Stay Home!«, Social Distancing, die Ausschlachtung des Mittelstands, der »Reset« des krachenden Weltwirtschaftssystems und die damit verbundene, historisch beispiellose Kapitalverschiebung von unten nach oben nutzt ihnen allen. Die Imperialbestrebungen Chinas und westlicher Konzernglobalisten stehen aktuell in keinem Gegensatz zueinander, solange nur jeder seinen Anteil vom Kuchen bekommt.

China propagiert weltweit Lockdowns, um seine Gegner wirtschaftlich zu schwächen und sein eigenes Kulturmodell zu exportieren. Die Transhumanisten und Globalisten rund um das WEF planen den kompletten Umbau der Weltwirtschaft vom neoliberalen, ressourcenintensiven Turbokapitalismus hin zu in einem planwirtschaftlich-digitalen Überwachungsstaat zu ihrem Vorteil unter dem Framing »Great Reset«. Als unauffälliges Übergangsinstrument dient ihnen dabei die WHO mit dem China-Lobbyisten Tedros Adhanom Ghebreyesus, der Chinas Lockdown-Propaganda als wissenschaftlich gesicherte Erkenntnisse verkauft. Diese zuvor nicht dagewesene Interessenkonvergenz führt zur absurden Stabilität eines »Neuen Normal«, welches bereits in seinen anfänglichen Erscheinungen unübersehbar totalitär-faschistische Züge trägt. In diesem Prozess scheinen alle Länder China immer ähnlicher zu werden.

---

457 Pressemitteilung Helios: Maskenscanner in allen Kliniken https://www.helios-gesundheit.de/unternehmen/aktuelles/pressemitteilungen/detail/news/helios-fuehrt-maskenscanner-in-allen-kliniken-ein/; (10.06.2021)
458 Stefan Lange: Ämter drohen Eltern in Briefen mit Inobhutnahme der Kinder: https://www.augsburger-allgemeine.de/politik/Aemter-drohen-Eltern-in-Briefen-mit-Inobhutnahme-der-Kinder-id58496726.html; (10.06.2021)

China hat bereits seit 2009 Deutschland als Exportweltmeister abgelöst,[459] im Ranking um die größte Volkswirtschaft, berechnet in BIP per Kopf, liegt das Land sie nur noch 25 Prozent hinter den USA,[460] in absolutem Umsatz betrachtet längst vorn. Xi Jinping, der Maos System zwar bewundert, aber »zu chaotisch« fand, macht keinen Hehl daraus, Weltherrschaftsansprüche zu verfolgen.[461] Was China dazu bislang fehlte, ist die kulturelle Hegemonie. Mit einem chinesischen Hollywood hätten sie es schwer gehabt – mit dem Export ihres Hygiene-und Überwachungsregimes haben sie aktuell gute Chancen.

Menschen wie Klaus Schwab oder Xi Jinping wollen uns weismachen, der Übergang zu einer technokratischen Überwachungsdystopie à la China sei unausweichlich, einem Naturgesetz gleichend. Dies ist nicht der Fall. Technologie ist immer nur so gut oder schlecht, wie die Menschen, die sie entwickeln und anwenden. In der Künstlichen Intelligenz liegt das Potenzial für einen großen Segen sowie für einen unfassbaren Fluch. So sehr mächtige Männer uns auch einreden wollen, ihre freudlosen, totalitären Weltentwürfe seien alternativlos – letztlich sind es doch nur alte Männer mit einem ausgeprägten Grandiositätsbedürfnis[462] und einer faschistischen Ideologie im Gepäck. Geben wir ihnen keine Chance.

459   China, du bist Deutschland. In: *Süddeutsche Zeitung.* https://www.sueddeutsche.de/wirtschaft/exportwelt-meister-china-du-bist-deutschland-1.62753; (10.06.2021)

460   Chris Beauchamp: Die 10 größten Volkswirtschaften der Welt. In: https://www.ig.com/de/trading-strate-gien/10-groesste-volkswirtschaften-der-welt-190711; (10.06.2021)

461   Alice Su: Dreams of a Red Emperor. The relentless rise of Xi Jinping. In: LA Times: https://www.latimes.com/world-nation/story/2020-10-22/china-xi-jinping-mao-zedong-communistparty (22.10.2020) https://www.tabletmag.com/sections/news/articles/china-plans-global-order; (10.06.2021)

462   Joachim Dorfs, Claus Larass: »Ich sehe mich fast als Künstler«. Der Davos-Gründer Klaus Schwab. In: Bernd Ziesemer (Hrsg.): Pioniere der deutschen Wirtschaft, Frankfurt 2006

MIT CHINA AUF DEM WEG ZU »GREAT RESET« UND TRANSHUMANISMUS?

ANNELIESE FIKENTSCHER/ANDREAS NEUMANN

Hinter den Kulissen des politischen Theaters, das Tag für Tag für die Massen auf-geführt wird, spielt sich etwas ganz anderes ab als auf der öffentlichen Bühne. Und diejenigen, die sich erdreisten, hinter die Kulissen zu blicken, werden diffamiert. Wenn es zwischen einem Land wie China und dem kapitalistischen Westen hinter den Kulissen ein Zusammenwirken geben sollte, dann muss das als irrwitzig be-zeichnet werden. Derartige Aussagen müssen gebrandmarkt werden – zum Beispiel als anti-chinesische, anti-kommunistische Hetze. Kann es sein, dass hinter der Fassade der erbitterten Gegnerschaft zwischen der Volksrepublik China und dem »Westen«, wie sie sich in dem Aufruf »Der bösartigen kommunistischen Partei Chinas ein Ende setzen« (END CCP)[463] *zeigt, ein Zusammenwirken sichtbar wird? Oder anders gefragt: Ist eine Partei, die sich kommunistisch nennt, tatsächlich auf dem Weg zum Kommunismus? Oder geht sie ganz andere Wege?*

Am 23. Januar 2019 hielt Xi Jinping, Generalsekretär der Kommunistischen Partei Chinas (KPC) und Staatspräsident, im Rahmen der 20. Studiengrup-pensitzung des Politbüros eine Rede. Sie endete mit den Worten: »Wenn die Unternehmungen der Partei und des Volkes ohne Unterbrechung weitergehen sollen, dann müssen wir zuerst die Theorie weiterentwickeln. Im Einklang mit dem Wandel unserer Zeit und der praktischen Entwicklung müssen wir laufend unser Verständnis vertiefen, auf unsere Erfahrungen in der Vergangenheit zurückgreifen und theoretische Neuerungen erreichen. Wir müssen die dialek-tische Einheit zwischen theoretischer Führung und praktischer Untersuchung hochhalten und eine positive Wechselwirkung zwischen theoretischer und

---

463 Abkürzung für »End Chinese Communist Party, im deutschsprachigen Raum eine Kampagne mit dem Titel »Der bösartigen kommunistischen Partei Chinas ein Ende setzen«: https://endccp.com/de/

praktischer Erneuerung ermöglichen, im Bemühen, den Marxismus chinesischer Prägung im 21. Jahrhundert auf der Basis dieser Einheit und Wechselwirkung zu entwickeln.«[464] Das sind Worte, die vieles offen lassen. Was bedeuten sie für Chinas Gesellschaft? »Natürlich ist es eine Klassengesellschaft. Wir haben eine Kapitalistenklasse dort, die allerdings nicht an die politische Macht kommt. Aber es ist natürlich eine Klassengesellschaft«, stellt der Ökonom Wolfram Elsner fest.[465] Und der Philosoph und Publizist Werner Rügemer spricht von einem »kommunistisch geführten Kapitalismus in China«. China sei »der einzige Staat der Erde, in dem das Einkommen und der Lebensstandard und die Rechte aller Klassen und Schichten wachsen, und zwar nachhaltig über Jahrzehnte, für Milliardäre, Millionäre, Mittelstand, Arme und Ärmste«.[466] Das sind Aussagen zu innerchinesischen Verhältnissen, die aber noch nicht die Frage beantworten, wie sich China gegenüber den global agierenden kapitalistischen Kräften verhält.

Im Folgenden soll der Rolle Chinas im Zusammenhang mit der sogenannten »Corona-Pandemie« nachgespürt und die Frage gestellt werden, ob Chinas Rolle womöglich über die reine Opfer-Rolle hinausgeht und eine Mittäterschaft in Betracht gezogen werden kann?

Ist der chinesische Staatspräsident Xi Jinping beim Weltwirtschaftsforum aufgetreten?

Xi Jinping trat im Januar 2017 beim WEF auf. Davon gibt es Fotos – auch solche mit WEF-Gründer Klaus Schwab. Seine Rede ist auf der Website des WEF komplett wiedergegeben.[467] Und auf der chinesischen Website des China Internet Information Center mit Sitz in Peking findet sich ein Artikel vom 19. Januar 2017. Er trägt den Titel »Xi bringt Sonnenschein ins kalte Davos«. Am Schluss heißt es darin:[468] »Er sei sich der Gefahren und Nachteile der Globalisierung durchaus bewusst, so Xi ... Die internationale Staatengemeinschaft müsse sich

464 Rede von Xi Jinping in *Kommunistische Arbeiterzeitung*, Februar 2021: https://kaz-online.de/artikel/der-dialektische-materialismus

465 Prof. Wolfram Elsner am 07.02.2018 in einem *weltnetzTV*-Interview: https://www.youtube.com/watch?v=-QWW4tRkZ74

466 Werner Rügemer, *Nachdenkseiten*, 07.10.2017: https://www.nachdenkseiten.de/?p=40470

467 WEF-Website, 17.01.2017: https://www.weforum.org/agenda/2017/01/full-text-of-xi-jinping-keynote-at-the-world-economic-forum

468 China Internet Information Center, 19.01.2017: http://german.china.org.cn/txt/2017-01/19/content_40139013.htm

aber den Herausforderungen der Zeit stellen: ›Die Geschichte wird von tapferen Menschen gestaltet. Wir wollen gemeinsam arbeiten, für eine hellere und bessere Zukunft.‹ Lob für diesen Appell erntete Chinas Präsident nicht zuletzt von WEF-Gründer Klaus Schwab: ›Sie haben heute eine historische Rede gehalten. Mister President, Sie haben heute ein bisschen Sonnenschein hierher gebracht.‹«

Gut ein Jahr später kam es zu einem weiteren Zusammentreffen der beiden Männer – dieses Mal in Peking in der »Großen Halle des Volkes«. Die »Swiss Chinese Chamber of Commerce« berichtet: »Am 16. April 2018 traf Präsident Xi Jinping mit dem Vorsitzenden des Weltwirtschaftsforums (WEF) Klaus Schwab in der Großen Halle des Volkes zusammen. Xi Jinping brachte zum Ausdruck, dass sich die Zusammenarbeit zwischen China und dem WEF fast synchron mit dem Prozess der Reform und Öffnung Chinas entwickelt hat. (…) Klaus Schwab brachte zum Ausdruck, dass die großartige Rede von Präsident Xi Jinping auf der WEF-Jahrestagung im vergangenen Jahr unvergesslich war und von der Weltöffentlichkeit mit großem Beifall aufgenommen wurde.«[469]

Und im Januar 2020 ist anlässlich des WEF-Treffens unter dem Motto »Akteure für eine kohärente und nachhaltige Welt« auf der Website des China Internet Information Center die Rede vom »Zusammenrücken der Weltgemeinschaft«, vom »vertrauensvollen Zusammengehen aller zum allseitigen Nutzen und zur Bewältigung der großen Herausforderungen der Zeit«. Diese Erkenntnis sei »vor drei Jahren auf dem WEF 2017 mit Klarheit und analytischer Schärfe dargelegt« worden. »Es war damals die weltweit Aufsehen erregende Rede des chinesischen Staatspräsidenten Xi Jinping, der ein Plädoyer für Globalisierung und einen gemeinsamen Weg der Weltgemeinschaft zum Wohle aller hielt.«[470]

Wird der chinesische Staatspräsident in der Selbstdarstellung des WEF neben Bill Gates groß herausgestellt?

Das trifft zu. 2019 ist eine 20-seitige Selbstdarstellung des WEF unter dem Titel »A Platform for Impact« (Eine Plattform für Einflussnahme) erschienen.[471] Diese Selbstdarstellung steht auch auf der WEF-Website. Auf Seite 18 präsentiert

469 Swiss Chinese Chamber of Commerce über Xi-Schwab-Treffen am 16. 04. 2018: https://www.swisscham.org/xi-jinping-meets-with-wef-chairman-klaus-schwab/

470 China Internet Information Center, 21. 01. 2020: http://german.china.org.cn/txt/2020-01/21/content_75637328.htm

471 WEF-Broschüre »A Platform for Impact«, 2019: http://www3.weforum.org/docs/WEF_Institutional_Brochure_2019.pdf

sich das WEF mit sieben Rednerinnen und Rednern. Oben links dominiert der chinesische Staatspräsident Xi Jinping. Das Bild nimmt deutlich den größten Raum auf der Seite ein. Neben ihm sind die Präsidentin der EU-Kommission Ursula von der Leyen und darunter – gewissermaßen zu Füßen des Chinesen – der superreiche Microsoft-Gründer Bill Gates abgebildet. Übrigens ist auch die Ikone der Klima-Bewegung, Greta Thunberg, die im Januar 2019 beim WEF in Davos gesprochen hat, auf dieser Seite platziert.

Fand das Buch »Shaping the Future of the Fourth Industrial Revolution« des WEF-Gründers und Great-Reset-Propagandisten Klaus Schwab[472] in China große Verbreitung?

Ja, das ist in einem im November 2020 bei *RT-Deutsch* erschienenen Artikel mit dem Titel »Transhumanismus: WEF-Gründer Schwab prophezeit ›Verschmelzung physischer und digitaler Identität‹« nachzulesen.[473] Dort heißt es: »Schwab hob hervor, dass allein 800.000 Exemplare in drei bemerkenswerten Ländern verkauft worden seien: in China, Südkorea und Japan.«

RT-Deutsch gibt auch an, wo Klaus Schwab diese Äußerung getan haben soll – bei einer Rede vor dem Chicago Council on Global Affairs. Insofern lässt sich nachprüfen, ob die Darstellung von *RT-Deutsch* zutrifft. Der Video-Mitschnitt vom 13. Mai 2019 bestätigt es. Schwab sagte: »And what is interesting is that 800,000 copies of those 2 million were sold in three countries alone: China, Japan and South Korea.«[474]

RT-Deutsch führt aus, worum es in diesem, im November 2018 erschienenen Buch geht. Es werde von Klaus Schwab dargelegt, »wie es die neuen digitalen Technologien Behörden ermöglichen werden, etwa auch ›in den bisher privaten Raum unseres Geistes einzudringen, unsere Gedanken zu lesen und unser Verhalten zu beeinflussen‹.« Und: »Selbst ›das Überschreiten einer Landesgrenze könnte‹ es eines Tages erforderlich machen, ›einen detaillierten Gehirnscan‹ bei Personen vorzunehmen, um deren Risikopotenzial ›einzuschätzen‹.« Und es biete sich die »einzigartige Möglichkeit«, »auf den Trümmern von Millionen

---

472 In deutscher Übersetzung erschienen unter dem Titel »Die Zukunft der Vierten Industriellen Revolution«

473 *RT-Deutsch*-Artikel über Transhumanismus-Prophezeiung von WEF-Gründer Schwab, 29. 11. 2020: https://de.rt.com/gesellschaft/109670-transhumanismus-wef-gruender-schwab-prophezeit/

474 Chicago Council on Global Affairs, Live-Übertragung vom 13. 05. 2019: https://www.youtube.com/watch?v=CVIy3rjuKGY

Existenzen eine neue Weltwirtschaftsordnung aufzubauen«. Es verwundert, dass das Buch eines der perfidesten Strategen der »westlichen« Welt in einem Land Verbreitung finden kann, das von einer Partei geführt wird, die sich »kommunistisch« nennt. Müsste sich ein Staat, der den »Kommunismus« anstrebt, nicht gegen derartiges Schriftgut mit aller Macht zur Wehr setzen?

Leitet Klaus Schwabs Sohn Oliver seit 2011 das WEF-Büro in Peking? Und unterhält das WEF seit Jahrzehnten gute Beziehungen zur Zentralregierung in Peking?

Ja, beides ist nicht von der Hand zu weisen. Die Schweizer *Handelszeitung* hat am 21. Mai 2015 ein Interview mit Oliver Schwab, dem Sohn des WEF-Gründers Klaus Schwab, geführt. Dort ist über Oliver Schwab zu lesen:[475] »Seit 2011 leitet er das WEF-Büro in China und organisiert das dortige Sommer-WEF.« Es dürfte keinen Grund geben, dies anzuzweifeln. Auf die Frage, ob China nicht mehr die verlängerte Werkbank des Westens sei, antwortete Oliver Schwab: »Die chinesischen Unternehmer (…) haben auch enorme Fähigkeiten, sich an globale Märkte anzupassen … Wir werden schon bald chinesische Branchen-Champions sehen, die global tätig sind. Ich bin überzeugt: Der Westen kann heute ebenso viel von China lernen wie China vom Westen.«[476]

Auf die Frage, ob es von Vorteil sei, Schwab zu heißen, antwortet er: »Der Name hilft, ja. Es unterstreicht auch unsere Wertschätzung und die Bedeutung, die China für das WEF hat. Zudem ist mein Vater regelmäßig vor Ort, insbesondere ist er im September stets an unserem Treffen in Dalian oder in Tianjin.«[477] Dort hielt 2010 Chinas Vize-Ministerpräsident die Eröffnungsrede. Dazu Oliver Schwab: »Ich interpretiere seine Auftritte am Jahrestreffen als ein Zeichen, dass China in der Welt eine wichtigere Rolle spielen will. Wir sind natürlich stolz, dass wir unseren Gästen diese Plattform bieten können.« Und dann resümierend über das WEF: »Das Forum hat seit über 30 Jahren gute Beziehungen zur Zentralregierung in Peking.« Der chinesische Fernsehsender *CGTN* bekräftigt dies am 18. Dezember 2018 – etwa ein Monat nach Erscheinen von Schwabs Buch über die »Vierte Industrielle Revolution« – mit der Meldung:

---

475 Stefan Barmettler, 21. 01. 2015: https://www.handelszeitung.ch/unternehmen/der-westen-kann-von-china-viel-lernen-728165
476 Ebd.
477 Ebd.

»Der deutsche Ingenieur und Ökonom Klaus Schwab wurde auf einer Konferenz zum 40. Jahrestag der Reform- und Öffnungspolitik Chinas (…) in Peking mit der ›China Reform Friendship Medal‹ ausgezeichnet.«[478]

Und in den *Deutschen Wirtschaftsnachrichten* ist im November 2020 zu lesen: »Seit Jahren bauen das Weltwirtschaftsforum unter Klaus Schwab und China ihre Beziehungen aus. Das Forum hat eine eindeutig positive Einstellung zu China, das eine Symbiose aus Sozialismus, Kapitalismus, sozialer Kontrolle und Überwachung darstellt.«[479]

War ein hoher Vertreter der chinesischen Seuchenbehörde beim Pandemie-Planspiel Event 201 am 18. Oktober 2019 in New York zugegen?

Ja, daran gibt es keinen Zweifel. Auf der Website des »Johns Hopkins Center for Health Security«, Ausrichter des »Event 201«, sind die Teilnehmer des Planspiels aufgeführt, darunter – neben vierzehn Vertretern aus dem kapitalistischen Westen – George Fu Gao.[480] Er ist Generaldirektor des in Peking ansässigen Chinesischen Zentrums für Krankheitsbekämpfung und -prävention, Professor am Institut für Mikrobiologie der Chinesischen Akademie der Wissenschaften, Präsident der Chinesischen Gesellschaft für Biotechnologie und Präsident der Asiatischen Föderation für Biotechnologie (AFOB).

Die Gespräche, in denen eine »Pandemie« aus der Sicht einer Weltregierung durchgespielt wird, sind per Video aufgezeichnet und öffentlich zugänglich.[481] Darin wird nicht erkennbar, dass der Vertreter der Volksrepublik China aus dem Rahmen gefallen wäre. Er hat wie selbstverständlich mitgespielt. Die Organisatoren beschreiben das Ereignis wie folgt: »Das Johns Hopkins Center for Health Security veranstaltete in Partnerschaft mit dem World Economic Forum und der Bill & Melinda Gates Foundation am 18. Oktober 2019 in New York das Event 201, eine Pandemieübung auf hohem Niveau.«[482]

---

478 China Reform Friendship Medal Recipient Klaus Schwab, Chinas Fernsehsender *CGTN*, 18.12.2020: https://news.cgtn.com/news/3d3d414d786b7a4d31457a6333566d54/index.html

479 Wie das WEF China seit Jahren hofiert und lobt, *Deutsche Wirtschaftsnachrichten*, 24.11.2020: https://deutsche-wirtschafts-nachrichten.de/507780/Great-Reset-Wie-das-Weltwirtschaftsforum-China-seit-Jahren-hofiert-und-lobt

480 Event 201 Player George Fu Gao, Website des »Johns Hopkins Center for Health Security«: https://www.centerforhealthsecurity.org/event201/players/gao.html

481 Videos vom »Event 201«: https://www.centerforhealthsecurity.org/event201/videos.html, deutsch gesprochen von Erich-Günter Kerschke: http://www.nrhz.de/flyer/beitrag.php?id=26858

482 Statement zum »Event 201«: https://www.centerforhealthsecurity.org/event201

Paul Schreyer bestätigt in seinem 2020 erschienenen Buch »Chronik einer angekündigten Krise – Wie ein Virus die Welt verändern konnte«: »Zu den ›Playern‹ gehörte George Gao, Direktor der chinesischen Seuchenschutzbehörde CCDC, Virologe und Vogelgrippe-Forscher, der Anfang Januar 2020 den amerikanischen CDC-Chef Robert Redfield über die Gefährlichkeit des Coronavirus informierte und, ebenfalls im Januar, zwei der ersten maßgeblichen wissenschaftlichen Artikel zum Coronavirus in westlichen Fachzeitschriften mitverfasste.«[483]

Auch der investigative Journalist Tilo Gräser weist auf diese Zusammenhänge hin.[484] Es gibt also keinen Grund, die Verwicklung Chinas in das Pandemie-Geschehen als reinen Zufall abzutun.

Hatte Christian Drosten im Zusammenhang mit dem dubiosen PCR-Test, der allein in Deutschland bis Anfang Mai 2021 über 56 Millionen Mal[485] zum Einsatz gekommen ist, Beziehungen mit China?
Paul Schreyer beantwortet diese Frage mit Ja. Bei ihm ist zu lesen, dass ein Team um den Virologen Christian Drosten von der Berliner Charité bereits am 16. Januar 2020 einen PCR-Test zum Virusnachweis entwickelt hat. Der sei von der WHO umgehend Laboren in aller Welt empfohlen worden, was die Medien zunächst ignorierten. Zum unglaublichen Tempo dieser Testentwicklung habe Drosten später erklärt: »Bereits zwischen Weihnachten und Neujahr ging das los […]. Wir haben diesen Test Kollegen in China zur Verfügung gestellt […]. Und die haben das für uns getestet und uns gesagt, dass es gut funktioniert.«[486]

Besteht ein Zusammenhang zwischen der WEF-Konferenz im Januar 2020 und dem in die »Pandemie« mündenden Epidemie-Geschehen in China?
Ja, den gibt es offensichtlich – zumindest in zeitlicher Hinsicht. Paul Schreyer stellt in seinem Buch die zeitliche Verquickung des Epidemie-Geschehens mit dem WEF-Treffen dar. »Das große und bis heute anhaltende Medieninteresse am Virus begann dann schlagartig und unvermittelt« am 20. Januar 2020, einen Tag vor der Eröffnung des WEF-Treffens.

483 Paul Schreyer: Chronik einer angekündigten Krise, Frankfurt 2020, S. 97
484 Tilo Gräser, *Rubikon*, 15. 10. 2020: https://www.rubikon.news/artikel/die-angekundigte-krise
485 Tabelle 5 im täglichen COVID-19-Lagebericht des RKI vom 05. 05. 2021: https://www.rki.de/DE/Content/
     InfAZ/N/Neuartiges_Coronavirus/Situationsberichte/Mai_2021/2021-05-05-de.pdf?__blob=publicationFile
486 Paul Schreyer: Chronik einer angekündigten Krise, S. 115f

»Allein am 21. Januar, dem Eröffnungstag der Konferenz, erschienen in der New York Times fünf verschiedene Artikel zum Coronavirus. (…) Am 22. Januar folgte der nächste große Paukenschlag: Die chinesischen Behörden kündigten an, am folgenden Tag die Zehn-Millionen-Metropole Wuhan sowie mehrere weitere Großstädte vollständig unter Quarantäne zu stellen. (…) Was im Nachhinein auffällt: Am 24. Januar, als die in Davos versammelten Staats- und Konzernchefs wieder nach Hause reisten, waren mehrere für das zukünftige Management der Corona-Krise wesentliche Elemente bereits gestartet oder einsatzfähig: der PCR-Test zum Sammeln der Fälle, die täglichen Lageberichte der WHO zur Unterrichtung der Öffentlichkeit, das Covid-19-Dashboard zur grafischen Darstellung der Lage in den Medien, die politischen Empfehlungen des WEF und der Gates Foundation. Alles war vorbereitet. Und tatsächlich: Von diesem Zeitpunkt an entfaltete sich die Krise fast wie automatisch. Die große Pandemie-Maschine, jahrelang konstruiert, geprobt und für den Ernst-fall vorbereitet, lief nun.«[487]

Weiter Paul Schreyer: »China erweckte [Ende Januar 2020] den Anschein, die Bedrohung sehr ernst zu nehmen. Die Regierung begann in großem Stil, ihre Bürger auf das Virus zu testen.«[488]

Rasch seien die täglich gemeldeten Fallzahlen gestiegen, seien vier Wochen auf hohem Niveau geblieben, um dann am 20. Februar vollkommen abrupt, von einem Tag auf den anderen, von 1749 auf 394 zurückzugehen und Anfang März auf ein kaum noch messbares Niveau abzufallen. »Was war passiert?«, fragt Paul Schreyer. »Hatte China mit seinen rigorosen Quarantänemaßnahmen die Pandemie besiegt? Oder hatte die chinesische Regierung nach vier Wochen fleißigen Testens ganz einfach beschlossen, die Testmenge radikal zurückzu-fahren und die Pandemie auf diese Weise zu ›beenden‹?« Der Verdacht lasse sich kaum ausräumen. Dennoch hätten so gut wie alle Medien die Darstellung von den erfolgreichen Maßnahmen der Chinesen akzeptiert. »Im Ergebnis war China in der öffentlichen Wahrnehmung das Corona-Problem jedenfalls erst einmal los und hatte der Welt außerdem gezeigt, wie zu handeln war, nämlich entschieden und mit aller Härte. Diese Lektion wurde anschließend fast über-all befolgt.«[489]

---

487   Ebd., S. 117ff
488   Ebd, S. 124f
489   Ebd., S. 124f

MIT DER »GROSSEN PANDEMIE-MASCHINE«
RICHTUNG »GREAT RESET«

Damit ergibt sich der Verdacht, dass das Hochspielen des Virus nicht nur im Westen Teil der Strategie war und ist, sondern auch in China, wobei China den Ball ins Rollen brachte. Während aber die »große Pandemie-Maschine« in China bald »gestoppt« war, wurde sie im Rest der Welt immer stärker in Schwung gebracht. Testen, testen, testen war und ist die Devise, um die »Fallzahlen« in die Höhe zu treiben und auf diese Weise Grund- und Menschenrechte außer Kraft zu setzen und so den Boden zu bereiten für die große kapitalistische Transformation, den »Great Reset«, wozu auch das weltweite Impfen gehört. Die *Deutschen Wirtschaftsnachrichten* schreiben dazu wie selbstverständlich: »China wird offenbar auch im Rahmen des ›Great Reset‹ eine wichtige Rolle spielen.«[490]

China wird vielfach – auf Basis der von China verbreiteten Zahlen – als vorbildlich dargestellt. Am 20. Oktober 2020 heißt es in der *Neuen Zürcher Zeitung*: »Blickt man auf den Umgang mit der Corona-Pandemie, fällt auf, wie glücklos der Westen und wie erfolgreich Ostasien agiert. (…) China ist es, bei aller berechtigten Kritik an den Versäumnissen in der Anfangsphase, gelungen, den Ausbruch des Virus in Wuhan praktisch vollständig unter Kontrolle zu bringen. Dort finden Kongresse wieder offline statt, die Wirtschaft erholt sich rasch.«[491]

Angeprangert wird in der *NZZ* eine Geisteshaltung, die jegliches Lernen vom chinesischen Gegenüber ausschließe. Damit wird manch »Linker« geködert, ohne zu bemerken, dass er Opfer einer (arg-)listigen Täuschung – eines Trojaners – geworden ist. Dass die »Corona-Pandemie« strategisches Kernelement des »Great Reset« ist, gerät damit vollends aus dem Blickfeld. Das zeigt sich auch in der Formulierung vom »glücklosen Westen«, der nicht in der Lage sei, der »Pandemie« Herr zu werden. Der Gedanke daran, dass das, was als »Pandemie« bezeichnet wird, gewollt sein kann, wird damit ausgeschaltet. Dieses fatale Prinzip der Desorientierung und Desinformation ist auch in »linken« Publikationen gang und gäbe. Nein, es ist noch extremer: Es scheinen

490 *Deutsche Wirtschaftsnachrichten*, 24.11.2020: https://deutsche-wirtschafts-nachrichten.de/507780/Great-Reset-Wie-das-Weltwirtschaftsforum-China-seit-Jahren-hofiert-und-lobt

491 *Neue Zürcher Zeitung*, 20.11.2020: https://www.nzz.ch/meinung/unterdrueckung-statt-ausmerzung-warum-den-europaeern-in-sachen-corona-das-lernen-von-ostasien-so-schwer-faellt-ld.1587172?utm_source=pocket-newtab-global-de-DE

besonders »linke« Kräfte dafür auserkoren zu sein, den Blick zu trüben und die entscheidenden Zusammenhänge aus dem öffentlichen Diskurs auszublenden, als seien vor allem sie der verlängerte Arm derer, die »auf den Trümmern von Millionen Existenzen« eine neue Ordnung im Sinne des »Great Reset« aufbauen und damit den Kapitalismus auf eine neue Stufe der Perversion heben wollen.

Die desorientierende Rolle »linker« Kräfte war auch schon in der Ära von US-Präsident Donald Trump zu beobachten. Trump wurde von den Strategen des »Great Reset« als Störfaktor gesehen und damit – auch von ihren »Linken« – zum ganz großen Feindbild hochstilisiert. Trump war bei der Durchführung des Corona-Manövers ein zu unsicherer Kantonist. Schon bei der WEF-Konferenz im Januar 2017 erntet Chinas Staatspräsident Xi Jinping großen Beifall, als er mit Blick auf Trump vor wirtschaftlicher Abschottung, Protektionismus, Populismus und Entglobalisierung warnt: »Protektionismus ist dasselbe, wie wenn man sich in einem dunklen Raum einsperrt«.[492] Deshalb durfte es für Trump keine zweite Amtszeit geben. Joe Biden ist der Mann der Wahl. »Joe Biden wird die von dem Weltwirtschaftsforum ausgerufene Große Transformation [den ›Great Reset‹] sowohl national als auch international vorantreiben – mit verheerenden wirtschaftlichen und sozialen Konsequenzen … Eine Joe-Biden-Administration wird die autoritären Pläne von Big Money – die Große Transformation – aktiv unterstützen.« »Das ist Imperialismus mit einem ›menschlichen Gesicht‹«, schreibt Michel Chossudovsky sarkastisch.[493]

Hinsichtlich der Rolle Chinas bei diesem imperialistischen Spiel ist zu fragen: Ist das Corona-Manöver ein trojanisches Pferd, mit dem es China gelingt, seine Gegner im »Westen« auf dieses aufspringen zu lassen, um sie damit durch Zerstörung großer Teile der Wirtschaft und der Demokratie-Restsubstanz ihren eigenen Niedergang bewirken zu lassen? Ist das Corona-Manöver ein Schachzug, mit dem China den Westen angreift? Oder ist es umgekehrt: Will das US-Imperium – womöglich mit einer B-Waffen-Operation – China in die Knie zwingen? Treffen hier zwei Strategien aufeinander, von denen noch nicht abzuschätzen ist, welche sich letztlich wie auswirkt und obsiegt? Oder gibt es doch gemeinsame Interessen in dem Sinne, wie sie mit der Studie der

---

492   China Internet Information Center, 19.01.2017: http://german.china.org.cn/txt/2017-01/19/content_40139013.htm

493   Michel Chossudovsky: »Der globale Staatsstreich«, NRhZ, 02.12.2020: http://www.nrhz.de/flyer/beitrag.php?id=27163

Rockefeller-Foundation von 2010 umrissen sind, die beschreibt, wie die Welt über eine »Pandemie« im Gleichschritt (»Lock Step«) unter »Zurückdrängung der Bürger« eine »autoritärere Führung« erhält?[494]

Und tatsächlich gibt es erste Anzeichen für eine Form des Gleichschritts. Entsprechend der Datenlage der WHO hat sich 2020 eine phänomenale Entwicklung vollzogen. Alle aufgeführten Varianten der Influenza-Grippe sind seit dem Frühjahr 2020 – etwa seit Ausrufung der Covid-19-Pandemie durch die WHO – weltweit wie im Gleichschritt verschwunden. Auch China macht da keine Ausnahme.[495] Am 2. Dezember 2020 berichtet das Redaktionsnetzwerk Deutschland, NATO-Generalsekretär Jens Stoltenberg habe über das Bedrohungspotenzial Chinas gesprochen, das mehr und mehr zu einem Thema für die NATO werde, aber er betonte, »China sei kein Gegner«.[496]

Am 30. Dezember 2020 heißt es in einer EU-Pressemitteilung mit dem Titel »EU und China erzielen Grundsatzeinigung über Investitionen«: »Die EU und China haben heute die Verhandlungen über ein umfassendes Investitionsabkommen im Grundsatz abgeschlossen. Diese Einigung wurde in einer Videokonferenz erzielt, an der der chinesische Präsident Xi Jinping, Kommissionspräsidentin von der Leyen, der Präsident des Europäischen Rates Charles Michel und die deutsche Bundeskanzlerin Angela Merkel im Namen des EU-Ratsvorsitzes sowie der französische Präsident Emmanuel Macron teilnahmen.«[497]

Auch wird die Präsidentin der Europäischen Kommission, Ursula von der Leyen, zitiert: »Die heutige Einigung ist ein wichtiger Meilenstein in unseren Beziehungen zu China und für unsere wertebasierte Handelsagenda. Sie eröffnet europäischen Investoren einen beispiellosen Zugang zum chinesischen Markt ...«[498]

Doch die *Deutschen Wirtschaftsnachrichten* sehen es umgekehrt und fragen, ob die deutsche Wirtschaft an China verschachert werden soll?

494 Anneliese Fikentscher und Andreas Neumann: »Wer ist George?«, *NRhZ*, 26.08.2020: http://www.nrhz. de/flyer/beitrag.php?id=26986
495 WHO-FluNet-CHARTS – Influenza virus detections: https://apps.who.int/flumart/Default?ReportNo=7
496 Redaktionsnetzwerk Deutschland, 02.12.2020: https://www.rnd.de/politik/chinas-zunehmendes-bedrohungspotenzial-nato-sucht-nach-strategie-fur-richtigen-umgang-mit-china-RIFHLWACH7ANGQX-DKSSTRD454I.html
497 EU-Pressemitteilung vom 30.12.2020: https://ec.europa.eu/commission/presscorner/detail/de/IP_20_2541
498 Ebd.

WOHIN GEHT DIE REISE?

Welche Entwicklung nimmt die Welt? Einige der folgenden Zitate können möglicherweise der Beantwortung dieser Frage dienen.

Xi Jinping: »[Wir werden] weiterhin aktiv an der internationalen Zusammenarbeit bei der Pandemiebekämpfung teilnehmen ... Außerdem unterstützen wir die internationale Impfstoffkooperation mit aller Kraft. [Wir werden uns] weiterhin (...) für Zugänglichkeit und Bezahlbarkeit von Impfstoff für Entwicklungsländer einsetzen.«[499]

Putin: »Wir müssen die Bemühungen der ganzen Welt koordinieren, um die Bemühungen der ganzen Welt im Kampf gegen die Ausbreitung der Krankheit zu vereinen und die Verfügbarkeit der dringend benötigten Impfstoffe gegen das Corona-Virus zu erhöhen. Wir müssen den Ländern helfen, die Unterstützung brauchen, einschließlich der afrikanischen Nationen. Ich beziehe mich auf die Ausweitung des Umfangs von Tests und Impfungen.«[500]

Putin: »Die Pandemie stellt ein seltenes, aber enges Zeitfenster dar, um unsere Welt zu überdenken, neu zu gestalten und neu auszurichten ... Wir haben jetzt die Gelegenheit, um diesen globalen Reset zu schaffen, den wir alle brauchen.«[501]

Schwab: »[Wir werden] die UN-Agenda 2030 für nachhaltige Entwicklung umfassend umsetzen ... Ich habe schon angekündigt, dass [wir] den CO_2-Emissionspeak vor 2030 und die Klimaneutralität vor 2060 [anstreben].«[502]

Gates: »So schrecklich diese [COVID-19-]-Pandemie auch ist, der Klimawandel könnte schlimmer werden.«[503]

Wer bringt »Pandemie« und »Klimawandel« so pointiert zusammen? Was veranlasst jemanden, zwei Themenfelder, die beide mit Fiktionen einhergehen, in einem Atemzug zu nennen – die künstlich erzeugte »Pandemie« und den

---

499   Rede von Xi Jinping am 25.01.2021: http://de.china-embassy.org/det/zgyw/t1848370.htm

500   Rede von Wladimir Putin am 27.01.2021 in deutscher Übersetzung: https://www.zeit-fragen.ch/archiv/2021/nr-45-23-februar-2021/beseitigung-der-angehaeuften-sozialen-und-wirtschaftlichen-ungleichgewichte.html

501   Rede von Wladimir Putin am 27.01.2021 in englischer Fassung: http://en.kremlin.ru/events/president/news/64938

502   Rede von Klaus Schwab am 05.12.2020 zur Eröffnung des Beijing Forum 2020, YouTube-Kanal »Peking University«, 11.12.2020: https://youtu.be/7pT-wOcHZKw

503   Bill Gates am 04.08.2020 über »Climate and the coronavirus«: https://www.gatesnotes.com/Energy/Climate-and-COVID-19

»Klimawandel«, der um die Jahrtausendwende von Al Gore, US-Vizepräsident unter Bill Clinton, und Ende 2019 von John Kerry, US-Außenminister unter Kriegsweltmeister Barack Obama, im Rahmen des sogenannten »World War Zero« (Weltkrieg zur Reduzierung der CO_2-Emissionen auf Null) propagiert wurde? Handelt es sich nicht vielmehr um Konstrukte, die im Interesse der kapitalistischen Mafia auf »Great Reset« beziehungsweise »Green New Deal« abzielen?

Doch von wem stammen die Zitate? Wie kann es zutreffen, dass Äußerungen der Präsidenten Chinas und Russlands, also von Verfechtern einer multipolaren Weltordnung, denen von Superkapitalisten wie Bill Gates ähneln? Es ist erschreckend, aber es trifft zu. Die Äußerungen Putins und Xis stammen aus Reden, die sie im Januar 2021 im Rahmen des »Davos Agenda 2021 online forum« – veranstaltet vom Weltwirtschaftsforum des Klaus Schwab – gehalten haben. Die Äußerungen von Klaus Schwab stammen aus seiner Pekinger Rede vom Dezember 2020.

Es bleibt die Frage, warum die Präsidenten Russlands und Chinas derart sprechen. Wollen sie Teil der Global Governance sein oder werden? Sprechen sie aus Überzeugung? Oder meinen sie, mit den Wölfen heulen zu müssen, und tun deshalb nur so, als wäre es ihre Überzeugung, um im entscheidenden Moment dem kriminellen Handeln der »Weltelite« entgegenzuwirken? Handeln sie gemäß der chinesischen Tradition im Sinne des Strategen Sunzi »Wenn du deinen Gegner nicht besiegen kannst, umarme ihn«? Oder sind sie unter Druck gesetzt? Fürchten sie, dass ihre Länder Opfer von Bio-Waffen werden könnten? Fürchten sie einen offenen Krieg, den sie durch Mitspielen zu verhindern suchen? Das sind Fragen, die es zu ergründen gilt, denn die Beantwortung gibt Aufschluss über die Zukunft der Welt.

EPILOG

WELTRAUMKOLONISIERUNG ALS FIKTION [504]

CAITLIN JOHNSTONE

Die beiden reichsten Menschen der Welt streiten sich um den Mond. [...] Elon Musk und Jeff Bezos [505] streiten mit der NASA darüber, wessen privates Weltraumforschungsunternehmen den 2,9 Milliarden Dollar schweren Auftrag der US-Regierung für die Rückkehr zum Mond erhält. Diese ärgerliche Information entnahm ich einem widerlich kriecherischen Artikel im amerikanischen Magazin The Atlantic *mit dem Titel »Elon Musk wird vielleicht, tatsächlich, merkwürdigerweise, dieses Mars-Ding realisieren« und dem Untertitel »Von seinem privaten Cape Canaveral aus verwirklicht der Milliardär seine eigene interplanetarische Realität – koste es, was es wolle.«* [506]

Die Mainstream-Presse kann gar nicht genug bekommen von diesen beiden unfassbar reichen Plutokraten und ihrem unverhohlenen Ehrgeiz, den Weltraum zu kolonisieren. Musk befürwortet die Besiedlung des Mars [507] und Bezos will uns alle in riesige Amazon-Weltraumröhren [508] verfrachten. Sie lieben es aus demselben Grund, aus dem sie Krieg und Status-quo-Politiker lieben: Das passt wunderbar in die kapitalistische Weltordnung.

Die Weltraumkolonisierung ist vor allem eine kapitalistische Operation des Wahrnehmungsmanagements, die von Leuten wie Musk und Bezos gefördert

---

504 Mit freundlicher Genehmigung der Autorin: »Everyone, racist platforms excluded, has my permission to republish, use or translate any part of this work (or anything else I've written) in any way they like free of charge.« https://caityjohnstone.medium.com/i-permanently-release-all-copyrights-to-all-my-writing-use-any-of-it-however-you-want-9ad929b92d42. Übersetzung: Ullrich Mies, der Titel wurde von mir geändert; Originalbeitrag unter: https://caitlinjohnstone.com/2021/05/07/space-colonization-is-a-capitalist-perception-management-op/
505 Kenneth Chang, Blue Origin Challenges NASA Over SpaceX Moon Lander Deal, *New York Times*, 26.04.2021: https://archive.is/gXdjj
506 Marina Koren, Elon Musk is Maybe, Actually, Strangely, Going to do this Mars Thing, *The Atlantik*, 06.05.2021: https://www.theatlantic.com/science/archive/2021/05/elon-musk-spacex-starship-launch/618781/
507 https://consortiumnews.com/2019/08/21/the-oligarchys-plans-for-our-future-keep-getting-dumber/
508 Caitlin Johnstone, Bezos Reveals His Ugly Vision For The World He's Trying To Rule, 12.05.2019: https://caitlinjohnstone.com/2019/05/12/bezos-reveals-his-ugly-vision-for-the-world-hes-trying-to-rule/

wird.[509] Sie wollen das Narrativ stärken, es sei in Ordnung, das weltvergewaltigende globale kapitalistische Prinzip des unendlichen Wachstums auf einer endlichen Welt fortzusetzen. So könnten wir den katastrophalen ökologischen Folgen dieses Paradigmas durch die Flucht in den Weltraum entkommen.

»Der ökozidale Kapitalismus ist in Ordnung, wir gehen einfach ins All, bevor er uns umbringt!« Das ist die Botschaft, die wir alle akzeptieren sollen. Und zu viele tun genau das. Ein großes Hindernis, die Menschen für die existenziellen Krisen wachzurütteln, mit denen wir als Spezies konfrontiert sind, ist der blinde Glaube, Technologien würden uns vor den Folgen unseres Massenverhaltens bewahren, und deshalb bräuchten wir uns nicht zu ändern. Das passt den reichsten Männern der Welt perfekt.

Aber es ist eine Lüge. Die Menschheit wird niemals den Weltraum kolonisieren. Wir leben nicht getrennt von diesem Planeten und sind auch nicht von ihm trennbar. Musk und Bezos glauben, wir könnten sie einfach aus ihrem ökosystemischen Kontext herausreißen, um den Weltraum zu kolonisieren, aus demselben Grund, aus dem sie an den krassen Individualismus glauben: Sie begreifen nicht, wie untrennbar jeder Mensch mit unserem Ökosystem und mit unserer Gesellschaft verbunden ist. Trennung ist eine Illusion.[510]

Wir wissen, wie man Raketen baut und wie man einen Menschen für kurze Zeit im Weltraum am Leben erhält, solange er einen Teil seines Ökosystems mitbringt. Aber es gibt keinen wissenschaftlichen Beweis dafür, dass wir getrennt von unserem Ökosystem leben könnten, und wir haben gerade erst begonnen, etwas Licht in unsere Unwissenheit zu bringen.

Viele stellen sich vor, dass wir Menschen innerhalb der nächsten ein oder zwei Jahrhunderte unabhängig vom Ökosystem der Erde leben werden. Doch für diese Annahme gibt es keine Grundlage. Wir wissen im Wesentlichen genauso viel darüber, wie man einen Menschen unabhängig vom Ökosystem der Erde am Leben erhält, wie wir es vor zehntausend Jahren wussten. Unsere Versuche, in der Biosphäre ein geschlossenes Erdsystem zu schaffen,[511] waren so unbedarft und dumm wie Affen, die an einem Supercomputer herumstochern.

---

509 Caitlin Johnstone, The Unspoken Premise Of Modern Capitalism Is That The World Will Be Saved By Greedy Tech Oligarchs, 29.12.2020: https://caitlinjohnstone.com/2020/12/29/the-unspoken-premise-of-modern-capitalism-is-that-the-world-will-be-saved-by-greedy-tech-oligarchs/
510 https://caitlinjohnstone.substack.com/p/on-nonduality-politics-and-freedom
511 https://www.youtube.com/watch?v=emCFWC75IF0

Die unzähligen Wege, auf denen wir mit dem Ökosystem verbunden sind, in dem wir uns entwickelt haben, verblüffen den Verstand. Die Wissenschaft hat gerade erst begonnen, diese Verbindungen zu erforschen. Wir wissen eine Menge, aber das ist nur ein Kratzen an der Oberfläche. Wir wissen nicht, wie viel wir nicht wissen. Wir fangen gerade erst an, unsere eigenen Darmbakterien zu verstehen,[512] und wie diese Mini-Ökosysteme mit unserer Gesundheit zusammenhängen. Diese Mini-Ökosysteme haben ihre eigenen Beziehungen zu unserem größeren Ökosystem. Wir wissen so gut wie nichts über all das. Der größte Teil des Bildes fehlt.

Elon Musk will Menschen auf den Mars schicken, damit sie dort leben? Weil wir die Technologie haben, um dorthin zu gelangen? Unsere Körper könnten dorthin gelangen, sicher, aber der ganze Teil des Überlebens ist ein Rätsel und die Wissenschaft kennt noch nicht einmal den winzigsten Bruchteil eines Prozents der Lösung.

Musk argumentiert gerne,[513] dass wir eine »multi-planetarische Spezies« werden müssen. Denn wenn ein Asteroid auf der Erde einschlägt oder wir uns in einem Atomkrieg selbst auslöschen, war es das für unsere Spezies. Unser Überleben als Spezies, so argumentiert er, hängt von der Kolonisierung anderer Planeten ab.

Das ist falsches und giftiges Denken, denn es wird nicht passieren. Unser Überleben hängt nicht davon ab, dass wir eine multi-planetarische Spezies werden. Unser Überleben hängt davon ab, dass wir kollektiv aufwachen und lernen, miteinander und mit unserem Ökosystem zusammenzuarbeiten. Wir haben eine unendlich bessere Chance, die Technologie zu entwickeln, um mit einem Asteroiden fertig zu werden, als eine Technologie zu entwickeln, die es uns erlaubt, den Weltraum zu kolonisieren. Und wenn wir unsere selbstzerstörerischen Muster überwinden können, wird die Bedrohung durch einen Atomkrieg dadurch neutralisiert, dass wir nicht mehr verrückt genug sind, Waffen zu besitzen, die ihn möglich machen.

---

512 Elizabeth Pennisi, Meet the ›psychobiome‹: the gut bacteria that may alter how you think, feel, and act, SCIENCE, 07. 05. 2020: https://www.sciencemag.org/news/2020/05/meet-psychobiome-gut-bacteria-may-alter-how-you-think-feel-and-act

513 Elon Musk, Making Humans a Multi-Planetary Species, New Space, 01. 06. 2017: https://www.liebertpub.com/doi/full/10.1089/space.2017.29009.emu

Einige behaupten, man könne Planeten wie den Mars terraformen[514] und dort ein erdähnliches Ökosystem schaffen. Aber Terraforming stößt auf das gleiche Problem: Nicht nur die Menschen, sondern alle Organismen sind zum Überleben auf das Ökosystem der Erde angewiesen. Man könnte kein erdähnliches Ökosystem schaffen und gleichzeitig alle Organismen, die es hervorbringen, zurücklassen. Das kann man nicht tun. Ein Baum kann ebenso wenig aus seinem unergründlich vernetzten ökosystemischen Kontext herausgeschnitten werden wie ein Mensch. Um Terraforming zu betreiben, braucht man Bäume und eine fast unendliche Anzahl anderer ökosystemischer Bausteine, von denen keiner aus seinem terrestrischen ökosystemischen Kontext herausgelöst werden kann.

Wir müssen nur dafür sorgen, dass diese Sache mit der Erde funktioniert. Die Menschen gehen davon aus, dass die Besiedlung des Weltraums Teil unserer Zukunft ist, vor allem weil Science-Fiction dies als gegeben voraussetzt. Aber Science-Fiction ist genau das: Fiktion, geschrieben, um zu unterhalten und dasselbe Ego anzusprechen, das sich einbildet, es sei vom Rest der Welt getrennt. Es ist eine illusorische Prämisse.

Wir werden uns nicht mit einem Raketenschiff aus dem Schlamassel retten können. Wir werden nicht in der Lage sein, die Dinge weiterhin so zu tun, wie wir sie tun. Die Ideologie des »Wachstums um seiner selbst willen«, der Musk und Bezos ihr Leben gewidmet haben, ist, wie Edward Abbey[515] es ausdrückte, die Ideologie einer Krebszelle. Eine solche Ideologie ist unhaltbar. Wir werden uns ändern müssen.

»Ich muss mich ändern«, ist immer die erste Möglichkeit, die ein Ego ausschließt, wenn es ein Problem bewertet. Es ist dasselbe Ego, das sagt, wir

---

514 https://en.wikipedia.org/wiki/Terraforming: Terraforming oder Terraformation (wörtlich: »Erdformung«) ist der hypothetische Prozess der absichtlichen Veränderung der Atmosphäre, Temperatur, Oberflächentopographie oder Ökologie eines Planeten, des Mondes oder anderer Objekte, um sie der Umwelt der Erde ähnlich zu machen, damit sie von erdähnlichem Leben bewohnbar wird.«

515 https://en.wikipedia.org/wiki/Edward_Abbey: »Edward Paul Abbey (29. Januar 1927–14. März 1989) war ein amerikanischer Autor und Essayist, der für Umweltthemen und seine Kritik an der öffentlichen Landpolitik bekannt war. Zu seinen bekanntesten Werken gehören ›Desert Solitaire‹, ein autobiografischer Sachbuchbericht über seine Zeit als Parkwächter im Arches National Park, der als ikonisches Werk der Naturliteratur und als Grundlage für die frühen Schriften der Umweltschützer gilt; der Roman ›The Monkey Wrench Gang‹, der als Inspiration für Umweltschützer und Gruppen, die die Natur mit verschiedenen Mitteln verteidigen, auch Öko-Krieger genannt, zitiert wurde; sein Roman ›Hayduke Lives!‹ und seine Essay-Sammlungen ›Down the River‹ (with Henry Thoreau & Other Friends) (1982) und ›One Life at a Time, Please‹ (1988).«

seien getrennte Individuen, und es ist dasselbe Ego, das unser Dilemma überhaupt erst geschaffen hat. Aber wir müssen uns ändern. Wir müssen das Ego transzendieren.

Das Letzte, was jemand hören will, ist, dass wir uns selbst ändern müssen, aber es ist wahr. Entweder werden wir kollektiv unser Denken in einer Weise ändern, die es uns ermöglicht, die Art und Weise, wie wir auf diesem Planeten agieren, drastisch zu verändern, oder wir werden aussterben. Entweder wir schaffen es oder wir schaffen es nicht.

Der Weltraum wird uns nicht retten, und wir werden ihn niemals kolonisieren. Wir können den Weltraum erforschen, aber das wird über Satelliten und andere Technik geschehen, nicht durch lebende Organismen. Unsere Astronauten waren bis zu diesem Zeitpunkt nichts weiter als glorifizierte Taucher, völlig abhängig von den Behältern des Ökosystems der Erde, nicht unabhängiger von diesem Ökosystem als jemand, der den Atem anhält. Das wird auch weiterhin der Fall sein.

Vergesst die Besiedlung des Weltraums, versucht einen Teil der Sahara-Wüste zu besiedeln. Holen Sie sich alles, was Sie brauchen, und schließen Sie sich dann in einer Blase ein, die vom Rest des Ökosystems völlig getrennt ist. Selbst auf der Erde, wo viele der irdischen Verbindungsfaktoren noch intakt sind, werden Sie relativ schnell scheitern.

Ein solches Projekt existiert nicht einmal auf Musks Radar. Das zeigt, dass es ihm bei seinem Lieblings-Weltraumprojekt nur darum geht, Geld zu verdienen und ein wirtschaftliches/politisches Paradigma zu rechtfertigen, das zwangsläufig unser Ökosystem zerstören wird. Es ist die Rechtfertigung seiner Krebszellen-Ideologie und beweist, dass [der Science-Fiction Autor, U. M.] Robert A. Heinlein[516] recht hatte, als er sagte: »Der Mensch ist kein rationales Tier, er ist ein rationalisierendes Tier.«

Sie versuchen, den Anschein zu erwecken, wir hätten eine andere Wahl, als unseren umweltzerstörerischen Kurs und alle Systeme zu beenden, die sich

---

516 https://en.wikipedia.org/wiki/Robert_A._Heinlein:»Robert Anson Heinlein (1907–1988) war ein amerikanischer Science-Fiction-Autor, Luftfahrttechniker und Marineoffizier. Manchmal als ›Dekan der Science-Fiction-Autoren‹ bezeichnet, gehörte er zu den ersten, die in ihren Romanen wissenschaftliche Genauigkeit betonten, und war damit ein Pionier des Subgenres der Hard Science Fiction. Seine veröffentlichten Werke, sowohl Belletristik als auch Sachbücher, drücken Bewunderung für Kompetenz aus und betonen den Wert des kritischen Denkens. Sein Werk hat weiterhin Einfluss auf das Science-Fiction-Genre und auf die moderne Kultur im Allgemeinen.«

daraus speisen. Sonst sehe es so aus, als wären sie ein Haufen Psychopathen, die eine ganze Welt verbrennen und ihre Asche in ein klaffendes Loch in ihrem Herzen werfen, das niemals gefüllt werden kann. Wenn die Kolonisierung des Weltraums nicht möglich ist, dann sind diejenigen, die unsere Umwelt für Geld zerstören, einfach nur geistesgestörte Irre, die um jeden Preis aufgehalten werden müssen.

Aber das sind sie. Und wir müssen sie aufhalten.

Das hier ist unsere Heimat. Es ist unser einziges Zuhause. Ich wünschte wirklich, wir könnten aufhören, es wie eine Gebärmutter zu behandeln, die wir verlassen wollen, oder wie das Haus unserer Eltern, aus dem wir ausziehen wollen. Wir können nirgendwo anders hin. Das war's. Die Erde ist nicht irgendeine temporäre Durchgangsstation. Wir sind die Erde. Wir sind untrennbar mit ihr verbunden. Wir sind alle einheimische Erdenbewohner. Wir müssen aufhören zu versuchen, hinauszugehen, und anfangen, hineinzugehen.

Es ist so, so schön hier. Wir sollten bereit sein, uns zu verändern, um sie am Leben zu erhalten, so wie wir es tun würden, wenn das Leben eines geliebten Menschen davon abhinge, dass wir unser Verhalten ändern. Denn das ist wirklich der Fall. Ich hoffe, wir erkennen das, bevor es zu spät ist.

AUTORINNEN UND AUTOREN

Jens Bernert, Jahrgang 1974, ist studierter Geograph und Politikwissenschaftler und arbeitet in der IT-Branche. Daneben schreibt er in seinem Weblog *Blauer Bote Magazin*, *Rubikon* und anderen Medien zu aktuellen politischen und zeitgeschichtlichen Themen.

Matthias Burchardt, Jahrgang 1966, Akademischer Rat an der Universität zu Köln, Philosoph und zeitdiagnostischer Publizist. Neueste Publikation zusammen mit Jochen Krautz: »Time for Change?«, Köln 2018.

Moritz Enders, Jahrgang 1964, ist freiberuflicher Journalist sowie Autor und Regisseur von TV-Dokumentationen, zuletzt »Schüsse auf dem Petersplatz« zusammen mit Werner Köhne und »Tod eines Bankers« zusammen mit Ingolf Gritschneder. Zurzeit in Arbeit: »Die Neue Seidenstraße – Poker um eine neue Weltordnung«.

Anneliese Fikentscher, Jahrgang 1953, ist Fotoingenieurin und hat Theater-, Film- und Fernsehwissenschaften, Germanistik und Kunstgeschichte studiert. Sie ist Vorsitzende des Bundesverbands Arbeiterfotografie, Gründerin und Betreiberin der »Galerie Arbeiterfotografie« in Köln, Herausgeberin der Quartalsschrift *Das Krokodil* sowie der Online-Publikation *Neue Rheinische Zeitung* und Mitinitiatorin der Kampagne »NATO raus – raus aus der NATO!«.

Hannes Hofbauer, Jahrgang 1955, ist Wirtschafts- und Sozialhistoriker, Publizist, Verleger des Promedia Verlages; Arbeitsgebiete u. a.: Kapitalismuskritik, EU-Osterweiterung. Zuletzt erschien von ihm: »Europa – ein Nachruf«, Wien 2020.

C. J. Hopkins, Jahrgang 1961, ist Dramatiker, Romanautor und politischer Satiriker/Kommentator. Seine politischen Satiren und Kommentare werden von *Consent Factory, RT.com, OffGuardian, ZeroHedge, ColdType, Dissident Voice* und anderen Publikationen veröffentlicht. Sein dystopischer Science-Fiction-Roman »Zone 23« wurde 2017 bei Snoggsworthy, Swaine & Cormorant veröffentlicht.

Caitlin Johnstone ist australische »Schurkenjournalistin, Anarcho-Psychologin, Guerilla-Poetin, Utopie-Vorbereiterin«. Seit 2017 arbeitet sie unabhängig ausschließlich über Crowdfunding. Diese Position nutzt sie, um Dinge zu sagen, die »politisch unkorrekt« sind. Sie betreibt einen politischen Blog, der täglich mehrere Tausend Leser hat.

Peter Koenig, Jahrgang 1947, ist geopolitischer Analytiker und ehemaliger Senior Economist bei der Weltbank und der Weltgesundheitsorganisation (WHO), wo er über 30 Jahre lang zu den Themen Wasser und Umwelt auf der ganzen Welt gearbeitet hat. Er schreibt für Online-Zeitschriften, ist Research Associate des Centre for Research on Globalization und Sr. Fellow des Chongyang Instituts der Renmin Universität, Peking.

Anselm Lenz, Jahrgang 1980, ist ein deutscher Dramaturg, Schriftsteller, Journalist und mit Hendrik Sodenkamp Chefredakteur und Herausgeber der Printwochenzeitung *Demokratischer Widerstand* sowie Verleger des Sodenkamp & Lenz Verlags.

Ullrich Mies, Jahrgang 1951, ist Sozial- und Politikwissenschaftler. Seine Arbeitsgebiete sind u. a.: Kapitalismuskritik, Demokratiezerfall, Ökologie, Antimilitarismus. Neueste Publikation: Herausgeber von »Megamanipulation«, Frankfurt 2020. Er schreibt u. a. für die Medien *Rubikon, KenFM* und ist Redaktionsmitglied der Wochenzeitung *Demokratischer Widerstand*.

Andreas Neumann, Jahrgang 1951, hat technische Informatik studiert und arbeitet als Systemanalytiker. Er ist Gründungsmitglied des Bundesverbands Arbeiterfotografie, Mitglied in dessen Vorstand, ist an der Konzeption zahlreicher Ausstellungen beteiligt, Betreiber der »Galerie Arbeiterfotografie« in Köln, Herausgeber der Quartalsschrift *Das Krokodil*, Herausgeber der Online-Publikation *Neue Rheinische Zeitung* sowie Mitinitiator der Kampagne »NATO raus – raus aus der NATO!«.

Marco Pizzuti, Jahrgang 1971, ist ehemaliger Armeeoffizier, Doktor der Rechtswissenschaften, Dozent, Essayist, wissenschaftlicher Forscher, arbeitete an den renommiertesten Institutionen des italienischen Staates, Abgeordnetenkammer, Senat der Republik und Staatsrat, und ist einer der führenden Experten für italienische Geheimdienste. Er hat 15 Sachbücher geschrieben, die in 19 Ländern weltweit erschienen sind.

Hermann Ploppa, Jahrgang 1953, ist Politologe und Publizist. Er hat zahlreiche Artikel über die Eliten der USA veröffentlicht, unter anderem über den einflussreichen Council on Foreign Relations. Seine neueste Publikation hat den Titel »Der Griff nach Eurasien«, Marburg 2019.

Wolfram Rost, Jahrgang 1948, ist Philosoph und Ingenieur. Er arbeitete in verschiedenen Bereichen, zuletzt als Lehrer in der beruflichen Erwachsenenbildung.

Daniel Sandmann ist Linguist, Philosoph und Historiker. Im November 2019 hat er den Essay »Peter Handke. Zum Beispiel« veröffentlicht. Der Text wurde für *Vercernje Novosti* ins Serbische übersetzt. Seit 2020 beschäftigt er sich fokussiert mit dem erkenntnistheoretischen Zerfall der Zivilisation.

Aya Velázquez ist Redaktionsmitglied der Wochenzeitung *Demokratischer Widerstand*, studierte Kulturanthropologie und arbeitet seit Jahren als Independent Escort-Model in Berlin-Mitte. Sie ist Mitglied der Basispartei, setzt sich für die Rechte von gesellschaftlichen Randgruppen ein und befindet sich im Widerstand gegen das Corona-Regime.

Walter Weber, Jahrgang 1944, ist seit 1976 Facharzt für Innere Medizin, arbeitete von 1979 bis 2009 in einer hämatologisch-onkologischen Schwerpunktpraxis und ab 2009 in einer Privatpraxis. Er veröffentlichte vier Bücher zu Krebs und Psychosomatik, im November 2020 wurde der Film »Hoffnung bei Krebs« fertiggestellt.

John W. Whitehead, Jahrgang 1946, ist Anwalt und Autor zahlreicher Bücher auf dem Gebiet des Verfassungsrechts und der Menschenrechte. Whiteheads Sorge um die Verfolgten und Unterdrückten veranlasste ihn 1982, das Rutherford

Institute zu gründen, eine gemeinnützige Bürgerrechts- und Menschenrechts-
organisation, deren internationaler Hauptsitz sich in Charlottesville, Virginia,
befindet. Whitehead ist Präsident und Sprecher des Instituts. Seine neueste
Publikation hat den Titel »The Erik Blair Diaries: Battlefield of the Dead«, 2021.

Ernst Wolff, Jahrgang 1950, wuchs in Südostasien auf, studierte in den USA,
arbeitet als Journalist, Publizist, Vortragsreisender; Arbeitsgebiete u. a. Wech-
selbeziehung zwischen Wirtschaft und Politik, globale Finanzindustrie. Seine
neueste Publikation trägt den Titel »Wolff of Wall Street: Ernst Wolff erklärt
das globale Finanzsystem«, Wien 2020